Federal Trade Commission
Privacy Law and Policy

アメリカ
プライバシー法

連邦取引委員会の法と政策

著 クリス・フーフナグル

訳 宮下紘・板倉陽一郎・河井理穂子
　 國見真理子・成原慧・前田恵美

keiso shobo

**FEDERAL TRADE COMMISSION PRIVACY
LAW AND POLICY**
by Chris Jay Hoofnagle
Copyright © Chris Jay Hoofnagle 2016

Japanese translation published by
arrangement with Cambridge University Press
through The English Agency(Japan)Ltd.

日本語版への序文

アメリカ合衆国が安定期にあった 2016 年 3 月に原著は公刊された．オバマ大統領の政権は，クリントン大統領を継承してきたと考えられる．というのは，連邦取引委員会（FTC）は同様の主導権を維持し，概ね同様の種類の事案に取り組んできたためである．民主党政権の下で，FTC のプライバシーの規範はヨーロッパのそれと一致していた．FTC は，EU-US プライバシーシールドに基づき認められている越境移転を整備するため，権利に基づくアプローチをとってきた．

それから，かつて FTC の被告[1]であったドナルド・J・トランプが大統領に就任した．イギリスは欧州連合を離脱する権利を行使するための投票を行った．グローバルな衝突は激化している．しかし，アメリカでは，トランプ大統領は自らのアジェンダについて支持を得ることができていない．執筆時点において，FTC は 5 人のうちの 2 人のみコミッショナーがいるにすぎず，トランプ大統領は新たな任命を行っていない．消費者保護は大きな関心を集めていないし，またこの環境の下では高い優先順位になるとはいえない．

トランプ大統領の FTC への戦略は，リーダーシップの不足でありうるかもしれないし，あるいはより広範な執行権の混乱を反映しているにすぎないのかもしれない．現在のリーダーシップは共和党主流の任命により用いられる標準的な戦略とともに FTC が運営されている．すなわち，権利基底アプローチは「害悪基底」アプローチに後退しつつある．被告を護るために追加的な措置が導入されつつあり，当局は事業者の広報活動に傾注している．本書において説明したとおり，「害悪基底」アプローチは，原則というよりも概ね政治の都合によるものであり，それでもなお FTC は事案の中でもっともらしい財産的危害を見出す必要がある．プロセス改革には，FTC がコストを小さくして企業の調査をする方法の変化を含むものである．さらに，FTC は啓発活動を十分に行っており，共和党政権下でも企業が執行の対象となることを回避できるよう啓発するために多くの時間を割くことになるだろう．要するに，FTC は独立した機関であり，たとえ消費者保護機関から一般に非難されるような人々に

---

1) *United States v. Donald J. Trump*, No. 88-CV-0929 (D.D.C. 1988).

よって政府が運営されていたとしても，最終的には穏当なアジェンダを推し進める制度的特性を有している．

日本の個人情報保護委員会（PIPC）は，日本の統一的なプライバシーアプローチを形成し，確立し始めているが，私は本書 FEDERAL TRADE COMMISSION PRIVACY LAW AND POLICY がそれに導きを与えることになることを期待している．FTC の経験は日本において適合するかもしれない多くの教訓を与えてくれている．

プライバシーの規範の主な操縦者には論争と社会の期待がある．アメリカのプライバシーの自覚はより早く生じたけれども，アメリカと日本の両国はプライバシーについて同様の不安がある．両国ともに，市民をより追跡可能とする，市民の登録データベースと税当局によるデータベースの利用，日本では漢字の符号化，またアメリカでは社会保障番号の台頭などのさまざまな効率性の問題に取り組んできた．日本とともに，アメリカのプライバシーの軌道は，当初，政府の恐怖に焦点が当てられたが，時代とともに市民は民間部門において作り出されたプライバシーの問題を悟ることとなった．

JR 東日本のデータ販売にみられるように，日本におけるデータをめぐる近年の苦闘は，より大きな文脈において検討されるべきである．消費者は，今日の論争を規制アプローチの仕組みに適切に位置づけることのできる信頼ある専門家を必要としている．JR 東の論争とポイントカードのプログラムの台頭は，プライバシーが競争法と関連するよい例となるであろう．ここでは，FTC のモデルが日本にとって一定の導きを与えている．すなわち，FTC は競争法と消費者法の両方の機関である．私はプライバシーの苦闘はますます反トラスト法の視点を通じて理解されるようになると考えている．

複雑性，経路依存性，そしてより大きな競争的視点を理解することは，PIPC にとっても有益なものとなるであろう．FTC は，経済学者の視点を取り入れた情報に関するワークショップを開催することで，さらに専門職員の長期間の雇用によりこのことへの注意を払っている．日本のプライバシーはハードローとソフトローの 2 つに分けることができる[2]．FTC は，プライバシーとセキュリティのインセンティブを整えるため救済の介入を行いつつ，基本的に

---

[2] Hiroshi Miyashita, *A Tale of Two Privacies: Enforcing Privacy with Hard Power and Soft Power in Japan, in* ENFORCING PRIVACY LAW, GOVERNANCE AND TECHNOLOGY SERIES (Wright D., De Hert P., eds) Springer（2016）．

ソフトローのアプローチに従っている．PIPC は，産業界のインセンティブの理解を通じてソフトアプローチを見出し，そして終局的にはソフトローがより効果的であることになるかもしれない．

　社会の信頼という問題もまた PIPC にとっては大きな課題の 1 つとなるであろう．情報の産業界は社会の信頼や人間の自由を究極の目的と捉えないためである．人間の自由の追求に代えて，この産業界は言論の自由や情報の自由を精力的に優先してきたため，この業界の取組みは**言論のための**自由と**情報のための**自由の行使にある．この業界は道具的価値を最終の価値とみなしている．そのため，PIPC は目的と手段との間の混乱を認識し，これらがどれほど不規則になろうとも線引きを行うべきである．FTC は長年にわたりまさにこの役割を担う経験を有してきた．たとえば，電話勧誘の規制を検討する場合，非営利団体や政治家からの電話は厳しい規制は課されない．これは簡単に線引きすることができるわけではないが，ある種の情報の自由が正当な最終的価値に寄与するという大きな社会的価値を認識しているためである．

　FTC は企業による抜け道の画策を監視している．かかる監視は乱用を防止する可能性がある．たとえば，日本の個人情報保護に関する法律は匿名加工情報に対して一般的な特例を設けている．FTC をみてみると，PIPC は「匿名」のデータセットにより与えられた保護を損ねてしまう企業の画策を監視することができるだろう．FTC は調査やワークショップを通じて匿名情報が処理され，再識別化が可能となりえるであろうという推定された状況に光を当ててきた．たとえば，個人データは，企業が「匿名」データを共有されても，そのデータを調整された行為を通じて個人を元に戻すためのデータを結合するという調整された方法でハッシュされうる．PIPC は，このような法的保護の技術的回避を防止するための機会を有することになる．

　最後に，FTC が考えるように，広告に関する法律の視点からプライバシーとセキュリティの問題を考えることには利点がある．広告に関する法律は形式主義や合理的選択論の誤った仮定を避ける．広告に関する法律はある問題について消費者の視点を取り入れ，一般人の立場からビジネスの表示を解釈する．プライバシーにこのことを応用するならば，プライバシーポリシーにおける形式的な文言は，サービスが与えるプライバシーの慣行の印象と消費者がその文脈から期待することにとってさして重要であるといえないこととなる．PIPC はデジタル時代において消費者が保護されていることを保証するため，一般的

な多忙で集中していない消費者の心理を探ることができるだろう．

　最後に，宮下紘先生をはじめとする訳者と勁草書房に，日本語版の公刊を実現してくださったことに感謝する．

2017 年 10 月
バークレイ，カリフォルニア，アメリカ合衆国
　　　　　　　クリス・ジェイ・フーフナグル（Chris Jay Hoofnagle）

目　次

第 1 章　オンラインプライバシー　…………………………1

1.1　プライバシーの基本——目標，範囲，公正情報慣行　5
　1.1.1　プライバシーコントロール，文脈による完全性，自律性としてのプライバシー　5
　1.1.2　プライバシーの射程　11
1.2　インターネット前のプライバシー問題　16
1.3　最初のインターネットプライバシーのケース　18
　1.3.1　2000 年代初頭の政治情勢　20
　1.3.2　害悪に基づくアプローチ　21
1.4　ブラック・レター——プライバシーの不公正と欺瞞　22
　1.4.1　不公正なプライバシー慣行の概略　24
　1.4.2　遡及的なポリシーの変更　24
　1.4.3　積極的な調査　25
　1.4.4　故意による第三者のプライバシーに関する約束を違反させること　26
　1.4.5　幇助と教唆——不公正の「方法と手段」　26
　1.4.6　詐欺的な事業者へのデータの転送　27
　1.4.7　不公正なデザイン　27
　1.4.8　不十分なセキュリティ　28
　1.4.9　欺瞞的なプライバシー慣行の概要　28
　1.4.10　「重要な」表現　28
　1.4.11　情報の収集や取扱いにおける欺瞞　29
　1.4.12　不作為または重要な慣行についての不十分な通知も欺瞞になり得る　30
　1.4.13　詐欺　31
　1.4.14　ソーシャルメディアのプロフィールのコピー　32
1.5　FTC におけるプライバシーに関する是正措置　33
1.6　FTC の補完としての連邦通信委員会（FCC）　35
1.7　現在進行中のプライバシーに関する奮闘　37

1.7.1　通知と（個人の）選択の限界　37
　　1.7.2　第三者問題　43
　　1.7.3　自主規制　46
　　1.7.4　デフォルトの選択　55
　　1.7.5　プラットフォームのパワー——利用者の操作および差別　61
　　1.7.6　プライバシーバイデザイン　69
1.8　結論　71

第2章　子どものプライバシー　　　　　　　　　　　　　　　73

2.1　子どものプライバシー　75
2.2　児童オンラインプライバシー保護法（COPPA）　80
　　2.2.1　COPPAの適用範囲　82
　　2.2.2　COPPAの保護　86
　　2.2.3　COPPAの通知義務　87
　　2.2.4　保護者の同意　87
　　2.2.5　保護者のアクセス　89
　　2.2.6　過度な情報収集　89
　　2.2.7　セキュリティと削除　90
　　2.2.8　執行　91
　　2.2.9　COPPAセーフハーバー　93
2.3　プライバシー保護法令としてのCOPPA　93
　　2.3.1　なぜ13歳か　94
　　2.3.2　COPPA遵守に2つの方式しかないという問題　97
　　2.3.3　保護者の同意と匿名性　98
　　2.3.4　保護者と政府の役割　99
　　2.3.5　教育技術業界とCOPPA　101
　　2.3.6　失われた研究の機会　102
2.4　結論　103

第3章　情報セキュリティ …… 105

3.1 インセンティブの相反と情報セキュリティ　108
- 3.1.1 決済分野における体系的なセキュリティの欠陥とコストの外部化　109
- 3.1.2 セキュリティを欠いたアカウントの創設　109
- 3.1.3 決済システムにおける構造的なセキュリティの欠陥　111
- 3.1.4 消費者のセキュリティに関する意思決定　113
- 3.1.5 公共財としての情報セキュリティ　113
- 3.1.6 インターネット上のセキュリティ・リスクは物理空間のセキュリティ・リスクとは異なる　115
- 3.1.7 セキュリティの欠陥の救済手段としての不公正理論　116

3.2 情報セキュリティに関する事件　117
- 3.2.1 SQLインジェクション　119
- 3.2.2 セキュリティ侵害の通知　119
- 3.2.3 セキュリティ・ルールが形成され始める　122
- 3.2.4 物理的なデータおよび装置に関する洗練されたセキュリティ分析　124
- 3.2.5 情報セキュリティの責務　127
- 3.2.6 オンラインのセキュリティの救済　132

3.3 結論　132

第4章　マーケティング対策活動に対する取組み——Eメール，テレマーケティング，マルウェア …… 135

4.1 スパム　140
- 4.1.1 CAN-SPAM法（2003）　146
- 4.1.2 虚偽禁止（Banning falsity）　148
- 4.1.3 開示（Disclosures）　148
- 4.1.4 オプトアウト条項　148
- 4.1.5 データに関する権利　149
- 4.1.6 広告／代理責任　149
- 4.1.7 刑事条項　150

4.1.8　アダルトコンテンツ表示　150
　　4.1.9　州法の専占　151
　　4.1.10　勧誘Eメール禁止登録名簿（do-not-e mail registry）　151
　　4.1.11　執行　152
　4.2　テレマーケティング　153
　　4.2.1　テレマーケティング販売規則　156
　　4.2.2　開示要件　156
　　4.2.3　予測可能自動ダイヤル装置　156
　　4.2.4　事前取得アカウント番号テレマーケティング　157
　　4.2.5　全米電話お断りリスト　158
　　4.2.6　説明責任の措置　163
　　4.2.7　投資テレマーケティング詐欺　163
　　4.2.8　広告主の代理責任　164
　　4.2.9　電話消費者保護法（TCPA）　164
　　4.2.10　ジャンクファックス除去法　165
　　4.2.11　広告メール　166
　4.3　マルウェア　166
　　4.3.1　マルウェアが違法になるとき　169
　　4.3.2　擬制同意はある種のモニタリングにとっては不十分である　170
　　4.3.3　スパイするソフトウェア　VS　スパイ活動のために販売されるソフトウェア　172
　　4.3.4　利用者のセキュリティの減少　175
　　4.3.5　欺瞞的慣行　177
　　4.3.6　刑事訴追　177
　4.4　結論　177

第5章　金融プライバシー　179

5.1　消費者金融保護局の創設　180
5.2　1970年公正信用報告法（FCRA）　182
　5.2.1　FCRAの実質的な要素　189
　　5.2.1.1　範囲——消費者報告および消費者報告機関

5.2.1.2　消費者調査報告
　　5.2.1.3　透明性義務
　　5.2.1.4　ファイル
　　5.2.1.5　消費者報告および事前審査の許容できる利用
　　5.2.1.6　データ正確性の義務
　　5.2.1.7　医療記録プライバシー
　　5.2.1.8　不利な情報の報告の時間的制限
　　5.2.1.9　オプトアウトの権利
　　5.2.1.10　なりすまし犯罪防止規定
　　5.2.1.11　消費者報告のセキュリティ
　　5.2.1.12　消費者報告への法執行アクセス
　5.2.2　FTC の現在の FCRA に関する役割　201
　5.2.3　FCRA の基礎および潜在能力　201
　5.2.4　FCRA および合衆国憲法第 1 修正　203
　5.2.5　FCRA 専占　204
　5.2.6　FCRA の 2003 年改正での多くの機会損失　205
5.3　金融サービス近代化法（GLBA）　207
　5.3.1　GLBA の規定　210
　　5.3.1.1　範囲
　　5.3.1.2　情報共有
　　5.3.1.3　プライバシー通知
　　5.3.1.4　情報セキュリティ
　　5.3.1.5　プレテキスティングの禁止
　　5.3.1.6　執行
　5.3.2　GLBA の評価　215
5.4　1978 年公正債務取立法（FDCPA）　217
　5.4.1　FDCPA の規定　223
　　5.4.1.1　連絡の制限
　　5.4.1.2　ハラスメントおよび虐待慣行
　　5.4.1.3　FDCPA の執行
5.5　結論　225

第 6 章　プライバシーの国際的取組み ……………………229
- 6.1　ヨーロッパのプライバシー法の基本　232
  - 6.1.1　分野別アプローチ対包括的アプローチ　234
  - 6.1.2　特別法対高次の原則　235
  - 6.1.3　センシティブデータと公的記録　239
  - 6.1.4　監督機関　240
  - 6.1.5　自由な言論の権利対利益　240
  - 6.1.6　「同意」の限界　241
  - 6.1.7　「個人」データ　241
  - 6.1.8　尊厳と自由　242
- 6.2　セーフハーバー　242
  - 6.2.1　セーフハーバーの執行　247
  - 6.2.2　セーフハーバーの代替手段　252
- 6.3　国際室　253
- 6.4　技術的支援　253
- 6.5　調査支援　254
- 6.6　2006年合衆国ウェブ安全法　254
- 6.7　結論　256

訳者解説（付録：原著 Part1 および Part3 の要旨）……………257

あとがき　283
事項索引　287

本書は，原著 FEDERAL TRADE COMMISSION PRIVACY LAW AND POLICY の PART II THE FTC'S REGULATION OF PRIVACY のみを訳出した抄訳である．（詳しくは「訳者あとがき」参照）

そのため，本文中の章数に原著とずれが生じている．対応関係は以下のとおりである．

本書	原著
PART1　（非掲載）	PART1
	第 1 章
	第 2 章
	第 3 章
	第 4 章
	第 5 章
PART2	PART2
第 1 章	第 6 章
第 2 章	第 7 章
第 3 章	第 8 章
第 4 章	第 9 章
第 5 章	第 10 章
第 6 章	第 11 章
PART3　（非掲載）	PART3

本書本文中で章数を示す場合は，基本的に，本書における章数（上記表の左列）を表すが，訳出していない PART I THE HISTORY, POWERS, AND PROCEDURE OF THE FEDERAL TRADE COMMISSION の第 1 章から第 5 章を示す場合は，原著の章数を示したうえで，直後に原著のものであることを付記する（例：第 1 章〔原著〕）．

なお，PART1 および PART3 の概要については，本書「訳者解説」を参照いただきたい．

第 1 章　オンラインプライバシー

　本書の PART I では，委員会の歴史，手続，および権限をレビューした．
　PART II では，いかにして FTC が消費者のプライバシーの問題に耐えうる，経験とツールを身に付けたか，に焦点を当てる．
　プライバシーについて規制するにあたり，連邦取引委員会（Federal Trade Commission: FTC）は，自らがどのように行動すべきかについての公共選択理論の予測を覆してきた．柔軟性のない機関になるのではなく，市場の変化にあわせて，FTC 自身が変化してきたのである．市場が，紙の印刷物から，ラジオ，テレビ，インターネットと進化してきたように，FTC もその調査慣行を刷新してきた．FCT は 1994 年にはじめてインターネットのケースを扱ったが，まだこのとき，ほとんどの米国人はオンラインに接続されておらず，多くの人は，インターネットは単なる流行だと考えていた．FTC は，1995 年にはインターネットのプライバシーに関するポリシーステートメントを作り始め，子どものプライバシーに関する案件について執行戦略を開始した．特定の利益団体の手先になることなく，FTC は，インターネット取引における，最大かつ，最も重要な企業を含むさまざまな当事者のケースを扱ってきた．テーマおよび執行対象の選択に関して柔軟であることに加えて，FTC は手法も進化させてきた．初期のプライバシーに関するケースは，プライバシーに関する表示に焦点を当てたが，事業者はただちに，明確な約束をしないであるとか，曖昧なプライバシーポリシーを記載するということを学習した．事業者が戦略を変えたことに伴い，FTC も消費者の期待に沿うように執行を行うアプローチに移行した．FTC は虚偽広告がどのようなものであり，それをどう是正すべきかについては専門的知見を有しており，これを最大限活用することとした．FTC は，一世代前，マスメディア広告を評価するときに行ったように，FTC は，プライバシーに関する約束が消費者の知覚に訴えるように，ウェブサイトのデザイン，設定，さらには従業員による非公式の発言に至るまで注視した．

米国の「分野別」の規制アプローチによって生じたギャップを埋めるべく，FTCは，オンラインプライバシーの保護のために重要な権限を行使してきた．米国では，プライバシーは分野別に規制されている．これは，特定の種類の事業者だけが，情報プライバシーに関する制定法の対象であることを意味する．その結果，同じ情報を保有している別々の事業者においては，FTC法だけが適用される場合と，何らかの特定分野の法令，たとえば公正信用報告法（FCRA）が適用されることがある[1]．

　FTCが最初にオンラインにおける消費者保護活動を行っていくとのコミットメントを示したとき，その取締方法は，事業者が消費者に対して行った約束について，欺瞞性を見出した場合これを取り締まるという権限と，インターネットビジネスの自主規制を組み合わせるというものであった．近年では，FTCの焦点は，消費者が期待しているものに対する繊細な理解と消費者行動へのコンピュータ・インターフェースの影響を反映し，シフトしている．FTCにおける不公正な取引方法に関する権限行使は，このシフトに伴うものである．2003年に初めて用いられて以降，不公正な取引方法に関する権限行使は，オンラインにおける消費者保護のために行使されることが増加してきている．FTCは，ルールメイキングを志向するのではなく，もっぱら，ケースバイケースに執行を行ってきている．例外は，子どものプライバシー，テレマーケティング，信用報告である．これらは，議会が，ルールを適用することを義務づけた．

　FTCはFTC法の解釈を導くために，さまざまな根拠をもち出す．中核となるのは，プライバシーに関する裁判例である．FTCには，虚偽広告のケースにおける執行に関し，数十年にわたる経験と先例が存在する．虚偽広告に関する法適用を積み重ねるのみならず，FTCは，常々，産業界の自主規制システムの中で発達した規範を取り入れたり，また，FTC法に基づく規範を設定するために法定された情報プライバシー法の規範を組み込んだりしている．このようなFTCの手法によると，弱い自主規制の規範であっても，FTCにより受け入れられ，より広範な保護に「微調整」されることがあり，医療に関するプライバシーの制定法など，特定の分野別法令による厳格な保護が，FTC法の理論に組み込まれ，医療分野以外の事業者との和解において現れうるというこ

---

[1] Kenneth A. Bamberger & Deirdre K. Mulligan, *Privacy on the Books and on the Ground*, 63 STAN. L. REV. 247, 257 (2010).

とになる．

　FTC の問題設定は，オンラインビジネスに求められる要件と期待をますます厳しいものとしている．もはや事業者は単にプライバシーポリシーを示すだけで，どんなデータの取扱実務についても正当化することができるとはいえない．このように，開示に関する法として始まったものが，「歓迎されない消費者の驚き」の法に進化してきている．プライバシーに関する実務家は，顧客に助言するために，消費者の期待に関する感覚と，消費者の期待に反するビジネス慣行に関する感覚を有している必要がある．

　本章では，FIP（公正情報慣行）を含む，プライバシー法の基本的な原理を説明する．FIP は，ほとんどのプライバシー保護の取組みにおいて，構成要素となっているものである．具体的には，裁判例および，オンラインプライバシーに関する FTC 法の概観を説明する．次に，FTC のプライバシーに関するスタンスにとって重要な6つの論争を示す．第1に，プライバシーに関する議論は，合理的選択理論（RCT）の仮定にとらわれてきた．ここでは，個人が最も重要な意思決定者であり，個人は，情報と権限を与えられさえすれば，プライバシーを保護すべく優れた意思決定をとることができると考えられる．これらのアイデアは，「通知と選択」システムの基礎となっている．そこでは，消費者はプライバシーに関する通知を受け取り，どのサービスを利用するかの選択を行うことになる．しかし，心理学および経済学の研究が進むにつれ，合理的選択理論の主張は次第に説得力を失ってくる[i]．ローレン・ウィリスのような法律の専門家は，消費者が不適切なプライバシーに関する選択を行った場合，消費者に責任を負わせるような効果を有する情報公開について指弾する．しかしながら，事業者団体も，消費者団体も，より一層の透明性と，個人の選択の余地の拡大を推し進めている──合理的選択アプローチに太鼓判を押すかのように．

　第2に，「通知と選択」フレームワークは，「第三者問題」，すなわち，消費者との関係性を有さない情報ブローカーが，個人情報の販売に関して自由であるという事実によって深く浸食されている．情報販売事業者は，消費者が，データへのコントロールを及ぼすことや，消費者が，自ら，データを販売するために組織化することを不可能にしている．消費者によって行われる選択と通知

---

i）[訳注]　合理的経済人の仮定をおく近代経済学に対し，非合理的な選択を加味する経済心理学ないし行動経済学分野の発展がみられることを指す．

は，第三者から個人情報を購入することによって回避することができる．情報ブローカーを規制するための法律は，政治的に制定不可能である．その理由の一端は，非常に多くの大企業が——そして，政治家自身が——，国民に関するデータを蓄積するため，情報ブローカーを利用している，という事実に求められる．

　第3の課題として，自主規制が取り上げられる．FTCが規制を始める場合，最初に，当該業界に対して自主規制を促す．これは，戦略的に賢明な動きである．なぜなら，自主規制によって，業界のための規範が設定されるのみならず，事業者が自主規制ルールを採用したにもかかわらず，これに違反した場合，欺瞞的な行動による責任を負うようになるからである．ヨーロッパ，英国およびカナダの研究者により，効果的な自主規制のための原則が概説されている．そこで明らかにされた原則は，FTCが，米国の自主規制イニシアチブの成功を評価するうえで役立つ可能性がある．自主規制のほとんどは，中身がないのである．実際に，少なくとも2つの，米国ベースであるプライバシーに関する自主規制の枠組みそれ自体が，FTCによって，欺瞞であるとして執行を受けている．

　第4に，「デフォルトの選択」の問題——情報の利用において，オプトインが中心とされるべきか，オプトアウトが中心とされるべきか，がある．この問題は，米国におけるプライバシーの議論の多くを占めている．デフォルトの選択は取引コストを配分する．オプトインの場合，事業者は売上を獲得するための費用を課されることになり，オプトアウトの場合，消費者が通知を読み，プライバシー設定を変更する必要が生じる．デフォルトの選択の詳細は欺瞞的なほど複雑である．また，デフォルトの選択は，事業者がオプトインの定義を厳密に行わないことや，デフォルトの選択を定義するも，その実，選択の余地を与えないがためのものであったりするために，プライバシーを保護するためのアプローチとしては十分ではない．結局のところ，問題は個人の選択についての合理的選択仮説と結びついている．それゆえ，焦点を移すことによって，さらに，実際の消費者行動に合致したアプローチが提供されうる．消費者の意思決定に関する異なった仮定によれば，選択に焦点を合わせるのではなく，データの削除ルールその他への介入が示唆される．

　第5に，コンテンツこそが王であるといわれながら，インターネットはコンテンツではなく，プラットフォームに支配されている．インターネット関連事

業者は，プラットフォームとしてのステータスを高められるよう競争しており，彼らはユーザエクスペリエンスを独占しているところ，それを収益化し，制御することができる．伝統的には，プライバシーの問題は，個人情報を取得する第三者を中心に論ぜられてきたが，ユーザのインターネット上のエクスペリエンスを仲介するプラットフォームが立ち上がるにつれ，第一次取得者（消費者と直接的な関係をもっているもの）が，プライバシーおよび自律性に関する重大なリスクを引き起こすようになってきた．第一種価格差別（first-degree price discrimination）は，これらのリスクの1つの現れである．ただし，多くの場合価格差別は，個人情報なしでもなされ得るため，プライバシーが問題に対処するための適切なツールであるとは限らない．

最後に，この章では，プライバシーバイデザインの議論をもって締めくくっている．プライバシーバイデザインは，デザインの中に，親・プライバシーの価値基準を組み込むために，有望であるとともに，ますます進展している方法論である．たとえうまくいかないとしても，事業者はプライバシーを保護しようとする基礎的な価値基準を採用する必要がある．これらの価値基準が問われ続けられるからこそ，事業者は，可能な限り多くのデータを取得するためのシステムの仕立てに関し，「バイデザイン」での監視に従事し続けるというものである．

1.1 プライバシーの基本——目標，範囲，公正情報慣行

情報プライバシーの規範は常に進化し続けており，この変化は目標，概念化，およびプライバシー法の適用範囲に反映されている．プライバシーの保護は，プライバシーがどのように受け止められているかによって形作られる．しかし，われわれがプライバシーを概念化するにあたっては，より広い視野から，なぜ，われわれが，プライバシーが重要であり，保護する価値があると考えるのか，という点に光を当てることとする．

1.1.1 プライバシーコントロール，文脈による完全性，自律性としてのプライバシー

多くの異なる利害がプライバシー法に生命を吹き込んでおり，プライバシーの思想家の異なる世界観が，FTCの政策をめぐる衝突を際立たせている．米国のアプローチは，長い間，「プライバシーコントロール」[2] の考え方に影響

されてきた．プライバシーコントロールアプローチの下では，政策は，個人情報の収集および使用に関する情報に基づいた意思決定を行うために，個人に権限を与えるべし，となる．これは，事業者が公表するプライバシーに関する通知およびプライバシー通知における申出を受け入れ，あるいは拒否するという，消費者の選択となって現れる．その源流が合理的選択理論にあるように，プライバシーコントロールの考え方は，個人の選択によって，市場が，消費者と事業者の利益の間で何らかの許容可能なバランスに達するという仮定に基づいている．

プライバシーコントロールの弱い，あるいは強い表れを考察してみよう．たとえば，FTC は，単に，市場がプライバシーの規範を定めるがままにしており，消費者への明確な約束が破られ，損害が発生したときにのみ，プライバシーに関する取締を行う．他方，FTC は，プライバシーコントロールの解釈として，事業者には負担となるが，データを利用する前に許諾を得るよう，デフォルトルールを要求することや，個人を，データ収集者の強制的な権限から保護すべく，ある種のデータを不可譲にすることすら可能であった．

プライバシーコントロールの基本的な仮定は，合理的選択理論に類似している．合理的選択理論の定義はさまざまであるが，一般的に概略すると，意思決定者としての個人に焦点を当て，個人は合理的であり，任意の与えられた状況で自分の効用を最大化するように行動する，と考えるものである．合理的選択理論は，消費者が，プライバシーについての選好を有している場合，プライバシーのために取引を行う，という予測を行う．やや循環論法的ではあるが，一部の合理的選択理論の支持者は，市場がプライバシーについてあまり配慮していないとすれば，それは，消費者が本当はプライバシーを気にしていないからであると結論づけている．

近年，プライバシーコントロールについての考え方は，主として行動経済学者からの攻撃に晒されている[3]．行動経済学の研究者は，消費者の意思決定にバイアスが存在すること，個人と事業者の間の知識のギャップおよび情報共有の影響を取り巻いている不確実性によって，プライバシーの選好による取引の選択は不可能であって[4]，プライバシーコントロールは幻想にすぎないとい

---

[2] Paul M. Schwartz, *Internet Privacy and the State*, 32 CONN. L. REV. 815 (2000).

[3] Alessandro Acquisti, Laura Brandimarte, & George Loewenstein, *Review: Privacy and Human Behavior in the Age of Information*, 347 (6221) SCIENCE 509 (January 30, 2015).

う[5]．また，他の行動経済学に関する研究では，仮に，事業者において，デフォルトの選択肢が，個人から積極的な同意を得るためには一手間必要なように指定されているとしても，ユーザの選択肢を方向づけることが可能であることが示されている[6]．

プライバシーは売れない──安全も売れなかった

　なぜ消費者はプライバシーに配慮しないサービスを選ぶのか．なぜもっとプライバシーを保護するようなサービスが利用できないのか．これに対する1つの説明は，「プライバシーは売れない」ということである．実際，市場では，消費者にプライバシーを保護するようなサービスを販売しようとし，失敗した事業者が散らばっている．

　ラルフ・ネーダーは，彼の独創的な "Unsafe at Any Speed[7]" において，市場がプライバシーについてのオプションを提供できるかについての議論を考察するにあたって，自動車産業から，いくつかの類似点を摘示している．ネーダーの前述書では，自動車の安全性を懸念し，ある章では，シートベルト（腰だけに装着されたので，「ラップベルト」として知られている）の設置義務などの安全義務づけへの自動車会社の反対に焦点を当てている．

　General Motors の代表は，シートベルト設置義務への反対運動を指導し，その根拠として以下をあげていた．(1) 問題に対する国民の無関心があったこと──消費者はシートベルトを欲していなかったということ，(2) シートベルトの有効性を示す適切な証拠が欠如していたこと，(3) シートベルトの試験では不快感があり，服がしわくちゃになったこと，(4) 単純に，ドライバーは，シートベルトを着用しないであろうこと，(5) シートベルトは，強くハンドル

---

4) James P. Nehf, *Shopping for Privacy on the Internet*, 41 J. CONSUMER AFF. (2007).
5) Alessandro Acquisti & Jens Grossklags, *What Can Behavioral Economics Teach Us about Privacy?*, in DIGITAL PRIVACY: THEORY, TECHNOLOGIES, AND PRACTICES (2007).
6) Lauren E. Willis, *When Nudges Fail: Slippery Defaults*, 80 UNIV. CHI. L. REV. 1155 (2013).
7) RALPH NADER, UNSAFE AT ANY SPEED: THE DESIGNED-IN DANGERS OF THE AMERICAN AUTOMOBILE (1965). (邦訳：ラルフ・ネイダー（河本英三訳）『どんなスピードでも自動車は危険だ』（ダイアモンド社，1969年））

を把持し，適切に自分の足を配置する以上にドライバーを保護しないであろうこと．これらの論拠のすべて（最後のものを除く）には，ある程度の真実が含まれているが，ネーダーが指摘したように，それは，論理的に循環しているのである——運転の危険性についての無知や，安全オプションが欠如しているからこそ，シートベルトの需要が抑えられているのである．ネーダーは，ドライバーを自動車から遠ざけるのではという自動車の恐怖——運転するたびに，運転の危険性について，ドライバーに考えさせるようにすること——こそが，シートベルト設置義務への反対を形作っている，隠された問題であると主張した．シートベルトは，自動車事故の恐怖の象徴とされていた．

その後，Ford は，副社長ロバート・マクナマラの下で，オプションとして，シートベルトを販売し，大きな成功を収めた．同社は，シートベルトオプションの導入以来，40万本以上のシートベルトを販売し，他のどのオプションも「これほどの速さで受け入れられなかった」と報告した．そうすると，なぜ安全性が競争優位につながってこなかったのか．ネーダーによると，Ford は後に，1956年にその安全キャンペーンを終了した．これは，「車両安全キャンペーンの影響が不安定であるという General Motors の分析に同意した人々が社内政治に勝利したことによるもの」である．安全を販売するということは，General Motors の目には，業界全体への脅威と映っていた．

最終的にはニューヨーク州議会議員は，消費者が，簡単にシートベルトを自分で装着できるように，新しい自動車には，シートベルトマウントを必須とするよう自動車会社に迫った．自動車の業界団体は態度を軟化させたが，妥協案の提案を行った．すなわちシートベルトマウントはフロントシートにのみ装着するというものである．リアシートの搭乗者は，交通事故ではほとんど亡くなっていなかったからであった．1964年になってようやく，連邦法によってシートベルトが必須装備とされたのである．

プライバシーは，市場において類似の問題を経験している．情報産業は，消費者の注意をデータに関する慣行や，それによる侵害から逸らすことについて強力なインセンティブを有しており，公衆は無関心であると主張し，プライバシーの問題は個人による自律的な選択によって引き起こされているのであると喧伝している．Google が，Google.com に，社としてのプライバシーポリシ

8　第1章 オンラインプライバシー

> ーへのリンクを設置することを拒否したことを想起してほしい——Googleの経営陣は，ユーザが「検索」をクリックするたびにプライバシーについて考えることを懸念したのであろうか．

　学界での合理的選択理論の弱体化にもかかわらず，よりよい情報開示や消費者教育のような新しいプライバシー法・規制を起草する際に，プライバシー擁護団体や規制当局は，なおも大部分は合理的選択理論の仮定の下で業務を行っている．ルーシー・ブラック・クレイトンは，消費者運動は，消費者を市場経済の，君主ではなく，歩兵と化したとすら主張した——"pretenders to the throne"——．これは，合理的選択理論ベースのアプローチへの信奉によるものである[8]．

　行動経済学は，合理的選択理論により導き出されたオーソドックスな規制アプローチに代わるものを提供しようとする．「通知と選択」モデルの限界は，事業者がプライバシーポリシーを定式化し，慣行についてより詳細に開示するようになってきて，明らかとなってきた．消費者は，彼らの選好に従い，一貫してプライバシーに関する選択についての交渉を行うことができるし，そうしている，という一般的な仮定は，証拠によって損なわれつつある[9]．そもそも，「通知と選択」は，消費者と，産業界，いずれにとっても失敗している．なぜなら，「通知と選択」モデルでは，消費者と事業者の，「取引後」のニーズを取り扱えないからである．「取引後」の場面で，事業者は，消費者が望み，あるいは望まない，データの新たな利用法を開発することがある．

　「文脈による完全性（contextual integrity）」と称されるアプローチが提案されている．このアプローチは，プライバシーコントロールの欠点を，データシステムの働きの中で「情報の規範」についての監査を要求することによって，ある程度対応する方法を提供する[10]．この，ヘレン・ニッセンバウム教授が開発したシステムの下では，情報の基準が尊重されなかったときに，プライバシー侵害が生ずるとされる．たとえば，文脈による完全性が適用される場合，

---

8) LUCY BLACK CREIGHTON, PRETENDERS TO THE THRONE (1976).
9) Alessandro Acquisti, Laura Brandimarte, &George Loewenstein, *Review: Privacy and human behavior in the age of information*, 347 (6221) SCIENCE 509 (January 30, 2015).
10) HELEN NISSENBAUM, PRIVACY IN CONTEXT (2010).

検索エンジン事業者は第三者と検索ワードを共有してはならない．この文脈では，事業者は司書のような役割を果たしているからである．文脈による完全性は，グロテスクな形ではあるが，どのようにデータが収集されるべきかではなく，情報がどのように用いられるべきか，という情報の規制方法であると，政府当局が受け容れている[11]．

ジュリー・コーエン教授を含む複数の研究者によって進められている進行性の理論（progressive theory）では，プライバシーは自律性を保護するための手段であると考えられている．プライバシーなしには，われわれは批判的思考や個性を発揮することができない危険にさらされているという[12]．政府部門および民間部門の情報収集や意思決定は，反対に，個人の自律に影響を与える可能性がある．自律としてのプライバシーが，個人と組織の間のパワーバランスを形成しようとする，ということが中核となる．このことがFTCの創設を現実のものにした巨大さ（大企業）への懐疑と制度上の権限への憂慮と最も関係しているのかもしれない．

「自律としてのプライバシー」は，プライバシーコントロール以上のものを提供している．なぜなら，非識別データや，データに基づかない意思決定であっても，自律性の利益に影響を与える可能性はあるからである．しかし，このアプローチには問題も多く，その問題は，このアプローチの支持者によって確認されているものである．「自律としてのプライバシー」アプローチは，われわれに，どのようなパワーバランスが適切であるかの検討および，われわれの私的生活におけるさまざまな制限への適応を要求する[13]．「自律としてのプライバシー」アプローチはまた，あいまいでもある．われわれの自律性には，われわれの私的な関係や家族関係を含む，われわれの環境の多くの側面が影響を与えるからである．エフゲニー・モロゾフが主張するように，プライバシーの目標は，自分自身が表出することを可能にすべく，外部の影響との間に境界線

---

[11] HELEN NISSENBAUM, "RESPECT FOR CONTEXT" - FULFILLING THE PROMISE OF THE WHITE HOUSE REPORT ON PRIVACY in PRIVACY THE MODERN AGE: THE SEARCH FOR SOLUTIONS (Marc Rotenberg & Jeramie Scott eds) (2015).

[12] JULIE E. COHEN, CONFIGURING THE NETWORKED SELF: LAW, CODE, AND THE PLAY OF EVERYDAY PRACTICE (2012); HERBERT MARCUSE, ONE-DIMENSIONAL MAN (1964). (「人の四方の壁の中ですら個人のプライバシーが保護されないような社会が，正しく個人や自由な社会を尊重していると主張できるであろうか？」))

[13] Id.

を設けることである[14].

1.1.2 プライバシーの射程

プライバシー法の射程は変化しつつある．1970年代には，その範囲は，個人に関連する情報に限定されていた．今日では，データ企業のコンピュータ化および，収集能力に鑑みると，さらに広い範囲のデータが個人に影響を与えることができる．深刻な問題が「匿名」データベースを構築する能力について提起されている．「非識別」データベースについてですら，FTCによるプライバシーに関する厳格な執行を受ける可能性があるのである．「文脈の整合性」が示唆するように，すでに第三者と共有しているデータにおいても，プライバシーの利益は存在するし，公的に利用可能であるデータにおいてですら，情報に関する規範はあるのである．

プライバシーは現代の概念ではない

政策の議論や分析は，技術とプライバシーに関する歴史を無視した議論で満ちている．そのような議論の中では，プライバシーは現代の概念として提示されることが多い．商用インターネットの台頭に焦点を当てたものである．

プライバシーは現代的な概念ではない．それは西洋文化の価値観に深く埋め込まれている[15].技術，商慣習およびプライバシーの間の葛藤は新たな問題ではない．歴史家は，しばしば，例として米国郵政公社の発展を指摘する．郵政公社が設立される前，郵便は私的に運ばれており，しばしば，宿屋において収集および保管されて，次の目的地まで移動した[16].いろいろな理由から，これらの郵便の機密性と完全性は，損なわれていた．手紙は比較的珍しかったので，意図された配達先に届けた人々の間で興味をそそった．当時のプライバシー向上技術であった封蝋は，無断開封や乱暴な取扱いのために失敗する可能性があった．紙の封筒はまだ発明されておらず，暗号化方式は依然として原始

---

14) Evgeny Morozov, To Save Everything, Click Here (2013).
15) Consider the five-volume treatise by Arie's and Duby, A HISTORY OF PRIVATE LIFE (Philippe Arie's and Georges Duby, eds., 1987), or Richard Sennett's discussion of the evolving and shifting ideas of "public" in Richard Sennett, The Fall of Public Man (1974).
16) David H. Flaherty, Privacy in Colonial New England (1967).

的であった.

　不十分な技術と実務によって生じたギャップを埋めるべく,英国から植民地郵便の運営を委託されていたベン・フランクリンは,運送業者に,彼らが運んだメッセージを開封しないよう誓わせた[17].この禁止は最終的に連邦法で成文化され,そして,今日,第一種郵便は,政府が令状を得ている場合を除き,開封に関しては安全である.

　技術に関する葛藤は,文明と同じだけの歴史を有している.実際,インターネットが始まるずっと前から,技術的な葛藤は思想家の議論を多くを占めていた.人生の知識とは対照的に,工芸の知識であると考えられていた,技術的知識,という考え方はプラトンによって提唱されたものである[18].

　われわれの社会は,数十年にわたり,個人情報の規制に格闘してきた.遡ると,1942年連邦報告透明化法に行き着く.情報のプライバシーに対処するための持続的な試みは,1970年台に始まった.これは,コンピュータ化の進展と,政府による政治的敵対勢力の諜報活動が発覚したことに伴うものである.1973年に,保険教育福祉省は,「記録,コンピュータおよび市民の権利」と題するレポートを公表した.これは,政府機関が,どのように個人の情報を取り扱うべきか,という公正な情報慣行(FIPs)を明らかにしたものである[19].長年にわたり,いくつかのバージョンのFIPsが提案されてきた[20].FIPsは,事実上,すべての情報プライバシーの規制の基礎となっており[21],そして,一般的には,実務に関して実体的な禁止を行うというより,データの取扱いに関して,適正手続を定めるものである.1998年,FTCは5つの実務慣行を採用した.

---

[17] ROBERT ELLIS SMITH, BEN FRANKLIN'S WEB SITE (2000).
[18] THE PHILOSOPHY OF TECHNOLOGY: THE TECHNOLOGICAL CONDITION (Robert C. Scharff & Val Dusek, eds., 2003).
[19] Department of Health, Education, and Welfare, Records, Computers and the Rights of Citizens, Report of the Secretary's Advisory Committee on Automated Personal Data Systems (July 1973).
[20] Robert Gellman, Fair Information Practices: A Basic History (March 2014).
[21] Marc Rotenberg, *Fair Information Practices and the Architecture of Privacy, 2001 STAN. TECH. L. REV. 1* (2001).

通知：データの収集者は，消費者から個人情報を収集する前に，その情報慣行を開示しなければならない．

選択：消費者は，自分たちから収集された個人情報が，提供された目的を超えて用いられる場合には，利用されるかどうか，どのように利用されるかに関して，選択肢を与えられなければならない．

アクセス：消費者は，自分たちについて収集された情報の正確さと完全さについて，開示を受け，異議申立てができなければならない．

セキュリティ：データ収集者は，消費者から収集した情報について，正確かつ，不正使用から保護されていることを保証すべく，合理的な措置を講じなければならない．

　さらに，FTC は，執行に関する慣行を，別に FIPs の 1 つにあげた．

　FTC の歴史のほとんどを通じ，FTC は，これらの FIPs を促進するための自主規制アプローチを支持してきたが，インターネット業界が恐れるように，FTC は，立法を支持する可能性がある．インターネット業界の懸念は理由があるものである．FTC は，多くの法案をサポートし，最終的にそれらは議会によって制定法となった．

　インターネットプライバシーを議論する前に，情報の利用に関して，いくつかの注目すべき公共の論争があった．たとえば，1991 年に，Lotus と Equifax は，中小企業に対して，米国の個人宅に関するデータベースを売却する計画を有していたが，これを取り消した．しかし，米国企業の一般的な戦略は，プライバシーの問題を避けるものであるように思われた．H. ジェフ・スミスは 1990 年代に，企業がプライバシー政策と対峙することを恐れており，受け身でしか向き合っていない，と説明した．スミスは，自らの企業に関する歴史的な調査の中で，経営陣は，「プライバシーに関するトピックを議論したり調査したりすることを避けるべく，甚だしい距離をおいており」，問題を中間管理職に任せきりにしていることを発見した．さらに，「何らかの外部的脅威が……企業にショックを与えて，正式な反応が生じる．（そして）業界全体が政策を形成し，個人事業主がこれに続いて反応する」[22]．

---

22) H. Jeff Smith, Managing Privacy (1994).

この時代，FTC がオンラインプライバシーキャンペーンを展開する前，についての研究を行ったプリシラ・レーガン教授は，「なぜプライバシーの考え方は，国民の支持やタイムリーな立法を炸裂させる避雷針として機能しなかったのか」との問いを立てた[23]．リーガンは，プライバシーの考え方が広く共有され，国民の間に潜在しているが，公共政策を形成するための基礎としては弱い，と説明した．リーガンは，問題はいくつかの要因に因るものとした——最も重要なことは，プライバシーの考え方は，法執行機関や，雇用主，安全保障と行った，明確な利害関係者にコストを課してしまうため，抵抗されてしまう，ということである．これらの利益を代表する集団は，プライバシー権の理想論から，犯罪者が自分の過去の過ちなどを隠すことができるといった各論に，話を逸らすことに成功した．「プライバシー」の定義が拡散したことが問題を悪化させ，議会は，法制定という明確な目標のためにまとまることを妨げられた．

　より概念的なレベルでは，リーガンは，アメリカにおけるプライバシーの法的理解は，立法的な変化の主たる牽引者となるには弱すぎる，と主張した．プライバシーの法的概念は秘密の理論に基づいており，「プライバシーの合理的な期待」などの基準を十分に備えている．われわれの法的理解は，技術によってプライバシーに生じる種類の問題を捉えるのに十分豊かとはいえなかった．

　その後，短期間で，立法の事案が増加してきた．1998 年の研究では，プライバシーに関する通知は広く実装されているわけではないことが判明した．FTC が行った 1400 件のウェブサイトの調査で，商用サイトの 92 パーセントが個人情報を収集しているが，わずか 14 パーセントしか，プライバシーに関する通知を備えていなかったことが報告されている．商用サイトのうち，わずか 2 パーセントが，「包括的な」プライバシーポリシーを備えていた[24]．多くのウェブサイトは，FTC の調査の後に，プライバシーに関する通知を受け入れたが[25]，2000 年になって，FTC 委員の（3 対 2 での）多数派は，正式に，議会に対して，商用ウェブサイトおよびネットワーク広告事業者を対象とした，FIPs を義務づける立法を受け入れるよう，勧告した[26]．この勧告は，長続き

---

23) PRISCILLA M. REGAN, LEGISLATIVE PRIVACY: TECHNOLOGY, SOCIAL VALUES, AND PUBLIC POLICY (1995).
24) FTC, PRIVACY ONLINE: A REPORT TO CONGRESS, June 4, 1998.

しないことがわかった．それというのも，ジョージ・W・ブッシュが大統領に選ばれたことによって，2000 年には FTC 委員の構成が変化したからである．ブッシュ大統領下の FTC 委員長，ティモシー・ムリスは，オンラインプライバシーの保護のための新たな立法を為すのではなく，既存の法律を執行することに FTC の注意を集中することに決めた [27]．

スティーブン・ヘッチャー教授は，1990 年台には，FTC は「規範のアントレプレナー（請負人）」として活動していた，と論じた．FTC が，立法を支持することで脅しをかけ，ウェブサイトがプライバシーポリシーを採用する気にさせるにあたりなした努力は，非常に成功した，というのである．彼は，「プライバシーポリシーが促進されることで，FTC は，インターネットのプライバシーの議論に対し，さらには，インターネットそのものに対し，よりしっかりと，権限のフックを掛けることができる」と主張する [28]．たしかに，数年のうちに，ほぼすべてのトップのウェブサイトは，プライバシーポリシーを備えるに至り，FTC の監督下に入った [29]．その結果，オンラインプライバシーの法律を理解するためには，FTC 法に基づく意思決定を把握する必要がある，ということになった．しかしながら，商用インターネットが存在する以前から，FTC は，いくつかのプライバシーの問題を監督してきたのである．次のセクションでは，これらの執行の実践に目を向けることとする．

---

25) Fed. Trade Comm'n, Privacy Online: Fair Information Practices in the Electronic Marketplace 10（2000）参照（ウェブサイトにおいてプライバシーポリシーを掲げている割合がその点に関する FTC のレポートが出された次の年に「顕著に増加した」ことはみられない）．
26) FTC, Online Profiling: A Report to Congress Part 2 Recommendations, July 2000.
27) Timothy J. Muris, *Protecting Consumers' Privacy: 2002 and Beyond*, Remarks delivered at the Privacy 2001 Conference, October 4, 2001.
28) Steven Hetcher, *The FTC as Internet Privacy Norm Entrepreneur*, 53 Vanderbilt L. Rev. 2041（2000）．ヘッチャーの主張の問題の 1 つは，FTC 法は，明確に，FTC の管轄を欺瞞，不公正およびオンラインの虚偽広告に認めているということである．早ければ 1994 年には，FTC はアメリカン・オンライン上で運営していたクレジット修復事業者を訴えている．*FTC v. Corzine*, CIV-S-94-1446（E.D. Cal. 1994）．ヘッチャーが論文を公表するまでに，FTC は少なくとも 200 のインターネットにおける漏えいのケースを扱っている．Paul H. Luehr, Commission Enforcement Actions Involving the Internet and Online Services, September 21, 1999 参照．
29) Allyson W. Haynes, *Online Privacy Policies: Contracting Away Control over Personal Information?*, 111 Penn St. L. Rev. 587（2007）.

1.2 インターネット前のプライバシー問題

産業スパイは，1890年から1910年までの問題の1つである．FTCは，産業スパイ問題に対応するために設置された．FTCは，1910年台にも，いくつかの論点を提起した．その中には，1918年の，排除措置命令も含まれる．この件は，うるさい競合他社に，配送トラックを衝突させた，というものである．FTCは，その事業者に対して，「[その]トラックについて……たとえ，競合他社の自動車がBrown社のトラックを追走していたとしても，競合他社が所有し，管理している自動車との衝突を引き起こすこと……[30]」について止めるように命令した．また，FTCは，ある事業者に対して，競合他社の顧客リストを手に入れるために探偵を用いることについて排除措置命令を下した[31]．これらの取組みは，事業者について，競合他社からの積極的かつ違法な行動から守るということに限定されていた．

1951年になるまで，FTCが，消費者を，不公正な個人情報の収集から守るということに踏み込むことはなかった．Gen-O-Pak社のケースでは，FTCは，債務者に対して，自分の個人情報を提供すれば無料プレゼントを送る，と約束する葉書を送ることによって，債権者が債務者を見つけるのを補助した事業者に対して，行政手続を行った．葉書にはこうあった．「前略　小包の発送準備ができております．往復はがきの必要事項をすべて記入いただいて，われわれが，小包をお送りするのに十分な情報を得られれば，ですが……料金はいただきません．小包は，前払いで発送されます．草々　Gen-O-Pak社」．同社によって送付された葉書および調査によって，広範な個人情報が収集された．FTCはこのような実務慣行について，不公正かつ欺瞞的であると判断した[32]．

1971年，FTCは，消費者のアンケートからダイレクトメールの名簿を作成した事業者に対して，不公正および欺瞞の両方を原因として法執行を行おうという訴状を提出した．当該事業者は，消費者に対して，賞品を獲得するチャンスがあり，「購入義務はない」し，「セールスマンから電話することもない」，

---

30) *FTC v. American Agricultural Chemical Co. and the Brown Co.*, 1 F.T.C. 226 (1918).
31) *In the Matter of the Oakes Company*, 3 F.T.C. 36 (1920).
32) *Lester Rothschild, Trading as Gen-O-Pak Co.*, 49 F.T.C. 1673 (1952); *Rothschild v. FTC*, 200 F. 2d 39 (7th Cir. 1952).

ということを約束していた³³⁾．この，不公正に関する主張を根拠づけるために，FTC は，訴状において，以下のように述べた．「市場で購入する，ということは，実質的に，郵便名簿に名前が載らないということを選択したということである．この選択は，さまざまな個人的かつ個別的な理由によるものであるが，その中には，個人のプライバシーに対する，招かれざる侵襲――すなわち，商品，サービスまたは何らかの計画についての興行者，宣伝者または売主のあくなき客引きに支配され，あるいは，『メトロモールエリート』と名づけられた郵便名簿の応答者または利用者に搾取される，といったこと――は許さないというものが含まれ，またこれに限られない」．

その後，1970 年代に入り，FTC は，確定申告の書類を作成する事業者が，顧客の情報をマーケティングに用いている点に関し，一連の論点を提起した．1972 年には，H&R Block 社に関するケースが生じた．顧客の納税関係書類をリスト化し，合弁会社のマーケティングサービスに用いていたほか，第三者にこれらのリストを販売するために使用していた，というものである．H&R Block 社はそのような取扱いを開示しておらず，同意を得ることを試みてすらいなかった．

FTC の訴状は，欺瞞と不公正の両方を基礎としている．H&R Block 社の顧客は，会社との関係について，黙っていても，本質的に機密を守ってくれるものだと思っていたので，騙されたのである．同社は，顧客を騙し，「顧客は，[H&R ブロックに] 提供した情報は，確定申告および還付金の返還の目的のみに用いられ，機密が守られるであろうと，誤って信じ込ませた」のである³⁴⁾．H&R Block 社のケースは不公正にも該当した．なぜなら，同意を得ない納税情報の二次利用は，顧客と確定申告書類作成事業者の間の特別な関係にも反するからである³⁵⁾．H&R Block 社は，顧客との取引を開始するにあたり，顧客からインフォームドコンセントを取得するように命ぜられた．同社は，どのような情報が用いられるのか，どのように用いられるのか，そして当該データを取得する事業者の種類について，確実に述べる必要があった³⁶⁾．

FTC の，インターネット前のケースは，秘密についての規範が埋め込まれている状況では，強力なプライバシーについての規則が適用される，というこ

---

33) *In the Matter of Metromedia, Inc.*, 78 F.T.C. 331（1971）．
34) *In the Matter of H&R Block, Inc.*, 80 F.T.C. 304（1972）．*In the Matter of Tax Corp. of Am.*（*Maryland*）, *et al.*, 85 F.T.C. 512（1975）も参照．

とを示唆している[37]．FTC による救済措置は，通知およびオプトイン同意に集中しているが，排除措置命令によれば，事業者は，情報慣行について顧客の同意を得れば，サービスを調整して続けることを許しているようにみえる．

1.3 最初のインターネットプライバシーのケース

FTC がオンライン市場を監督し始めると，FTC が対応すべきケースが現れてきた．1990 年代には，FTC のスタッフは，オンラインサービスのプライバシー慣行には，法理論としての不公正は適用できないと考えるようになった[38]．消費者は，プライバシーの誤った取扱いについて実質的な損害を特定することができず，そのような誤った取扱いは，単純に，インターネットでは商取引をしないということで避けられた．欺瞞を適用するためには，慣行についての消費者に表明していることを必要とするが，多くのウェブサイトは，プライバシーポリシーを備えていなかった．実際，弁護士の中には，プライバシ

---

35) Beneficial 社における類似の実務についての 1973 年のケースは，さらに，FTC のプライバシーに関する異議をもっとはっきり示している．H&R Block 社のように，Beneficial 社は，納税関係書類の情報をマーケティングに用いていたが，より積極的であった．審判官は，ベネフィシャル社の情報利用の実務は，「搾取的であり，破廉恥であり，欺瞞であり，不公正である」とした．FTC は不公正の理論を公共政策の領域に向け，納税準備情報の機微性，当該情報のプライバシーに適用される制定法，秘密保持の倫理的基準，確定申告書類作成事業者の信認的役割を指摘し，「プライバシーの権利は，公共政策として，広く価値が認められてきており，憲法上，制定法上の土台を有している．プライバシーの権利の侵害は，商業上の文脈においても，FTC 法の下で違法となるであろう．」と結論づけた．さらに，FTC は，顧客らは情報を貸金のために用いられることを聞いていなかったとして，情報の再利用について欺瞞にもあたるとした．In re Beneficial Corp., 86 F.T.C. 119, 168 (1975)（引用内の参照は削除）, *aff'd in Beneficial Corp. v. FTC*, 542 F. 2d 611 (3rd Cir. 1976), *cert. denied*, 430 US 983 (1977).
36) 納税情報についてのプライバシーに関する規制が制定された後の 1982 年には，H&R Block 社は同意命令の変更申立てに成功し，この要請は破棄された．In the Matter of H&R Block, Inc., 100 F.T.C. 523 (1982).
37) FTC は後に，補聴器を購入した消費者の名簿の販売を含む事案において，Beneficial 社を特定している．補聴器の販売に関しては明確な義務はないものの，Beneficial 社は明らかに信認義務に反しているとされた．*In the Matter of Beltone Elecs. Corp.*, 100 F.T.C. 68 (1982).
38) *Interview with Joan Z. Bernstein*, Oral History Project, The Historical Society of the District of Columbia Circuit (2007). 初期の反対説では，FTC 法はオンラインプライバシーの事案に適用可能とされた．Jeff Sovern, *Protecting Privacy with Deceptive Trade Practices Legislation*, 69 FORDHAM L. REV. 1305 (2001) 参照．

ーについての約束がなされたということで，短絡的なクレームを招来するので，プライバシーポリシーを備えない，ということを推奨するものすらいた．

　法的な不確実性が残るものの，議会と消費者団体はFTCに対して，オンラインのプライバシーの監督を促した．このころ，国際的な圧力が高まり始めていた．1998年以降の，EUデータ保護指令95/46/ECを（米国の）法律に輸入しようという要求である．EUデータ保護指令は，欧州市民のデータが米国に移転される前には，米国は「十分な」プライバシー保護を備えているとみなされなければならない，とした（第6章参照）[39]．1995年に，FTCはオンラインプライバシーに関する3つのイベントを開催した．これは，クリスティ・バーニーFTC委員，消費者保護部長のジョディ・バーンスタイン，それにメディン・デイビッド弁護士，C・リー・ピーラー弁護士によって主導されたものである[40]．

　FTCは，初期のケースを慎重に選択した．事実認定が良好であり，子どもに関するケースに集中して，執行を行った（第2章参照）．不公正より欺瞞を用いた．プライバシーに関するケースについてのFTCの立場は，KidsCom.comのケースを通じて喧伝された．

　メディア教育センター（CME）による要請に対応し，FTCは調査を行い，KidsCom.comに関する公開書簡を公表した[41]．当該ウェブサイトは，子どもから個人情報を収集し，子どもに，製品のレビューを行うインセンティブを与えていた．レビューでは，当該ウェブサイトの他のユーザに情報が公表されるようになっており，参加者のソーシャルネットワークのように機能した．それゆえ，大人による子どもの（性的）捕食のおそれを増大させていたのである．FTCは，KidsCom.comは子どもから情報を収集し，親への通知と同意なしに他の人にそれを公開しており，欺瞞に該当するとの意見を述べた．

---

39) Paul M. Schwartz, *European Data Protection Law and Restrictions on International Data Flows*, 80 *Iowa L. Rev.* 471 (1994); Colin J. Bennett, *Convergence Revisited: Toward a Global Policy for the Protection of Personal Data?, in* TECHNOLOGY AND PRIVACY: THE NEW LANDSCAPE (Philip E. Agre & Marc Rotenberg, eds., 1997).

40) 成果は，FTCの最初のプライバシーに関する大きな調査として結実している．Federal Trade Commission, Staff Report on the Public Workshop on Consumer Privacy on the Global Information Infrastructure (December 1996).

41) Letter from Jodie Bernstein, Director, FTC Bureau of Consumer Protection, to Kathryn C. Montgomery, President, Center for Media Education (July 15, 1997).

KidsCom.com への警告状から1年後，FTC は Geo Cities との和解を行った．Geo Cities はオンラインサービスプロバイダであり，第三者と子どもの情報を共有することはしないと約束していたにもかかわらず，共有を行っていたものである [42]．他の初期のケースについても，約束を破り，一般的に子どものデータまたはセンシティブデータに関連していたという点で類似するものであった．あるウェブサイトは，子どもをターゲットとしており，データは匿名で収集すると主張していたにもかかわらず，約束を破り，連絡先情報とリンクしていた [43]．また，別のあるウェブサイトは，子どもに関する個人情報は決して販売しないと約束していたにもかかわらず，倒産手続の中で資産として扱おうとした [44]．ある薬局は，勃起不全の患者についてサービスを提供しており，安全管理措置として Secure Sockets Layer（SSL）を用いており，患者の評価は社内で行っていると主張したが，SSL は実装されておらず，データは他の薬局に移転されていた [45]．

今日においては，これらの初期の事案はプライバシー法の中でも簡単なケースであろう．今では，プライバシーポリシーなどを通じた消費者とのコミュニケーション手段の中でなされた，断定的な表現に反してはならない，ということが十分に確立されている．これらのケースは，手続的には重要である．FTC が，どのように新しい分野に対して切り込んでいくかを示したからだ（当初は，書簡の形式での警告，ワークショップおよびその他の意見の公表がなされる．その後まもなく，FTC は特に悪質な法律違反をおかしているものに対して，事件化する）．子どもに関する，積極的な不実表示のケースを取っ掛かりとして，大人のデータに関する，不作為を含むケースへの扉がこじ開けられることとなる．

1.3.1　2000 年代初頭の政治情勢

FTC が初期のケースに取り組んでいたころ，プライバシー擁護団体[ii] は，FIPs を中心とした，ベースラインを形成するプライバシーの連邦法を推して

---

42) *In the Matter of Geocities*, 127 F.T.C. 94（February 5, 1999）．
43) *In the Matter of Liberty Fin. Companies, Inc.*, 128 F.T.C. 240（1999）．
44) *FTC v. Toysmart.com*, 00-11341-RGS, 2000 WL 34016434（D. Mass. July 21, 2000）．
45) *FTC v. Rennert, Sandra L., et al.*, CV-S-00-0861-JBR（D. Nev. July 6, 2000）．
ii)［訳注］プライバシー・アドヴォケイト．プライバシー保護団体．

いた．しかし，議会の介入を求める声は，事業者団体を掻き立てることとなり，議会で実際に牽引力を得たことはない．一般的なプライバシーに関する立法は，潜在的にはあらゆる事業者に影響を与えるがゆえに，産業界のロビー活動を刺激し，組織化し，プライバシー法の中身に介入したり，制定を食い止めようとした．プライバシー擁護団体は，苦しい戦いに直面した．プライバシー法を議会で通過させるよりも，立法をくじくほうが容易であった．また，プライバシー擁護団体は，その成り立ちから，比較的容易に操られたり，隅に追いやられたりしてしまう．一般的に，プライバシーの活動家は統一的なアジェンダを設定できてこなかったうえに，内紛したり，擁護団体内の他の構成員のモチベーションについて疑いをもったりということをしがちだった．それゆえ，産業界のプライバシーロビイストはだらけていても，負けることはなかった．議員との関係を構築し，合理的であるように振る舞い，プライバシー擁護団体は立法の落としどころを探る段階では仲間割れを起こすと信じ込ませることで，議員らの信頼を得た．それで，十分であった．

最もうまくいきそうだった立法の試みは，フリッツ・ホーリングス上院議員による 2002 年「オンラインパーソナルプライバシー法」であった．上院商務委員会での支持を取り付けたが，上院少数党院内総務トレント・ロットが，議事終了に関するルールを発動させたため[iii]，阻止された．このような異例な展開——金融業界に要請されたものであるといわれている——は，法案は上院の床に叩きつけられるであろうことを感じさせた．

なおこの時点では，議会の法案最終審議において，プライバシー擁護団体にとって肯定的な結果が得られるかどうかは明らかではなかった．ホーリングス法案が敗れるわずか数年前に，議会は金融サービス近代化法（GLBA）（第 5 章参照）を通過させていた．同法は，明確に，銀行が個人情報や口座情報を第三者に売却することを許した．同法は，銀行の守秘義務についての制限を弱体化させ，FTC がインターネット前のケースで，金融関係情報の移転について課していた保護水準よりも低い水準を設定するものである．

1.3.2 害悪に基づくアプローチ

連邦レベルのプライバシー立法が不在の中，FTC は，ジョージ・W・ブッ

---

iii）［訳注］議案審議計画に関する上院院内総務の事実上の権限のことか．松橋和夫「アメリカ連邦議会上院の権限および議事運営・立法補佐機構」レファレンス 2003 年 4 月号 44〜71 頁参照．

シュ大統領政権下で，ケースバイケースの執行戦略を進めていった．それは，「害悪に基づく」アプローチの時代であった．これは，ムリス委員長による，政治的にスマートな策略であった．――害悪に基づくアプローチは，FTC は，身体的侵害および，経済的損害を生じさせる [46] ようなリスクを含むケースを優先するということのシグナルとなったのである．FTC の活動の初期において，このアプローチは明らかに利益をもたらした．それというのも，共和党からも，民主党からも，ターゲットとした実務慣行の監督について，何ら異議を述べられなかったからである．

テレマーケティングやスパムも害悪に基づくアプローチの対象となった（第4章参照）．産業界にいわせれば，これらが不便だとしても，現代の生活においてはささいなものであり，他方で，経済活動を大いに牽引することが特徴である．それにもかかわらず，FTC は侵害フレームワークに「不要な侵入」を導入するために2つの戦略を用いた――テレマーケティングを家庭のプライバシーとリンクすることと，テレマーケティングやスパム活動が全体として消費者の生活へコストとなることを強調することである．

1.4　ブラック・レター [iv]――プライバシーの不公正と欺瞞

FTC は，その手続の中で，ほとんどすべての場合，調査対象者と和解する．すなわち，FTC のオンラインプライバシー法のほとんどは，申立書と同意命令の本文に存在する．弁護士は，この膨大な文書を読み，FTC 法の概略についてアドバイスしようとすることになる．弁護士は，アドバイスのために，ケーススタディを書いたり，トラブルに遭遇した競合他社または近接競争者（near-competitor）に関するニュース記事を渉猟したりするということになる．不当表示がなされているような単純な状況であれば，プライバシーの担当者は，容易に，プライバシーに関する実務を変更するように同僚を説得することができる．しかし，時が経つにつれ，FTC は単純な「約束違反」のケースから遥かに進んだ取組みを行うようになった．現代のプライバシー担当者は，

---

[46] Timothy J. Muris, *Protecting Consumers' Privacy: 2002 and Beyond*, Remarks at the Privacy 2001 Conference, October 4, 2001.

[iv] 「ブラック・レター・ロー；基礎法的法原則．多くの州の多数の裁判官によって適用される法の基本的な原則」（田中英夫編集代表『英米法辞典』（東京大学出版会，1991 年）103 頁）．

組織内の同僚に対して，消費者の期待に沿うことが重要であることや，企業は，不快で，予測がつかないデータに関する慣行について，どのような方法をとっているかを単純に開示するということはできないということについて，説得する必要がある．

　和解や同意命令を通じて法が形成されるというこの実務については，長年，情報プライバシー以外の文脈で批判されてきた[47]．しかしFTC法を制定し，強化するにあたり，議会は，FTCに対して，迅速に，問題のあるビジネス慣行について対応することを求めた（第1章〔原著〕参照）．議会が望んだのは，連邦裁判所を介さず，複雑な事柄を裁くことができる専門機関であった．FTCにより法違反を認定された事業者は，常に連邦裁判所にFTCの決定について提訴することができるが，ほとんどの事業者は提訴に至らない．これは，FTCがケースを慎重に選択していること，および，裁判所がFTCの決定に敬意を与えていることによるものであるが，加えて，調査の際に，FTCが，多くの場合，追加的・潜在的な欺瞞的慣行を発見するからでもある．

　FTCのケースバイケースのアプローチへの好意的な反応として，ダニエル・ソロブ教授およびウッドロー・ハートゾッグ教授は，コモンローと機能的に等価であるいう特徴づけを行っている[48]．2015年，連邦第3巡回区控訴裁判所は，決定の中で，被告の慣行について，FTCと和解した他の事業者と比較した表を載せている．被告は，FTCとは和解が成立していると主張したが，第3巡回区控訴裁判所は，被告は公平な通知を行わなかったのであるから，そのような慣行はFTC法違反となると判断した[49]．

　次節では，不公正と欺瞞に関する「ブラック・レター」というべきFTCのルールの主要点をあげる．

---

47) Lowell Mason, The Language of Dissent 169 (1959).（「クライアントを守ろうとする不注意な法律実務家や，何ができて何ができないかが記載されたガイドラインを探そうとする一般的なビジネスマンにとって，FTCから発行される報告書に登載されたこれらの，反論の余地がない命令は，根拠なく信用され，実際には法的根拠がないルールについて，見せかけの権威が与えられている．」）
48) Daniel J. Solove & Woodrow Hartzog, *The FTC and the New Common Law of Privacy*, 144 COLUM. L. REV. 583 (2014).
49) FTC v. Wyndham Worldwide Corp., No. 14-3514, 2015 WL 4998121 (3d Cir. August 24, 2015).

1.4.1 不公正なプライバシー慣行の概略

　FTC は，プライバシーの問題に関して，主として不公正ではなく欺瞞によっている．2003 年から，FTC は，プライバシー侵害のための独立した理論として，不公正を理由とする執行を開始した．それ以来，FTC はますます不公正を理由とした執行を，増している．産業界にとって，不公正は詐欺よりも議論があり，厄介な法的理論である．なぜなら，実務的にいえば，それは特定の実務を禁止するように作用するからである．通知および同意の手続を改善することを通してミスリーディングでなくすることができる欺瞞的慣行と異なり，不公正な慣行は，消費者がそれについて知らされていた場合でも正当化することがより困難である．

　不公正および欺瞞的慣行の歴史は第 5 章〔原著〕で詳細に議論された．復習して，以下を思い出してほしい．不公正な慣行は，消費者に実質的な損害をもたらすものである．損害は，当該慣行の結果生じる，競争者や消費者が補償として得られる利益を超えるものでなければならない．そして，損害は，消費者が合理的に避けうるものであってはならない．不公正の問題は重大である．なぜなら，不公正の問題について注目されるときには，FTC はすでに実質的な損害または侵害が引き起こされていると考えているからである．FTC がプライバシーに取り組み始めた初期において，FTC はプライバシー侵害が不公正の問題を生じさせることには懐疑的であったが，近年の案件では，見解が変更されたようである．今では，FTC の目からみて，単に，第三者に多数の個人に関する個人情報が開示されたとしても，集合的な損害があるとされる．

1.4.2 遡及的なポリシーの変更

　FTC が取り上げた最初の不公正に関する案件は Gateway 社である．同社は，第三者にデータを販売しないと約束したが，その後，ポリシーを変更した[50]．事業者はひっきりなしにポリシーを変更するものであるが，Gateway のポリシーの変更は，不公正であるとされた．なぜなら，同社は，顧客に対して，データ販売からのオプトアウトを要求したからである．FTC からみると，これは，消費者に対して，有害なポリシー変更のためにおそらく数千もの，取引相

---

50) *In the Matter of Gateway Learning Corp.*, FTC File No. 042 3047 (September 17, 2004).

手を監視し，それを食い止めるために行動することを要求するものである．同様に，FTC の，Facebook に対する執行においては，ユーザのプロフィールを公開とする，遡及的なポリシーの変更が不公正であるとされた[51]．

　Gateway の案件では，FTC は，以下のように述べた．本件では，子どものデータが含まれており，同社の（販売しないとの約束の）撤回は実質的な消費者の損害をもたらす．その後の Facebook の案件においては，FTC はさらに詳細に踏み込み，明確に，FTC の見解として，それ以前は制限されていたプロフィールを露出することは，実質的な損害を引き起こすことを示した．FTC は，損害は，他者からの望まない接触によってもたらされることを強調した——争いがある論点についての政治的見解，ビジネス上の関係，友人のリスト，性的指向および写真が露出することである．この決定は情報集約型の企業にとって非常に重要な意味をもっている——データがすでに共有されている場合，それがインターネットにおいて広く共有されていたとしても，取扱いを誤れば，不公正を理由とする執行の基礎になるということである．個々のユーザにとっては小さな侮辱にすぎなくとも，集積されることで非常に大きな損害となる．

1.4.3　積極的な調査

　Touch Tone Information 社に対する FTC の 1999 年のケース（一般に「Rapp ケース」として知られている）では，FTC は，「プリテキスティング（pretexting）」は欺瞞と不公正の両方に該当すると主張した．プリテキスティングとは，顧客に関する情報を他社から開示させるべく，さまざまな偽の口実を用いる実務のことである．申立によると，Touch Tone は個人の信用情報と連絡先情報をプリテキスティングによって集め，取引先に提供しようとした疑いがある[52]．1999 年のケースに続き，FTC は，通話履歴を収集するためにプリテキスティングを用いていた探偵業者の一掃を実施した[53]．この一掃の一環として，第10巡回区控訴裁判所は FTC の Abika.com に対する不公正の主張を支持した．このウェブサイトは，プリテキスティングを用いて他人の情報

---

51)　*In the Matter of Facebook, Inc.*, FTC File No. 092 3184（July 27, 2012）．
52)　*FTC v. Rapp d/b/a Touch Tone Information, Inc.*, No. 99-WM-783（D. Colo. 1999）．
53)　たとえば，*FTC v. 77 Investigations, Inc., and Reginald Kimbro*, No. EDCV06-0439 VAP（C.D. Cal. 2006）参照．

を得ようとする消費者を探偵業者とマッチングさせていた[54]．

1.4.4　故意による第三者のプライバシーに関する約束を違反させること

　FTC は，第三者の通販サイトに，支払い機能を提供している企業であるショッピングカートプロバイダについて，当該通販サイトのプライバシーに関する約束に違反して，取引履歴から情報を横流ししていたことを，不公正であるとした．その件では，通販サイトは，第三者にデータを販売しないという明確な約束をしていた．ショッピングカート企業は，これを知りつつ，取引履歴から情報を収集し，マーケティング目的で貸し出したのである[55]．このように，故意で，サービスプロバイダとしての関係を利用して，買主と売主の間のプライバシーに関する約束を違反させるというのは，不公正に当たるのである．

1.4.5　幇助と教唆――不公正の「方法と手段」

　第 4 章〔原著〕でも述べたように，FTC は，州司法長官とは異なり，FTC 法において明示的な補助や教唆に関する権限を有していない．この欠缺をカバーするため，FTC は時々，不公正に関する理論である「方法と手段」を発動した．「方法と手段」理論が発動するような場面では，事業者が，技術を提供し，誰かのプライバシーを侵害するためであるとか，他の事業者が個人のプライバシーを侵害するのを助けるためのツールとして，明示的に宣伝し，あるいは，それを用いてどうやってプライバシーを侵害するかについて助言をするといったことが行われる．たとえば，コンピュータを追跡するようなソフトウェアをライセンスするソフトウェア会社は，他の事業者に代わって秘密裏に個人情報を収集し，そのような他の事業者に対しては，当該ソフトウェア，基本的に，スパイウェア（第 4 章参照）であるが，の存在を開示しないように助言することによって，不公正の方法と手段を提供している[56]．

　重要ことは，このソフトウェアの標的にされた消費者は経済的損失を被ってないということである――実質的な損害は，自分の家に侵入されたということである．

---

54)　*FTC v. Accusearch Inc.*, 570 F. 3d 1187（10th Cir. 2009）.
55)　*In the Matter of Vision I Properties, LLC*, FTC File No. 042-3068（April 26, 2005）.
56)　*In the Matter of DesignerWare, LLC*, FTC File No. 112 3151（April 15, 2013）.

1.4.6　詐欺的事業者へのデータの転送

あるケースでは，データ販売会社から，公的に，消費者詐欺を働いたとして告訴されていた他の事業者に対して，情報が提供されたことが違反であるとされた[57]．別のケースでは，FTC は，ペイデイローン[v]を探している消費者のリストを，いかなる種類のローンも提供していない他の事業者に売却した会社について，不公正であるとした．当該データを購入したある企業は，リストに掲載されていた消費者の銀行口座から，数千万ドルを回収した[58]．

1.4.7　不公正なデザイン

FTC が扱った Frostwire 社のケースでは，FTC は同社を連邦地方裁判所に提訴した．それというのも，同社は，ユーザが知らないうちに彼らのファイルをインターネットに配置してしまう可能性があるアプリケーションを頒布したのである．当該アプリケーションは，インストール時のデフォルト（設定）では，多くの異なる種類のファイル（すべての写真，すべてのビデオ，その他）を共有するためのチェックがオンになっていた．ユーザが共有を避けるためには，各カテゴリのチェックを外す必要があった．また，1 つだけのファイルを共有するように設定するためには，ユーザは，（ビデオなどの）カテゴリのチェックボックスをオンにしたうえで，ネットワークに共有したくない他のすべてのビデオのチェックを外す必要があった[59]．FTC は，これらのユーザインタフェースの機能を「不公正なデザイン」と特徴づけた．不十分なセキュリテ

---

[57] *US v. Direct Lending Source, Inc., et al.*, 12-CV-2441-DMS-BLM (S.D. Ca. October 10, 2012).

[v]［訳注］ 米国の消費者金融であり，たとえば，「次の給料日までという短期の借入のための商品で，借入人は元本と金利を合算した額面の小切手を，返済日（通常は次の給料日）を支払日として金融業者に振出し，借入を受ける．借入人は返済を行うと，小切手の返還を受けることができる．ペイデイローンはそもそもの金利の高さ（年率 300％〜1,000％ 以上におよぶ）に加え，返済日に全額を返済できないと，残債に新たに金利・手数料を加えて借入を更新することを迫られ，返済負担が激増していく点が問題視されている．」と説明される．三菱 UFJ リサーチ＆コンサルティング「主要国の上限金利規制に関する調査〈米国，英国，ドイツ，フランス，韓国〉」(2011 年 2 月) 56 頁．

[58] *FTC v. Sitesearch Corp. d/b/a LeapLab*, FTC File No. 142 3192 (D. Ariz. December 23, 2014).

[59] *FTC v. Frostwire*, No. 111-CV-23643 (S.D.F.L. October 11, 2011).

ィ（下記参照）と同様に，不公正なデザインの問題は，第3章でより詳細に論じられる．

1.4.8 不十分なセキュリティ

ハワード・ビールズがFTCの消費者保護局長として，その後，ティモシー・ムリスがFTC委員長として，企業に不公正な慣行理論を適用するための実用的なケースとして見出したのが，不十分なセキュリティである．これは比較的最近発展したものであるが，すぐさま勢いを得て，不公正な慣行の適用をもって，データセキュリティ問題について責任追及するという，多くの，新しい種類のFTCのケースを導いた．これらの決定の結果として，個人情報を収集する事業者は，多数の，特定のセキュリティの手続を履践する積極的な義務を負うことになる．この義務は，プライバシーポリシーの約束とは無関係に存在する．

1.4.9 欺瞞的なプライバシー慣行の概要

第5章〔原著〕で説明したように，欺瞞的慣行とは，消費者に誤解を与える可能性がある表現，不作為，または実務である．慣行は，合理的な消費者の観点から考慮され，表現は，重要性を有している必要がある．

1.4.10 「重要な」表現

プライバシー以外の問題と同様，FTCは何が「表現」を構成するかについては広い解釈をとっている．消費者の経験の一部となるあらゆる表明が，欺瞞的慣行を基礎づけうる．第5章〔原著〕で説明したように，FTCは主観面を証明する必要はなく，無過失の不実表示であっても，FTCの事件化を基礎づけうる．このようなアプローチはプライバシーの慣行に関して大きな意味を有している．プライバシーの実務担当者は，プライバシーポリシーだけでなく，プライバシーに関連する従業員によって投稿されるブログ[60]，マーケティング資料，説明書[61]，自主規制の協定を遵守しているという認証[62]，ウェブサ

---

[60] *In the Matter of Facebook, Inc.*, FTC File No. 092 3184（July 27, 2012）．
[61] *In the Matter of HTC America Inc.*, FTC File No. 122 3049（July 2, 2013）（説明書において，ユーザは第三者と情報共有される際には通知されると表明していたのが，表現に当たるとされた）．
[62] *US v. Google, Inc.*, 512-cv-04177-HRL（N.D.Cal. November 12, 2012）．

イトやアプリのデザイン（プライバシーに関する設定[63]，情報収集に関するダイアログボックス[64]，それから，システムが技術的に，表明したことを遵守しているかどうか[65]），これらをすべて読む必要がある．デザインの選択とその実装も，消費者を誤解させることがある．第三者が騙されている場合にも，欺瞞が適用されることがある．たとえば，Accusearch のケースでは，同ウェブサイトが，プレテキスティングを介して，プライベートな電話のログを取得するサービスを提供した——自分のアイデンティティや状況について嘘をついて，カスタマーサービスの担当者を騙して，第三者の情報を取得するというものである．

不作為も，欺瞞的慣行を基礎づけうる．プライバシーの問題では，不作為は，予期せぬ収集や，情報の利用を含むことになる．たとえば，プライバシーポリシーにあるいくらかの有益な活動について喧伝しているにもかかわらず，重要ではあるが，あまり歓迎されない情報の収集と利用について記載されていない場合には，欺瞞であるとされ得る．

1.4.11　情報の収集や取扱いにおける欺瞞

個人データを取得するために不実告知をすることは不公正である（Rapp および Accusearch についての上記議論参照）が，企業が，債権回収事業（第3章参照）を営んでいる場合には，欺瞞にもなる．たとえば，購入選択権付リース[vi]を営む事業者がコンピュータにプログラムを施し，負債を抱えた消費者に情報を要求するメッセージをポップアップさせるのは，欺瞞に該当する[66]．

---

63)　*In the Matter of HTC America Inc.*, FTC File No. 122 3049（July 2, 2013），*In re Facebook, Inc.*, FTC File No. 092 3184（July 27, 2012）．

64)　*US v. Artist Arena LLC*, 112-cv-07386-JGK（S.D.N.Y. October 4, 2012）．

65)　*In the Matter of Facebook, Inc.*, FTC File No. 092 3184（August 10, 2012）（利用者の「友達」だけが情報を取得すると表明していたが，データは「友達」が利用するサードパーティのアプリケーションにも伝わっていたのであるから，虚偽であった．）；*In the Matter of Upromise, Inc.*, FTC File No. 102 3116（April 3, 2012）（データは転送中には暗号化されるとの表現が重要であるとされた）；*In the Matter of Chitika, Inc.*, FTC File. No. 102 3087（June 17, 2011）（オプトアウト Cookie を 10 日間しかもたないようにプログラミングすることは欺瞞であるとされた）．

vi)　[訳注]　英国貿易産業省（早稲田大学消費者金融サービス研究所訳）『英国，米国，フランスおよびドイツにおける金利規制の影響』（2004 年 8 月）59 頁の用語解説によると，「販売店が契約終了まで，一般には 12 か月から 24 か月の間，商品（通常は白物家電）に対する所有権を保持するレンタル契約」とされる．

より一般的にいえば，プライバシーやセキュリティについて任意の重要な主張をしている場合に，それに従わないことは欺瞞である．

1.4.12　不作為または重要な慣行についての不十分な通知も欺瞞になり得る

　積極的に嘘をついて情報収集を行うことは明らかな違反である．しかし，そのような明確な違反は巨大なプライバシーの楔（くさび）のうちの，薄い縁部分にすぎない．その巨大な楔（くさび）は，プライバシーポリシーやその他の通信手段における重要な不作為と関係している．FTC は「驚き」のアプローチをとっている．すなわち，情報の収集や利用が消費者の期待に反する場合，当該情報の収集や利用は公表されなければならず，ときには目立たされなければならない．目立った，言い換えれば「明白かつわかりやすい」公表は，長年，FTC の関心事項である．たとえば，1970 年には，FTC は，テレビ広告の分野について，明白かつわかりやすい公表はどのように構成されるかというガイドラインをリリースした [67]．

　FTC は，多くの事案を立件しているが，そこでは，通知に含まれる情報の収集または情報の利用の「深さ」に比して通知が不十分であると主張している．たとえば，デパートである Sears は消費者の同意を得て監視するが，消費者に報酬を与えるというソフトウェアを頒布した．しかし，完全な範囲に及ぶトラッキングが当該ソフトウェアに含まれることは，使用許諾契約（EULA）の中でだけ開示されていた．ところが，EULA は長文にわたる法的文書で，ほとんどの消費者は読んでいなかった．ユーザは，通知から，「オンラインの閲覧履歴」が追跡されることは予期できたが，上記ソフトウェアは，セキュリティがしっかりしているはずのブラウザのセッション，たとえばウェブメールの閲覧や，オンライン銀行とのやり取りについても調査することができた [68]．本件や，さらに直近の案件では，FTC はこのようなトラッキングは重要であり，ユーザに目立つように開示されていなければならないと考えている [69]．

---

66)　*In the Matter of Aaron's, Inc.*, FTC File No. 122 3256（October 22, 2013）.

67)　FTC, COMMISSION ENFORCEMENT POLICY STATEMENT IN REGARD TO CLEAR AND CONSPICUOUS DISCLOSURE IN TELEVISION ADVERTISING, October 21, 1970.

68)　In the Matter of Sears Holdings Management Corporation, FTC File No. 082 3099（September 9, 2009）. *In the Matter of Upromise*, Inc., FTC File No. 102 3116（April 3, 2012）も参照．

69)　*In the Matter of Compete, Inc.*, FTC File No. 102 3155（February 25, 2013）.

人目を引く開示が必要な,「驚き」のカテゴリに含まれる実務には,以下の類型が含まれる——第三者への個人情報の売却[70],位置情報または他のセンシティブな情報の収集[71],ユーザの連絡先やアドレス帳からの情報の収集[72],個人情報を第三者に開示することにつながりかねない,一意の識別子の移転[73],ユーザの現在のプライバシー保護から設定を変更して,保護の程度を低下させること[74],ユーザが不注意にも,コンピュータ内のファイルをインターネット上に公開してしまうような設定変更[75],音楽CDに搭載されたソフトウェアが,電話をかけて,自宅を中央サーバに伝えてしまうような,予期しない情報収集[76],ユーザが訪れたウェブサイトを嗅ぎつけ,特定するべく,ブラウザの履歴を企業が用いること[77]。

1.4.13 詐欺

テクノロジーは,さまざまな関係の中で,事業者が優位に立つことを可能にするが,テクノロジーの働きによって消費者が享受するプライバシーのレベルに誤解が与えられるような場合には欺瞞に該当する。これはFTCの政策の中でも古い原則である。早くも1971年には,FTCは,調査を通じて,消費者の情報を明らかにするに際し,消費者を騙したメーリングリスト会社に対して,行政執行を行っている[78]。

1975年には,FTCは,調査研究者が,データ主体(個人データの本人)への「匿名性」を約束したにもかかわらず,隠れた暗号化手法その他の技術的手法を用いて,調査への回答を追跡していたことについて問題視している。

---

70) *In the Matter of Goldenshores Technologies LLC & Erik M. Geidl*, FTC File No. C-4446 (F.T.C. April 9, 2014); *FTC v. Echometrix, Inc.*, CV10–5516 (E.D.N.Y. November 30, 2010).

71) *In the Matter of Goldenshores Technologies LLC & Erik M. Geidl*, FTC Docket C-4446 (April 9, 2014).

72) *US v. Path, Inc.*, No. C-13–0448 (N.D. Cal. January 31, 2013).

73) *In the Matter of MySpace LLC*, FTC File No. 102 3058 (September 11, 2002); *In the Matter of Facebook, Inc.*, FTC File No. 092 3184 (July 27, 2012).

74) *In the Matter of Facebook, Inc.*, FTC File No. 092 3184 (August 10, 2012).

75) *FTC v. Frostwire*, No. 111-CV-23643 (S.D.F.L. October 11, 2011).

76) *In the Matter of Sony BMG Music Entertainment*, FTC File No. 062 3019 (June 29, 2007).

77) *In the Matter of Epic Marketplace, Inc., and Epic Media Group*, LLC, FTC File No. 112 3182 (March 19, 2013).

78) *In the Matter of Metromedia, Inc.*, 78 F.T.C. 331 (1971).

FTC いわく,「消費者に対し,明示または黙示に,匿名で取り扱われることを約束して,自分自身についての情報を提供させ,しかし実際は,秘密の,または隠れた暗号化手法が用いられており……それによって情報を提供した消費者の照合が可能になるような」勧誘を行うことは,欺瞞に該当する.FTC は,そのような欺瞞は,機微情報の取得に用いられ,または,情報が他の目的に用いられるような場合には,不公正にも該当するとする[79].本件につき,また,一般的にいっても,企業は「しめしめ」技術に手を出すべきではない.たとえば,消費者に,Cookie では追跡されないといっておいて,類似技術を用いて同様の効果を得ることは欺瞞に当たる[80].加えて,ユーザに,情報を共有しない選択肢があるといっておいて,選択する前に共有してしまうというのも欺瞞である[81].

最後に,データはある目的にのみ用いられるとほのめかしておいて,サービス提供には不必要な他の目的に用いることも欺瞞に当たる.たとえば,非営利組織が,「教育的研究」であるとして公立学校に広範囲に調査を頒布し,データは大学の入試の目的のため収集されると示唆していたが,実際は,第一義的に市場調査会社に売却するために収集していたといったような場合である[82].本件等からみられるように,FTC としては,企業は,消費者にとって重要であると考えられるあらゆる重要な利用目的について開示すべきであり,特にデータが第三者のマーケティング目的で用いられる場合があげられる,と考えているようである.

1.4.14 ソーシャルメディアのプロフィールのコピー

Jerk.com の件では,FTC は,個人に対して,「間抜け」「間抜けでない」とのラベルを付すことができるようなサイトを構築した企業に対して行政執行が

---

[79] Use of Secret Coding in Marketing Research, 16 C.F.R. § 14.12 (2014). 通常のマーケティング活動を覆い隠すべく「調査」とすることも欺瞞であるとされた. *In the Matter of International Publisher Services*, 49 F.T.C. 214 (1952).

[80] *In the Matter of ScanScout, Inc.*, FTC Docket No. C-4344 (December 21, 2011)(フラッシュ Cookie は小さなファイルで,一般的なウェブ Cookie と同様の特性を有する).

[81] *In the Matter of Goldenshores Technologies LLC & Erik M. Geidl*, FTC Docket No. C-4446 (April 9, 2014)

[82] *In the Matter of Educational Research Center of America, Inc.*, FTC File No. 022 3249 (May 9, 2003).

なされた．Jerk.com は，データは，もともと，ユーザが生成したコンテンツであると主張していたが，実際は，Facebook からコピーされており，ユーザは，データの出所について騙されていた[83]．FTC がプライバシーを扱った件としては初期のものであるが，ReverseAuction.com のケースでも，同様の事実が認められた．同社への執行においては，2 つの欺瞞が認められた——他のサイトからのデータの「収穫」，そしてそれに続く，eBay のユーザに対しての，彼らのアカウントは失効するとの虚偽を述べる E メールのメッセージである[84]．

1.5　FTC におけるプライバシーに関する是正措置

　課徴金の権限を有さないため，FTC の是正措置が弱い，ということがしばしば批判される．このような意見は，FTC の行政執行に対応するためにかかる凄まじい広報費用を看過している．FTC の標的はしばしば，ウォール・ストリート・ジャーナルの「一面」を飾る．プライバシーの侵害者であるとのラベルが，企業ブランドに数年にわたり貼り付くことになる．プレッツマンが FTC の広告規制に関する研究の中で見出したように，FTC の執行はその対象にドラマチックな効果をもたらす[85]．執行の負の広告効果および風土改革効果は，対象企業に数百万ドル，せいぜい数千万ドルの課徴金を課すよりも，相当程度深みのある効果を与えるように思われる．

　FTC は，対象者に対する案件を終結させるにあたり，標準的な雛形を使用している．プライバシーの手続における是正措置のおなじみのセットは，合意されているものといえる．すべての命令は，対象企業に対して，同様の虚偽表示を控えるようにと要求している．典型的には，これらの同意命令は 20 年の期限を有する[86]．命令違反は課徴金のトリガーとなりえ，一般的に違反 1 日につき 1 万 6000 ドルが課される．連邦地方裁判所でなされた命令においては，

---

83)　*In the Matter of Jerk, LLC*, FTC File No. 122 3141（January 12, 2015）．
84)　*Id.*
85)　Sam Peltzman, *The Effects of FTC Advertising Regulation*, 24（3）J. L. ECON. 403（December 1981）．
86)　著者は，20 年の同意命令についてさまざまな理論を仄聞している．20 年という期間を用いるのは，広告事案に遡る，FTC の慣習であるとするものがある．また，FTC は，政策的に，すべての命令を 20 年に短縮し，監督対象を減らしているのだとするものもいる．

どうやら，効果は永久のようである．

　FTC は，その他の是正措置をカスタムメードで仕上げることがある．その多くの場合は，FTC 法の基本的な違反を超えている場合の「囲い込み」の是正措置が設定される．プライバシーの案件の中には，FTC が，対象者に対して，包括的なプライバシープログラムの確立を要求しているものがある．そこでは，リスク評価，サービスの継続的な評価，サービスプロバイダを選択する際の配慮，設計プロセスの見直しおよび説明責任の措置が要求される．このようなプログラムは，企業全体でプライバシーに関するリスクを特定し，是正することに専念する重要なスタッフのリソースを必要とするため，包括的なプライバシープログラムの要求は，会社に多額の費用を拠出させることになる．Microsoft，Google，Facebook のすべては，何らかのプライバシーの職務についている多数の従業員をかかえている．そして，3 社は，製品やサービスをプライバシーの観点から検討するための高度なシステムを実装している．

　ある案件では，企業は，FTC の命令によってコンプライアンスに関する自主的な調査報告書を義務づけられたが，別の案件では，FTC は，第三者によるコンプライアンスの評価を受ける義務を負わせている．このような要求については監査（audit）と呼ばれることが多いが，誤りである――評価（assessment）である．会計の世界において，監査は，国際標準化機構（ISO）規格のような，何らかの所定の基準に対するコンプライアンスを測定するものである．評価は，対象企業自身で設定した基準を遵守しているということの検定である．近年では，FTC は，これらの評価の要件を強化し，たとえば，評価者は，長年の経験を有していなければならない，または，執行部局の職員により承認されなければならない，などと具体的にあげている．

　これらの第三者評価のコピーを取得している公益団体は，それらはちっとも厳しいとはいえず，プライバシー保護というよりはコンプライアンスにおけるおけいこであるとしている．たとえば，電子プライバシー情報センター（EIPC）は，初期の Google のプライバシー評価を入手した．文書は，30 頁あったが，3 頁分は，機密の取扱いを求める注意書きであり，5 頁分は，会社のプライバシーポリシーだった．さらに，文書は評価企業の特定の個人の署名を欠いていた．どうやって Google のような，現代の情報実務において複雑な役割を果たす企業に関して，22 頁で評価できるのか，想像もできない．

　やや論争のあるところであるが，Google の案件における同意審決は，何ら

かの新たな情報の共有や利用を行う場合には積極的な，明示の同意を取得するように要求している．これに関しては，FTC が，当該案件で和解をするにあたり，そのような要件を課したことによって，新たなデータの利用についてオプトインのルールを設定したものだとの批判も存する．しかし，Google より小規模の企業や，他業種の企業について，オプトイン要件の対象となるかどうかは明らかではない．

　FTC が，対象企業に対して，データを削除するように命じた案件もある．また，FTC と企業との間で，自社のサービスの技術的なデザインを変更するための合意がなされたものもある．Frostwire 社のケースにおいて，同社は，ピア・ツー・ピア（P2P）共有ネットワーク上で，ユーザが，知らぬ間に，自分のファイルを配置してしまうようなアプリケーションを頒布した．同件では，FTC は，同社と，ユーザが積極的にネットワーク上に配置するファイルを選択した場合のみ共有するようにするという同意を得た．ソニーの件で，同社は，ユーザのコンピュータのセキュリティを危険にさらすようなソフトウェアをインストールしたが，FTC は，同社に，ソフトウェアを削除するためのツールを提供することを命ずるという是正措置をとっている（第 4 章参照）．ソニーはまた，キーワード広告を購入し，人々が問題のあるソフトウェアを削除する方法を探した場合に，ソニーのツールに向かうようにするという点にも同意している．

1.6　FTC の補完としての連邦通信委員会（FCC）

　FTC は，インターネットのプライバシーに関して初期から動いてきたが，現在は他の規制当局も現場に群がってきている．連邦通信委員会（FCC）は現在，プライバシー政策との委当性で競争している．FCC の 2015 年オープン・インターネット規則[vii]は，電気通信法第 2 編における「電気通信サービス」として，ブロードバンドインターネットアクセスプロバイダを再分類した．再分類の完全な効果の検証には数年を要するが，ただちに観測できることとし

---

vii）［訳注］　小向太郎「米国連邦通信委員会のプライバシー政策」情報法制研究 1 号（2017 年）36 ～44 頁参照．同 44 頁にあるように，「ブロードバンド顧客プライバシー規則」は連邦議会で撤廃決議がなされ，2017 年 4 月 3 日にはトランプ大統領の署名により正式に撤廃された．本書は撤廃前の記述であることに留意されたい．

て，FCC が，所管事業者に対して，新たな消費者保護[87]とプライバシーに関する規則[88]を適用することがあげられる．これらのルールは，規範的な目標を定めており（利用者の履歴の秘密保護），利用者の履歴情報が利用される前に通知および同意を得ることを求めている．さらに，FCC によって「コモンキャリア」に分類されると，FTC 法 5 条の権限範囲の例外になる．FCC の権限には，民事訴訟を起こすことが含まれる[89]．

　FCC の執行部門は，現在トラヴィス・ルブランが率いている．ルブランの前職はカリフォルニア州の特別司法長官[viii]であり，訴訟活動には定評があった．1 年の間に，ルブランは，プライバシーとセキュリティ違反について 4000 万ドルの課徴金を徴収した．このように，このままの傾向が続けば，FCC は，おそらくわずか 2 年間で，FTC が数 10 年におよび集めた損害回復の額を超える．FCC は，訴訟のため職員に委譲する権限がより多いため，FTC よりも機動的に活動することが可能である．

　プライバシーの規制機関としての FCC の出現は，問題を提起する――プライバシーの執行はより多く課徴金を徴収する監督機関によってなされるべきであるか．FCC の訴訟が適切なのは，おそらくは，対象となる事業者が，ブランドの毀損など，通常の市場原理にさらされているものではないからである．インターネット接続事業者は，本質的に独占業種である．インターネット接続事業者は，たしかに，重要な技術的な芸当が可能な革新的な企業である．――この点は，ソフトウェア業界で働く人々によって正当な評価を受けているとはいえない．しかし，ブロードバンド接続事業者を変更するということは，重大な取引コストを内包している．そのうちのいくつかは，接続事業者自身によって引き起こされている．そのような環境の下では，連邦取引委員会が活発に執行を行い，巨額の課徴金を課すというのは，侵襲的なプライバシー慣行や不適切なセキュリティに対する最善の措置であろう．

　このような展開はよりよい規制に向けた競争に寄与する動きとして，FTC にとって歓迎すべき補完関係である可能性がある．たとえば，適切な許諾を得ないでマーケティングのため顧客データを用いたことに関する，Verizon 社に

---

87) 47 U.S.C. § 201（b）.
88) 47 U.S.C. § 222.
89) 47 U.S.C. § 207.
viii)［訳注］　わが国でいう訟務検事に相当する職務か．

対する連邦取引委員会の命令の中では，Verizon は，3 年間，すべての顧客に毎月，オプトアウトの通知を提供することに同意した．FTC は，同様の救済を命じたことはないが，競争関係にある，最新のプライバシー監督機関から学習することができたといえる．

1.7 現在進行中のプライバシーに関する奮闘

現代的な案件に加えて，FTC は，常に新しい分野を調査するようにプライバシー運動家から求められている．本節では，FTC が解決するように求められた，よりチャレンジングな政策上の課題のいくつかについて詳説する．

1.7.1 通知と（個人の）選択の限界

「プライバシーのパラドックス」は，消費者の態度と行動の間の矛盾を指す．消費者は，インタビューやアンケートではプライバシーが必要であるというが，しばしば，そのような回答とは異なる行動をとる．ソーシャルネットワークに過度の個人情報を露出させる．支払いの代わりに個人情報を提供させる無料サービスに署名する，など[90]．事業者は，ステータスをそのままの状態に保つためには，消費者が市場でどのように行動するかについて議論するほうが，報道や，世論調査に現れるプライバシーに関する苦情の類よりも重要である．米国のプライバシーの伝統には，個人情報は自由に譲渡することができるという発想が，深くしみ込んでいる[91]．

しかし同時に，プライバシーコントロールアプローチへの支持も，大いに役立つ．政策レベルでは，一部の企業は，高貴にも，「消費者の選択肢に委ねる」という態度を追求している．しかしながら，同時に，彼らはプロファイリング技術による，弱肉強食アプローチも追求している．たとえば，カリフォルニア

---

[90] PRIVACY ONLINE, PERSPECTIVES ON PRIVACY AND SELF-DISCLOSURE IN THE SOCIAL WEB (Trepte, Sabine, Reinecke, Leonard, eds. 2011).

[91] サミュエル・ウォーレンとルイス・ブランダイスが，大きな影響を与えた「プライバシーの権利」を 1890 年に公表したとき，2 人は，個人は，プライバシー権を放棄することができるということを論じている．実際に，プライバシーの販売権や取引権はプライバシーコントロールの考え方の源流となっている．Samuel Warren & Louis Brandeis, *The Right to Privacy*, 4 HARV. L. R. 193（1890）参照．Paul M. Schwartz, *The EU-US Privacy Collision: A Turn to Institutions and Procedures*, 126 HARV. L. REV. 1966（2013）も参照．

州が小売店に，クレジットカード取引に際して住所を尋ねることを禁止した後，データブローカーは小売店に，電話番号を尋ねるだけで，同じ住所情報を推測できるツールを作成した[92]．電話番号を尋ねることが禁止されたときには，データブローカーは，小売店に，郵便番号を集めることを奨励した．顧客の住所を特定するのに使えるのである[93]．これらの活動は完全に消費者のコントロールの外側にあり，あるデータブローカーにいわせれば，「顧客が，プライバシーを侵害されたと感じて逃げ出す」ことを防ぐように設計されている．このように，事業者は，消費者が何をするかが，プライバシーについて消費者が何を語るかよりも重要であるという．しかしながら，消費者がプライバシーを隠し，またはデータを開示しないことを選択した場合には，個人情報を守ろうという努力を無にするようなシステムを用いているのである．

消費者保護──教育対構造主義

　プライバシーは個人の選択と個人の責任の問題であるべきであろうか，はたまた，製品やサービスに本来備わっている部分の問題であるべきであろうか．公共政策は，消費者教育に焦点を絞るべきであろうか，はたまた，製品の構造に（プライバシーを守るような）特質を構築することにインセンティブを与えることに焦点を絞るべきであろうか．1950年代および1960年代の，自動車の安全性をめぐる論争を振り返ると，現在，情報プライバシーの保護で見られる論争と同じような公的な討論が特色としてみられる．

　1950年代と1960年代には，自動車メーカーが，強力に，安全に関する義務づけに抵抗した．ラルフ・ネーダーは，Unsafe at Any Speed[94]の中で，シートベルト（その後，ラップベルト）の取り付けに関しての，自動車業界の反対を振り返っている．ネーダーは，自動車会社は，シートベルトが事故の危険

---

[92]　このような実務は，リバース・エンハンスメントとして知られている．電話番号，Eメールアドレスまたはクレジットカード番号によって，データブローカーは消費者の自宅住所と突合するために別のデータベースを用いることができ，小売店に自宅住所を提供することができる．

[93]　*Pineda v. Williams-Sonoma Stores, Inc.*, 246 P. 3d 612 (SCT Ca. 2011).

[94]　RALPH NADER, UNSAFE AT ANY SPEED: THE DESIGNED-IN DANGERS OF THE AMERICAN AUTOMOBILE (1965). (邦訳：ラルフ・ネイダー（河本英三訳）『どんなスピードでも自動車は危険だ』（ダイアモンド社，1969年））

性についてドライバーに想起させる，そして，自動車の運転を恐れるようになってしまう，ということを怖れていたのだ，と述べる．

　自動車産業は，公共政策の焦点を車の安全性に大きな投資を行うことの代わりに——「車輪の後ろのナット」，つまりドライバーに合うようにしようとしたのである．ネーダーの著書の引用符で囲まれた部分によると，ゼネラルモーターズは，1.7億ドルの利益の1パーセント未満しか，安全性の研究に費やしていないことが明らかとなった．一方，個人は膨大な数，交通事故で亡くなっていた．1966年単年で50,000人以上である（ほぼ同じくらいのアメリカ人がベトナム戦争で亡くなった）．

　今日でも，ちょうど1966年のように，ほとんどの事故の責任はドライバーにあるとされている．しかし，1億マイルあたりの致死率は今日わずか1.1人で，これに対して，1966年には5.5人であった．この違いはどのように説明できるか．

　安全性の考え方に革命が起きたのである．自動車には，シートベルト，エアバッグ，そして，重要なことに，事故回避技術，たとえばトラクションコントロールシステムが装備されている．道路の安全に関わる法令の執行が重要であるとされたことや，段階的運転免許（Graduated License）制度の出現は，飲酒運転の監督と同様に，致死率の低下に貢献した．殆どの事故はドライバーが原因である．しかしながら，「車輪の後ろのナット」を責めることによって対話が終了してしまうということは，もうない．今日，何十万人ものアメリカ人が，公共政策が単にドライバーを責めることから，自動車の構造と安全性に焦点を変えたことによって，生存しているといえる．

　公共政策の議論が，消費者への非難（「同意する」をクリックして情報を共有しただろう）から離れて，オンラインの市場の構造に着目するような状況に辿り着けば，プライバシーにおける消費者保護に大きな役割を果たすであろう．

　ゴードン・ハル教授は，プライバシーの自己管理体制，たとえば通知と選択が，「成功した失敗」であるとして，この原動力を説明する．通知と選択は，個人に，プライバシーが個人の経済的選択であるという新自由主義的な枠組みを強制しているというのである．ハルはさらに，通知と選択は道理に反する政

策であると活写する——「プライバシーの自己管理モデルは，社会的闘争を覆い隠し，十分に機能する市場としてそれを再パッケージ化してしまう．[95]」ハルらによると，誤ったプライバシーに関する意思決定は避けられない[96]．

オムリ・ベン・シャハル教授とカール・E・シュナイダー教授は，2013年の著書の中で，開示ルールに関する研究の蓄積を要約し，義務づけられた開示——プライバシーに関する通知を含む——は単純に，機能しない，とした[97]．通知モデルは，人間の行動と思考についての仮定をおいているが，実務的には，単純に，誤っている．2人は，以下のように述べる．消費者は意思決定と背反的である．消費者は，通知を無視することを合理的であると考える．以下の理由からである．無学で算数ができないという問題が通知の理解を妨げ，そのため，通知は貧困層の消費者よりも富裕層の消費者をより助けるものになる．人々は，通知で負荷がかかりすぎ，通知は，不必要な情報まで提供するようになる．そうすると，理解したとしても，通知は意思決定の向上には役に立たないだろう．

規制当局，事業者，そして消費者団体は，それにもかかわらず，さまざまな理由で，開示についての政策を好む．規制当局と事業者にとっては，開示は，安上がりで，市場を保護したままの介入である．消費者団体にとっては，最も政策的に獲得可能な介入である．結果は道理に反したものである——開示は，一方通行のラチェットになる．どんどん透明性を高めると，事業者は「よし，これで消費者は知らされましたね」と主張するだけで，疑わしい戦略をとっていることから「足を洗った」ことになる．

より一般的にいうと，政策立案者は，消費者保護のためのツールとして通知に多くの信頼をおいているが，規制の中で，透明性の目標が説明されることは稀である[98]．たとえば，通知の目標は，ユーザにサービスすることなのか，あるいは規制当局やプライバシー運動家をなだめることなのか．カリフォルニ

---

[95] Gordon Hull, Successful Failure: What Foucault Can Teach Us about Privacy Self-Management in a World of Facebook and Big Data, ETHICS & INFORMATION TECHNOLOGY (May 2015).

[96] Alessandro Acquisti, Laura Brandimarte, & George Loewenstein, *Review: Privacy and Human Behavior in the Age of Information*, 347 (6221) SCIENCE 509 (January 30, 2015);Paul M. Schwartz, *Internet Privacy and the State*, 32 CONN. L. REV. 815 (2000).

[97] OMRI BEN-SHAHAR & CARL E. SCHNEIDER, MORE THAN YOU WANTED TO KNOW: THE FAILURE OF MANDATED DISCLOSURE (2014). MARGARET JANE RADIN, BOILERPLATE (2013) も参照．

ア州議会は，すべてのプライバシーポリシーは100語以下でなければならないという法律を提案したとき，その違いを理解しているようにみえた．テクノロジー企業や多くの研究者は仰天したが，その理由の大半は，彼らは，通知を，ユーザの教育手段ではなく，責任を放棄するための活動であると考えていたことにある．

レーガン教授は，プライバシー保護のための法律が制定されるにあたっては，プライバシーを個人の権利ではなく社会的な善として，再定義する必要があると主張した．個人の権利と定義すると，プライバシーは利益集団の競争を招き，そして個人のプライバシーは通常，効率性や安全性についての社会的利益を損なわせるものである．しかし，社会的利益として再定義すると，プライバシーは，効率性や安全性と競合するが，折り合いをつけなければならないものであることになる．

レーガン教授は，プライバシーの3つの側面が，プライバシーにより強固な基盤を与えるものであると認識されなければならず，そうすれば，プライバシーは公共政策を牽引できるとする——第1に，プライバシーにおける「共通の価値」が認識されなければならない．レーガンによれば，すべての個人は独自の方法でプライバシーを尊重しており，プライバシーが何であるかについて，いくつかの一般的な概念を有している．第2に，プライバシーはそれが民主的政治体制に利益をもたらすという点で，「公益的価値」を有している．第3に，プライバシーは「集団的価値」を有している．なぜなら，すべての人に与えられる基礎となる権利なしには，プライバシーを与えられた個人がそれを享受することは困難であるからである[99]．

プライバシーを集団的な権利と断言することは，個人の自由に影響を与える．——プライバシーは，個人が自由に自分のデータを販売することを制限することになる．議会の中には，この懸念を却下し，侵すことのできない消費者のプライバシーの権利を制定するものもある．最も顕著な例は，生存権や財産権と並んで，プライバシーを確立した，カリフォルニア州憲法第1条第1項である．

---

98) Natali Helberger, *Form Matters: Informing Consumers Effectively*, AMSTERDAM LAW SCHOOL RESEARCH PAPER NO. 2013-71 (November 2013).

99) PRISCILLA M. REGAN, LEGISLATIVE PRIVACY: TECHNOLOGY, SOCIAL VALUES, AND PUBLIC POLICY (1995). James P. Nehf, *Recognizing the Societal Value in Information Privacy*, 78WASH. L. REV. 1 (2003) も参照．

カリフォルニアでは，事業者に対して広範囲のプライバシーの権利について放棄したとしても，執行不能である[100]．

政府の禁止は，全体としてみれば，自由を保護する効果を有する．ポイ捨てが一例である．個人にとっては，ポイ捨ては合理的であるが，全体としてみれば，ポイ捨ては公共空間の質を低下させる．このように，個人を自由にして，個人的に合理的な意思決定をさせた場合，全体としてみれば，負の効果をもちうるのである[101]．類例として，自発的奴隷制や中毒性の高い薬剤の使用が合法である場合，人々は，どんどん選択肢が制限されていく人生について，これを選ぶかどうかというある種の最初の自由を有することになる．

2011年の著書の中で，アニタ・アレン教授は，プライバシーは個人にも，社会にも利益をもたらすものであるからこそ，ある文脈では，プライバシーは個人に課されるべきであると主張した．われわれは，いくつもの領域では，プライバシーを強制している．ヌードの禁止，顧客や患者の秘密保護のための専門家責任，プライバシーの譲渡可能性についての自由，共有したいという個人の意思は，われわれ自身の人格的機会や，社会として，ある種の自由を享受することを拒絶するものである．アレン教授いわく，選択という進歩的な理想が「人々が常に他者の視線にさらされながら自由に選択している社会においては皮肉な冗談である．完全な独裁社会における，自由な選択が冗談にすぎないように[102]」．

通知は，データ収集の規範的側面についての実際の対話を回避するという，実用的な目的を果たす．エフゲニー・モロゾフがいうように，「強固なプライバシーの議論は，シリコンバレーの企業に提供される道筋に抵抗するための制度的取り決めの提案とともに，誰が，なぜわれわれのデータを必要としているのかを探るものである．それがまるで合衆国憲法であるかのように，Facebookのプライバシーポリシーの解釈について言い争うのではなく，われわれが誰であるか，というわれわれの認識が，アルゴリズム，データベースやアプリケーションによってどのように形作られているか……を問うべきであろ

---

100) 本編のすべての条項についての放棄は，公共の利益に反し，無効であって執行できない．Cal. Civ. Code § 1798. 84.
101) Tom Slee, No One Makes You Shop at Wal-Mart: The Surprising Deceptions of Individual Choice（2006）．
102) Anita L. Allen, Unpopular Privacy（2011）．

う 103)」.

1.7.2 第三者問題

「通知と選択」システムにおけるプライバシーコントロールの土台は，第三者——消費者と直接の関係を有さない情報の保有者——に対応していない．特に，「データブローカー」についてである．データブローカーは，1世紀前に発生し，個人に関する個人情報を収集し，事業者や政府にそれを販売してきた．データブローカーとは，多くの異なる情報源からの情報を蓄積し，それを転売する企業である．情報は，個人についてのファイル，人口統計情報，またはいくつかの基準に適合する消費者のリストなどの形態をとる．多くのデータブローカーは，公正信用報告法（FCRA）（第5章参照）によって包括的に規制されている「製品」を有している．しかし，FCRAの保護範囲外の「製品」を販売しているデータブローカーもまた多数存在する．FCRAの保護を受けない「製品」こそが，ここで議論されるものである．

データブローカーは，その原動力からして，プライバシーを促進するという，市場のインセンティブについて影響を受けない．第1に，データブローカーは，個人を直接消費者とするような関係を有していない．第2に，データブローカーは，何千もの情報源（ウェブサイトや小売店など）から，密かに情報を購入している．それゆえ，消費者は，情報がデータブローカーに転送されることを避けられない．第3に，データブローカーはデータの入手の多くを秘密にしているため，消費者にとって，最終的に情報を蓄積しているデータブローカーに，データ収集者によって生成された，プライバシーに関する義務をリンクするための実際的な方法は存在しない 104)．第4に，ダイレクトマーケティングを行う者（データブローカーの主な顧客である）が情報を購入するとき，彼らは通常，顧客への販売と顧客の獲得について，差益のみを求めている．この，売上

---

103) Evgeny Morozov, *Facebook Invades Your Personality, Not Your Privacy*, FINANCIAL TIMES, August 10, 2014.

104) US Senate, Committee on Commerce, Science, and Transportation, Office of Oversight and Investigations Majority Staff, A Review of the Data Broker Industry: Collection, Use, and Sale of Consumer Data for Marketing Purposes, December 18, 2013（「データブローカーは典型的には，データを消費者との直接の交流なしに収集しており，多数の疑わしいブローカーは，契約上，顧客がデータ・ソースを開示するのを制限することによってこの秘密を永続させる」）; Woodrow Hartzog, *Chain-Link Confidentiality*, 46 GEO. L. REV. 657（2012）.

高のわずかな増加のための探求は，ダイレクトマーケターは，ひどく不正確である消費者のリストであっても許容するということを意味する．いずれにせよ，売上高が1パーセント増加するということは，ダイレクトマーケティングにおいては大成功であるとされる．その結果，データブローカーは，個人に関する「事実」を推測し，さまざまなリストに個人を分類し，ダイレクトマーケティングを行う者に販売することについて強いインセンティブを有する．

　プライバシーについて市場原理が働かないため，データブローカーは最も積極的なデータの利用に没頭し，その際，データ主体への義務をほとんど，または全く果たさない．データブローカーの中には，自主的に消費者に通知を行い，限られたアクセスを提供するものもいるが，個人は，データブローカーの活動について通知を受ける権利，（自分の情報が記載された）ファイルにアクセスする権利およびデータを訂正する権利を有さない．権利および，それに関連した秘密の欠如は，データブローカーが詐欺師その他の下品な事業者にデータを売却することができることをも意味する．たとえば，FCRA の関連では，FTC は，すでに法執行についての調査の対象となっている企業にクレジットデータを販売した会社を提訴した [105]．別のケースでは，FTC は，財政基盤の脆弱な消費者 [ix] に関するデータを収集し，テレマーケティング事業者，他のデータブローカーおよび，消費者の承認なしに，融資を引き上げるためにデータを用いた企業に対して，データを販売したデータブローカーを訴えた [106]．しかしながら，データブローカーの活動の一部は，政府が採用したときに最も恐ろしいことになる．たとえば，あるデータブローカーは2000年の大統領選挙に備えて，フロリダの選挙名簿からの追放を促進した [107]．

　データブローカーの技術力は素晴らしいものである．データブローカーは，複雑なデータ照合機能を通じて，個人のオンラインでの活動を，現実のアイデンティティや，オフラインでの購買行動にリンクすることができる．このようなリンクは，極めてプライバシー侵襲的であると考えられているため，オンラ

---

105)　*US v. Direct Lending Source, Inc., et al.*, 12-CV-2441-DMS-BLM (S.D. Ca. October 10, 2012).

ix)［訳注］　いわゆる多重債務者のことか．

106)　*FTC v. Sitesearch Corp. d/b/a LeapLab*, FTC File No. 142-3192 (D. Ariz. December 23, 2014).

107)　Guy Stuart, *Databases, Felons, and Voting: Bias and Partisanship of the Florida Felons List in the 2000 Elections*, 119 (3) POL. SCI. QUARTERLY 453 (Fall 2004).

イン広告事業者を代表する自主規制グループは，かつて，積極的な同意なしにはそのようなリンク行為を行わないと約束したことがある．

　第三者問題は，「プライバシーインフォメディアリ」の市場を直撃したことがある．1990年代以降，企業はインフォメディアリとしての機能を提案してきた．これは，消費者の興味についての個人情報を保存し，保護するというサービスである[108]．簡単に言えば，インフォメディアリは非営利単体や協同組合の形態で組織されたデータブローカーで，マーケティングに関しての制限を有し，データから得た利益について消費者に還元することとしているものである（インフォメディアリについては第4章でも論ぜられている）．消費者がパーソナライゼーションの掌握を受け入れた場合，これらのインフォメディアリは究極の広告ターゲティングツールになる．なぜなら，消費者はインフォメディアリを信頼して，最も秘密にしている欲望を伝えるからである．広告主は，大いに洞察力を有しているがゆえに，協力的で，すでにターゲティングされた個人（のデータを提供するサービスに関しては）料金を払い込むであろう．しかし，このモデルが機能するためには，インフォメディアリは，最も貴重な個人データについて独占権を有している必要がある．そして，そこにこそ問題がある．インフォメディアリのビジネスモデルはすべて失敗に終わった．個人データの購入者は，他の第三者から，ターゲティングのための「まあまあの」情報を得ることができたからである．このまあまあの情報は，金銭的コストおよびプライバシーに関する制限の少なさの両面で，より負担が少なかったのである．

　データブローカーについては政治的経済的に，規制することはほぼ不可能である．多くの種類の事業者──すべての議員を含む──はデータブローカーからサービスを購入しており，しかも，秘密裏に行うことができる．具体的には，金融サービス業界は，データブローカーに依存しており，データブローカーにプライバシーの規制が及ばないままにしておくよう，積極的にロビー活動している．さらに問題を複雑にしているのは，データブローカーの定義である．データブローカーは，「品質を見れば一目瞭然である」というが，データブローカーを制定法で定義しようとすると，検索エンジンを含む他の多くの企業が掃き集められてしまう．最後に，データブローカーを利用する企業における，効

---

[108] Bethany L. Leickly, Intermediaries in Information Economies (2004) (Ph.D. dissertation, Georgetown University).

率性と収益性の増加を指摘することができる．立法の舞台における「プライバシー」という曖昧な概念との競争において，データブローカーは常に勝利を収めるであろう．特にデータブローカーのロビイストが，議員自身こそ，データブローカーのサービスを利用しているということを指摘し，選挙民のターゲティングと寄付金集めが規制からの干渉によって苦しめられていると確実に主張できるときには．

1.7.3　自主規制

米国では，自主規制のアプローチが政策に関するルールの議論を支配している．自主規制は，事業者らが自ら，ルールとその適用範囲を定義し，ルールの執行を委託されるというガバナンスの形態である．事業者らは，自らのイニシアチブによりルールを策定することもある．しかし，ほとんどの状況では，政府からの提訴や立法などの脅威といった，いくつかの外的な要因によって，事業者らが自主規制を行うことになっている．

自主規制プログラムは，多くの形態をとる．コリン・ベネット教授およびチャールズ・ラーブ教授は，4種類に分類している――プライバシーへのコミットメント，プライバシーコード，プライバシー標準，そしてプライバシーシールである[109]．両著者は，当初の自主規制の声明は，経営においてはOECDプライバシーガイドライン（第6章参照）を遵守しているという，比較的当たり障りのない，そしておそらく根拠のない，プライバシーへのコミットメントになりがちであったと説明する．プライバシーコードは，（事業者の）より一層の努力を示すものであり，これによって，事業者は，従うべきルールを特定したことになる．テレマーケティングや行動ターゲティングといった特定分野のルールも例としてあげられる．プライバシー標準は，コードの要素をもっているだけでなく，コンプライアンスを確保するため，評価のためのメカニズムを含んでいる．現代的な例としては，米国公認会計士協会の，「一般的に受け入れられたプライバシー原則」である．最後に，プライバシーシールは，ある会社が，一定のプライバシーのルールに準拠しているということを証明する，一般的に認識できるマークを作成しようとする試みである．

FTCの立場からは，自主規制プログラムの4つのタイプすべてが有用であ

---

[109]　COLIN J. BENNETT & CHARLES D. RAAB, THE GOVERNANCE OF PRIVACY (2006).

る．プライバシーコミットメントおよびシールは，FTC が欺瞞の主張を正当化するために使用できる表現である．プライバシー標準およびコードも，合理的な，または不合理なビジネス慣行についての FTC の解釈を正当化するために使用することができる．

　クープスらは，自主規制のメリットとデメリットの多くについて詳述している．メリットとしては，効率性と柔軟性があげられる．産業界は，政府よりも，より迅速にテーブルについて，ルールを起草したり，更新したりすることができる．自主規制では，ビジネスの専門家が内容に関して，ルールを起草することを手伝うことが可能である．このコラボレーションは，異なる利害をもつ企業が十分な数，参加した場合，非専門家には明らかではないかもしれない業界の微妙な問題や緊張関係について規制当局に対して隠すのではなく，表面化し，取り組むことができるということを意味する．自主規制では，立法事項について見られる激しいロビー活動を回避することができる．自主規制は，ルールへの内部的なコミットメントのシグナルとなり，本当のコンプライアンスを獲得するための強力な要因となる．自主規制は民間部門にガバナンスのコストを転換することができる．最後に，クープスらは自主規制がインターネットのアーキテクチャそれ自体との互換性を有すると主張する[110]．

　一方，自主規制は，事業者がルールを起草し，事業者自身がそれらを変更できることを意味する．ルールには透明性についての問題がある可能性がある．自主規制のルールは狭いものであろうし，対立関係にある社会的な価値について争いを収めさせるようなことは望んでいないであろう．事業者らは，自主規制における最強の参加者の価値について値踏みをするわけであって，業界全体についてするわけではない．

　クープスらは，また，自主規制が適切に行われているかどうかの識別のため，7 つの要素を述べる．まず，ルールは，公平でなければならない．自主規制のルールは問題の中でも社会的な利益を守るものであるからである．加えて，基

---

110) Bert-Jaap Koops, Miriam Lips, Sjaak Nouwt, Corien Prins, & Maurice Schellekens, *Should Self- Regulation Be the Starting Point?, in* STARTING POINTS FOR ICT REGULATION (Bert-Jaap Koops, Mariam Lips, Corien Prins,&Maurice Schellekens, eds., 2006). Peter Swire, *Markets, Self-Regulation, and Government Enforcement in the Protection of Personal Information, in* Privacy and Selfregulation in the Information Age by the US Department of Commerce（1997）も参照．

本的権利が問題になっている場合や，特定のグループが差別される場合には，ルールは民間の関係者に任せられるべきではない．第2に，自主規制のプロセスは，弱い当事者が参加することを可能にするように，包摂的であるべきである．第3に，関係者らは，ルールの下で説明責任を負うことができなければならない．第4に，ルールとその起草過程は透明である必要がある．第5に，ルールは，当該分野に法的確実性を提供することが十分な程度に明確でなければならない．第6に，自主規制に適した文脈で用いられる必要がある――「自主規制は『中立的な』問題に適している――政策的な選択よりも，答えがあるような問題（どの電子署名が，十分な法的確実性を有しているか）である……」．最後に，効率性は自主規制にとって有利に働く可能性がある．特に，政府が反応できるよりも迅速に，新たな環境に取り組むべく，更新できるかどうかである．

　自主規制の追求について有用な要因が，英国の全国消費者会議x)によって提案されている．同会議によると，推奨事項は以下のとおりである．

1. 自主規制のスキームは，常に明確な政策的目標を有していなければならない．
2. 自主規制によって，消費者に便益をもたらすために，競争の範囲を抑制してはならない．
3. スキームの設計には，強力な，独立した要素が含まれるべきであり，当該要素が，ガバナンス上，支配的な影響を有している必要がある．
4. 専用の制度的構造が設けられるべきであり，しかも，既存の経済団体や専門組織から分離している必要がある．
5. 実用的なアプローチは避けられないであろう（すなわち，自主規制は，実務的には規制のチャンスがない場合の最善の策であるということである）．

---

x)［訳注］　現在は，コンシューマー・フォーカス（Consumer Focus）に統合されたようである．コンシューマー・フォーカスは，みずほ総合研究所株式会社「海外主要国における消費者政策体制等に関する総合的調査［平成24年度消費者庁委託調査］」（2013年3月）第3部1.（1）（ア）-2⑤によると，「2007年消費者・不動産業者および救済法（Consumers, Estate Agents and Redress Act 2007）に基づき，エナジーウォッチ（Energywatch），ポストウォッチ（Postwatch）および国立消費者委員会（the National Consumer Council）の合併によって2007年にできた法定組織である．」とされる．

6. 集団的に組織された自主規制については，懐疑的な態度が見込まれる（この要因は，公共選択論への批判が向かっているところである．集団というのは，競争を制限するか，立法を先んじることしかしない，というのである）．
7. 効果的な自主規制は，通常，立法的な介入の脅威が確定的になることによって刺激され（て，生み出され）る．
8. 自主規制は法的枠組みの一定の形態の中で最適に機能する[111]．

これらの枠組みは，自主規制を評価するために非常に有用であるが，悲しいかな，あまり知られておらず，FTCによって適用されたことも，仮にあっても，稀である．

米国の自主規制は，幸先のよいスタートを切った．早くも，1988年には，プライバシーコントロールの枠組みを用いて，商務省は，広範囲なプライバシーの権利を消費者に提供することについて，企業に促した．そこには，取得に関する通知，利用に関する通知，選択のための通知，訂正または修正する権利そして，一般的なセキュリティ義務が含まれる．商務省は，「効果的な自主規制とは，実質的なルールおよび，消費者が当該ルールを知ることができるような方法を備え，企業はそれらを遵守し，コンプライアンス違反があった場合に消費者が適切な請求権を有しているものである」と述べている[112]．

しかし，実際に履行するとなると，おそらくは情報産業の特別なダイナミクスにより，クープスらによって言及されていた自主規制の欠点のほぼすべてが実証された．さらにいうと，いくつかの積極的な利点についても，過剰に達成した．インディビジュアル・リファレンス・サービス・グループ（IRSG）の歴史を考えてみよう．IRGSは，FTCの説得により，データブローカーの自主規制コードであるIRSGの原則を提案した．これらの企業は，社会保障番号その他の情報を，保険会社，私立探偵，法執行機関その他に販売していた．

実質は，コードは貧弱であった．コードは，企業に対し，「有資格購入者」に，彼らが望むどんな情報であっても，販売することを許していた．そして，「有資格購入者」は，各企業が定義してよいことになっていたのである．コー

---

111) NATIONAL CONSUMER COUNCIL, MODELS OF SELF-REGULATION: AN OVERVIEW OF MODELS IN BUSINESS AND THE PROFESSIONS (2000).
112) DEPARTMENT OF COMMERCE, THE EMERGING DIGITAL ECONOMY (1998).

ドは，個人に，「一般公衆」に対する情報の売却についてのみ，オプトアウトを許していた．実務的には，この権利は，幻想にすぎなかった．なぜなら，データブローカーは，彼らの顧客を，一般公衆の一員であるとは考えなかったのである．あるデータブローカーは，顧客はすべて有資格購入者であるので，オプトアウトの仕組みを構築する必要はないとまで述べていた．

IRSGは短命であった．コードは，制定法による金融に関するプライバシールールを阻止するためだけに設計されているかのようであり，当該金融に関するルール[xi]が1999年に議会を通過した後は，IRSGはこれらの規定が違憲であるという戦いに注力した[113]．

もう1つの重要な自主規制グループである，ネットワーク広告イニシアチブ（NAI）は，もっと複雑な業績を示している．FTCおよび商務省の関与により，NAIは，サードパーティである広告主を管理するべく，2000年にコードを提案した．2000年コードの1つの主要な要素は，オンラインとオフラインのデータの連携を制限することであったが，NAIは黙って，コードの2008年改訂においてこのルールを削除した．オリジナルである2000年コードはNAIのウェブサイト上ですら，今日では見つけることができない．

パム・ディクソンとロバート・ゲルマンはNAIの歴史を詳述している．彼らによると，FTCが，一度，連邦プライバシー法のための勧告から撤退した後，NAIの会員は，わずか2社まで減少した．著者らは，「執行および監査活動も同様に消滅した．NAIは，約束を果たさず，FTCの関心が増加した2008年まで，基準を最新技術にあわせて改訂することもしなかった」と，述べている[114]．近年では，NAIは，再活性化されている．政府による規制の脅威など，何かに動かされて自主規制活動をしているということではない．

しかしながら，再活性化にもかかわらず，NAIの主なプライバシーに関する保証は，プライバシーをどのように定義するとしても，何らかのプライバシーを認めるというものではない．現在，ユーザに対してNAIが主に保証しているのは，ユーザが行動ターゲティングからオプトアウトすると，特定の情報はユーザ向けの広告を調整するために使用されない，ということである．しか

---

xi)［訳注］ 1999年金融サービス近代化法（GLBA）のことである．
113) *Trans Union LLC v. FTC*, 295 F. 3d 42 (D.C. Cir. 2002).
114) Robertgellman&Pamdixon, Many Failures -Abriefhistory of Privacy Self-Regulation (2011).

しながら，それ以外の情報はユーザ向け広告の調整目的のために使用することができるし，広告会社は，個人を追跡し，当該個人の情報を収集し，他の目的のためにそれを利用することについても妨げられない．

　プライバシーシールプログラムは，最も成功した自主規制の取組みであるが，まだこれらの業績については，なお波乱に富んでいる．大手シールプロバイダである TRUSTe [xii] を含むいくつかのシールプログラムは，FTC による欺瞞についての執行措置の対象となってきた．2014 年 11 月には，TRUSTe は，プログラムのコンプライアンス手続について誤って公表していたことおよび，TRUSTe が非営利組織であるとの誤った情報を提供することを，ウェブサイトに許可していたことについて，FTC との金銭支払いを含む和解を行っている [115]．類似の事例として，Facebook の「認定済みアプリ」プログラムは，欺瞞であるとされた．なぜなら，認定済みアプリであるというのは，認定された参加者について追加の手順が踏まれていることを含意しているが，そのようなことは行われていなかったからである [116]．

　基本的な経済的インセンティブは，シールを提供することを困難にしている．基本的な段階として，シール事業者は，消費者に対して，当該シールは，独立した第三者が評価し，ウェブサイトへの付与を支持したものであると納得させなければならない．同時に，シール事業者は，ウェブサイトに対して，評価に関して，採算がとれるものであって，かつ評価結果を受け入れる，ということを納得させなければならない．これらの努力が必要であるにもかかわらず，2000 年代には，多くの事業者がシールビジネスに参入した [117]．2006 年の，プライバシーのガバナンスに関する研究において，ベネットとラーブは，どん

---

xii）［訳注］　TRUSTe は 2017 年 6 月に社名を TrustArc と変更しているが，シール（認証）プログラムとしては，TRUSTe Enterprise Privacy Certification との名称が使われているようである．

115）　*In the Matter of True Ultimate Standards Everywhere, Inc., a corporation, doing business as TRUSTe, Inc.*, FTC File No. 132 3219（November 17, 2014）（TRUSTe は，2007 年に非営利組織から営利企業に転換している；筆者はかつて同社の有償顧問であった）; Chris Connolly, Graham Greenleaf, & Nigel Waters, *Privacy Self-Regulation in Crisis? - TRUSTe's "Deceptive" Practices*, 132 PRIVACY LAWS & BUS. INT'L REP., 13–17（December 2014）も参照．

116）　*In the Matter of Facebook, Inc.*, FTC File No. 092 3184（July 27, 2012）．*FTC v. ControlScan, Inc.*, No. 1:10-cv-00532（February 25, 2010）も参照．

117）　初期の，ウェブシールに関する詳細な比較として，Ann Cavoukian and Malcolm Crompton, *Web Seals: A Review of Online Privacy Programs*, 22nd International Conference on Privacy and Personal Data Protection（Venice, September 2000）参照．

なシールも，一般的な承認や信用を獲得していない，と結論づけている[118]．しかしながら，TRUSTe は，初期の努力がずば抜けていたため，他のシールを出し抜き，2000 年代後半には代表的なシールとして抜きん出るに至った．

　鶏が先か，卵が先か，という消費者と事業者の同意の問題に加えて，プライバシーシールには他の経済的な問題も存する．最も顕著なのは，あまり信頼できないサイトこそがシールに参加する強いインセンティブをもっているということである．ベンジャミン・エデルマン教授は 2009 年に，「TRUSTe——に認証されたサイトは——認証されていないサイトに比べて 2 倍以上信頼できない．」との報告を行っている[119]．逆に，非常に信頼できる企業は，全くプライバシーシールを必要としない．本稿執筆時点で，Google も，Facebook も，TRUSTe の認証を受けていない．

　プライバシーシールに関する 2008 年の痛烈な研究で，クリス・コノリーはプライバシーシールの市場を調査し，それらは「無価値」であると結論づけた．あるプライバシーシールは，24 時間以内，200 ドルでサイトを承認することを宣伝した．多くのシールはあからさまな詐欺であるか，短期間事業を行った後に消失した．コノリーは，最強のシールプログラムとして TRUSTe 認証を参照しているが，それにもかかわらず，TRUSTe の運営にも，システマチックな問題を見出している[120]．

　仮に，企業がシールに関する基本的な経済学構造に打ち勝つことができたとしても，当該社はさらに，消費者がシールから期待するものを検討する必要がある．シールについての基本的な事実を確認することは困難である．たとえば，Better Business Bureau（BBB）は，2008 年に同社のオンラインプライバシーシールをとりやめた．ややこしいことに，BBB は，それ以外の，一般的な会員向けのシールは維持しており，その要素の 1 つが「プライバシー保護」なのである．散々クリックすれば，消費者は，BBB の認定が意味することは，その事業者は，高次の原理についての文書を支持しており，そこでは，「収集したあらゆるデータの不正利用および漏えいからの保護，必要なときのみ個人

---

[118]　Colin J. Bennett & Charles D. Raab, The Governance of Privacy（2006）.
[119]　Benjamin Edelman, *Adverse Selection in Online "Trust" Certifications*, ICEC, August 12-15, 2009;Tom Van Goethem, Frank Piessens, Wouter Joosen, & Nick Nikiforakis, *Clubbing Seals: Exploring the Ecosystem of Third-Party Security Seals*, CCS'14, November 3-7, 2014.
[120]　Chris Connolly, Galexia, Trustmark Schemes Struggle to Protect Privacy（2008）.

情報を収集することおよび，消費者の，自らの情報の利用についての選択を尊重すること」が掲げられている．

　多くのシールは，単なるウェブサイト上の画像である．消費者はそれらが本物であるかどうかの確認をすることはできない．そして，ときには，何を意味しているのかを定めることにすら，混乱がみられる——トラストシールの場合もあれば，当該サイトにおける通信は暗号化で保護されているということを主張しているものもある．BBB のシールは，単純に，BBB が，その事業者を認定している，ということを意味している．

　著者が行った世論調査では，消費者の多くはシールの役割について混乱していた．これらの研究では，消費者には，「ウェブサイトが TRUSTe のプライバシーシールを有している場合，そのサイトは可能な最強のプライバシー保護を備えていることを意味する．」という問いが与えられた．問いへの正しい答えは「誤り」である．2013 年にウェブベースの調査を実施したところ，41 パーセントが「正しい」，11 パーセントが「誤り」，48 パーセントが「わからない」を選択した．2013 年の標本は，電話インタビューを行った，2009 年のインターネットユーザに対する調査よりも結果が悪化している．2009 年の研究では，30 パーセントが「正しい」，20 パーセントが「誤り」，50 パーセントが「わからない」と回答している．このように，インターネットユーザの多くは，いまだに，シールが意味する実際の保護のレベルを理解していない．

　FTC は，プライバシー以外の分野において，自主規制シールプログラムについて調査したことがある．たとえば，1939 年に，FTC は，Good Housekeeping 誌 xiii) が，さまざまな種類の製品に対して付与していた多様なシールについて提訴したことがある[121]．同誌は，多種多様なシールを作り，その獲得には異なる要件を定めていた．製品の中にはテストされたものもあったが，Good Housekeeping 編集部によって審査されただけのものもあった．FTC は，FTC 法違反の根拠を複数見出した．いくつかのケースでは，行われたテスト

---

xiii)［訳注］ 米国で発行されている，主婦を主たる読者層とする雑誌．1885 年創刊．
121) In re Hearst Magazines, Inc., 32 F.T.C. 1440 (1941). Taking up a long tradition, a Hearst executive claimed that the FTC's charges were motivated by a Communist plot. INGER L. STOLE, ADVERTISING ON TRIAL: CONSUMER ACTIVISM AND CORPORATE PUBLIC RELATIONS IN THE 1930S (2006); Frank Jellinek, *Dies, Hearst and the Consumer*, 52 (1) NEW REPUBLIC 10 (January 1, 1940) 参照．

では，広告主による主張を立証するには不十分であった．別のケースでは，FTC は，重要な製品に関する主張が欺瞞に該当するとされた――まさに，同誌による，シールを付与する前には「慎重に調査している」との主張である．

　Good Housekeeping シールのケースは，シールプログラムは，多くの場合，ある種の独我論に苦しめられるということを思い出させてくれる――なぜわれわれは，消費者には，特に，いくつかの競合するシールがあるときや，さまざまな種類のシールが異なるウェブの技術に付与されている場合に，シールの意味を調査するのに十分な能力がある，と信じてしまうのであろうか．シールとは，消費者が信頼し，大いなる信仰を捧げる，記号の一形態である．

　多くの消費者はさまざまなシールが，実際にはどれも保護を提供してはいないものであっても，保護を保証していると考えている[122]．

　クープスらや英国全国消費者会議によって示唆されたように，手続的な保護に従ったとしても，プライバシーにおける自主規制には，失敗がつきものである．問題はもっと本質的であって，プライバシーに関する紛争に特有なものである．自主規制がうまくいっている分野，たとえば，技術標準と異なり，プライバシーはその価値に争いがあるのである．

　それゆえ，合理的な人々はみな，子どもたちが特定の広告コンテンツから保護される必要があることに同意するかもしれないが，何が成人のプライバシーの権利を構成するのか，または，プライバシーは保護すべき特に重要な権利なのかについてすら，コンセンサスは乏しい．この問題に加えて，多くの自主規制の参加者は，断固として彼らの実務がプライバシーを侵害しているという主張を避ける．プライバシーに関する自主規制団体は，おそらく，自団体の会員の監督よりも，プライバシーに関するルールが議会を通過することを防ぐためのロビー活動に，より多くのリソースを費やしている．

　FTC の目から見れば，弱い自主規制制度であっても，FTC の助けになるものである．自主規制制度があることによって，FTC の起こす訴訟に対する，合衆国憲法第 1 修正によるありうる反論は，はしごを外されることになる．なぜなら，約束を破っている場合，商業的言論としての保護は受けられないから

---

[122] Thomas L. Parkinson, *The Role of Seals and Certifications of Approval in Consumer Decision-Making*, 9 (1) *J. CONSUMER AFF.* 1 (1975).（「データによれば，以下の結論が強く支持される．一般的に，消費者は，既存のシール付与プログラムによって正当化されるよりも，これらのシールまたは認定の存在に大きな意味があると考えているのである．」）

である．自主規制ルールの違反は欺瞞によって取り締まることができる．FTC にとって，欺瞞は，不公正よりも利用しやすい法理論である．自主規制制度は，FTC の看板から仕事を奪い，弱く，いかにも破られそうな約束であっても，企業を拘束することになる．自主規制制度は基準としても機能することができ，FTC が，ある実務が不合理であるというコンセンサスがあるのだと主張する手続において，牽引力を有する．おそらく，これらの理由のために，FTC は，新しいグループが業界全体を代表すると主張し，一連のルールへのコミットメントを主張するとき，ある種の軽信を示す．プライバシー擁護団体にとって，自主規制に関する活動は，いらだたしく空疎なものであるが，FTC にとっては，産業界が罠に足をとられた状態なのである．

1.7.4　デフォルトの選択

　プライバシーの実務において，支配的なデフォルトの選択肢は何であろうか．政策立案者は，しばしば，オプトインかオプトアウトかに着目する[123]．オプトインでは，消費者が積極的な行動をとることによって，データの収集や利用を受け入れたこととなる．これは，事業者側に，許諾を得るための負担を課したことになる[124]．オプトアウトでは，消費者は，データの収集や利用を拒絶するための行動を起こさなければならず，これは，消費者側に行動する負担を負わせたことになる[125]．

　オプトインおよびオプトアウトの定義に関しては，重要な混乱がある．企業は多くの場合，オプトアウトの実務を，オプトインであると説明する．これは，製品の受容と選択の問題を混同しているのである．すなわち，企業は，ある製品やサービスを利用するという判断を，事業者に対して，取引に不必要なデータの取得や利用まで積極的に同意を与えたものであると解釈しているからこそ，

---

[123] Daniel J. Solove, *Privacy Self-Management and the Consent Dilemma*, 126 HARV. L. REV. 1880 (2013); Jeff Sovern, *Opting In, Opting Out, or No Options at All: The Fight for Control of Personal Information*, 74 WASH. L. REV. 1033 (1999).

[124] PETER P. SWIRE & SOL BERMANN, INFORMATION PRIVACY: OFFICIAL REFERENCE FOR THE CERTIFIED INFORMATION PRIVACY PROFESSIONAL 9 (2007).（「オプトインとは，個人が選択肢を積極的に示していることを意味する（たとえば，自分の情報を第三者と共有したい，とあるボックスをチェックするなど）」）．

[125]「オプトアウトとは，個人が使用または開示に異議を唱えることができないということを意味する．」等．

オプトインなのだ，と主張するのである．

プライバシーポリシーの変更

　2009 年に，Facebook は，ユーザに対するプライバシー設定を大幅に変更した．この変更は，同社に対する FTC の提訴の基礎の一部となっている．2009 年の変更に先立ち，Facebook の CEO であるマーク・ザッカーバーグは，Facebook がプライバシーポリシーを根本的に変更すると発表した．その後，ザッカーバーグは次のように説明している．「人々はより多くの情報を，異なる種類の情報を共有するだけでなく，もっとオープンに，もっと多くの人々と共有することについて，本当に心地よいと考えるようになってきている．そのような社会規範は，時間とともに進化してきたものだ．われわれは，システムにおいて，何をわれわれのシステムが反映すべきなのか，現在の社会的規範は何なのか，について絶えず革新し，更新することをわれわれの役割であると考えている……」．

　ザッカーバーグは重要な点をあげた——社会の規範が変わった場合，サービスがそのような社会規範の変更を反映し，または具体化するために，ポリシーを変更できるようにすべきではないのか．同時に，支配的なネットワークをもつ企業が社会規範を変えたいと考えた場合，どうしたら心地よくいられるであろうか．ザッカーバーグのアシスタントであるキャサリーン・ロッセが物語るところによれば，社内でプライバシー問題に関する意見の相違や議論はほとんどなかったとされ，プライバシー問題を提起した人たちは解雇されたということが示唆された——「人々をもっとオープンにするように強制することは，われわれが皆，われわれの個人的生活の方法に何か間違いがあったかのように，ある意味閉じこもっていたということをほのめかしていた．われわれは，もっと，われわれ自身について，公共の場で明らかにすべきであったと，ウェブサイトで述べるというのはどうだろうか[126]」．

　Gateway, Google, Facebook に対する問題の結果，今日においては，ポリシー変更を取り巻く FTC の法律はより明確になった．すでに収集されたデー

---

126) KATHERINE LOSSE, THE BOY KINGS (2012).

> タに影響を与える遡及的な変更には，変更の通知と消費者からの積極的な同意が必要である．しかし，将来に向かったポリシーの変更は，通知とオプトアウトを通じて達成することができる127)．企業が，将来に向かった変更に同意することを拒む人々に対して，サービスを提供しないことは自由である．

　「純粋な」オプトインまたはオプトアウトモデルでは，データに関する決定は，製品の受容とは切り離される．ただし，収集および利用が，当該サービスに技術的に必要である場合は除外される128)．プライバシー専門家国際交流協会（IAPP）によると，「『私はこのような利用をオプトインします』という選択肢があったとしても，ボックスが事前にチェックされている場合は，不適切である．本人が，自ら，ボックスにチェックを入れない限り，これはオプトアウトによる提案にすぎない」129)．

　オプトアウトは，事業者や，その他の機関に愛用されている．なぜなら，オプトアウトは，数多くの消費者がサービスに登録するようにするためには，最も便利な方法だからである．消費者とのコミュニケーションのコストは高い，すなわち，このように，消費者に，ご自身の好きなようにしてください，と単純に接触することは難しいのである．情報の利用に許諾が必要であるとすると，客引きにおける，よりよい標的を探るための分析ですら困難になる．この観点からすると，オプトインは，道理に反した結論を導き出す．事業者らは，消費者の注意を引き，確実にオプトインを得るために，単に，もっと，無差別な手紙や，テレマーケティングの電話をかけるようになるだけだということである．

　結果として，フレッド・ケイト教授は，オプトインによってよりプライバシ

---

127) Letter from Jessica L. Rich, Director of the Federal Trade Commission Bureau of Consumer Protection, to Erin Egan, Chief Privacy Officer, Facebook, and to Anne Hoge, General Counsel, WhatsApp Inc.（April 14, 2014）.

128) たとえば，FTC, PRIVACY ONLINE: A REPORT TO CONGRESS（June 4, 1998）参照．（「選択は，情報の二次的な使用，すなわち，企図された取引を完了するために必要なものを超えた使用に関連する．このような二次的な利用には，追加の製品を販売する，またはプロモーションのため，情報を収集した会社のメーリングリストに消費者を追加する，などの内部的なもの，第三者への情報の転送のような外部的なものも含まれる．」）

129) PETER P. SWIRE & SOL BERMANN, INFORMATION PRIVACY: OFFICIAL REFERENCE FOR THE CERTIFIED INFORMATION PRIVACY PROFESSIONAL 9（2007）

ー保護が図られるべきではないと主張している．その代わり，オプトインは，開かれた情報流通を阻害し，市場取引における取引費用を押し付けている[130]．たとえば，ケイトは通信会社である US West が推計したところによると，消費者に連絡し，肯定的な回答を得ることとのコストはそれぞれ，20ドルおよび 34 ドルである，と説明している．これらのコストは，いくつかの製品，たとえば会員制のクレジットカードなどを提供する機会を作り出しているといわれるが，単純に非経済的である[131]．ケイトはまた，消費者は，オプトイン通知をほとんど読んでいないので，よい申出を見すごし，オプトインし，広告をエンジョイしている，とも述べる．共著者とともにケイトが述べるところによると，「米国郵政公社によると，この国では，迷惑メールの 52 パーセントは決して読まれない．この数字をオプトインのリクエストに変換すると，すべての消費者の半分以上は，オプトインシステムにおいて，オプトインの機会も，オプトインしないことの結果も，学習することはない[132]」．

合衆国憲法第 1 修正に抵触する懸念も，オプトインについての規制を阻害する．オプトインのアプローチは，事業者がどのように人々と連絡するかについて実質的に制限することができるからである．同時に，機微情報についてオプトインによる制限がなされたとしても，第 1 修正による監視をすり抜けることができるだろう[133]．

しかし，オプトアウトについても問題がある．ケイトは，オプトインからくる事業者のコストに反対するが，オプトアウトはいくつかの方法で消費者にこれらのコストを外部化する．まず，オプトアウトは，事業者に対し，オプトアウトできるというオプションを隠蔽し，オプトアウトのための取引費用を押し付けるインセンティブを与える．これによって，オプトアウトの利用を思いとどまらせようというわけである[134]．プライバシーに関するケースではないが，

---

130) Fred H. Cate, *Principles of Internet Privacy*, 32 CONN. L. REV. 877（2000）.
131) Eric Goldman, *A Coasean Analysis of Marketing*, 2006 WISCONSIN L. REV. 1151（2006）; Michael E. Staten & Fred H. Cate, *The Impact of Opt-In Privacy Rules on Retail Credit Markets: A Case Study of MBNA*, 52 DUKE L. J. 745（2003）.
132) Fred H. Cate, Robert E. Litan, Michael Staten, & Peter Wallison, Financial Privacy, Consumer Prosperity, and the Public Good（AEI-Brookings Joint Center for Regulatory Studies 2003）.
133) *Nat'l Cable & Telecommunications Ass'n v. F.C.C.*, 555 F. 3d 996（D.C. Cir. 2009）（通話履歴データにおけるオプトイン制限の遵守）.

AT&T が，市場調査にあたり，消費者へのレターを，読まないで，放っておくように設計したという事案がある．レターは，拘束力ある仲裁からのオプトアウトの方法に関するものであった[135]．Google の歴史の初期には，このような逸話もあった．Google の幹部たちは，利用者たちは，おそらくは Cookie についてオプトアウトを標準とすることを望むであろうと議論していたが，そうではなく，利用者には単に通知を送ることとした[136]．さらには，特定の試みによって，オプトアウトの取引費用を削減しようという実証もなされた．Catalog Choice などの非営利団体は，消費者がマーケティングから即座にオプトアウトできるようにするプラットフォームを構築したが，マーケティング会社は，プラットフォームからの要求と激しく戦った．マーケティング会社の中には，Catalog Choice が，消費者会員の代わりに，メーリングリストからオプトアウトの要求を伝えるためだけでも，弁護士の正当な権限を保証するよう要求するものもいた．

　第2に，消費者からオプトインの許諾を得るための高い費用は，事業を行うための費用として見直すことが可能であった．消費者が単純に US West の提案について，それがいかによいものであっても，聞きたくもない，というようなケースである．ケイトは，調査により，多くの企業が似たような提案によって人々に強烈なインパクトを与えるために必死であるが，一部の消費者にとっては，これらの提案がどれだけ増えても，等しく無価値であるという考え方に至っている．どれだけの人が，Do Not Call レジストリを通じてあらゆるテレ

---

134) Jeff Sovern, Opting In, Opting Out, or No Options at All: The Fight for Control of Personal Information, 74 WASH. L. REV. 1033（1999）; Paul Schwartz & Ted Janger, The Gramm-Leach- Bliley Act, Information Privacy, and the Limits of Default Rules, 86 MINN. L. REV. 1219（2002）.

135) Ting v. AT&T, 182 F. Supp. 2d 902（2002）.

136) DOUGLAS EDWARDS, I'M FEELING LUCKY: THE CONFESSIONS OF GOOGLE EMPLOYEE NUMBER 59（2011）．（「われわれは，明確に，デフォルトを『Google の Cookie を受け入れる』に設定したいと思うであろう．しかし，もしわれわれが，それがほとんどの利用者にとって何を意味するかについて完全に説明したならば，利用者らはおそらく Cookie を受け入れたくなくなるであろう．だから，私たちのデフォルト設定は利用者の希望に反すると思われる．邪悪（evil）であるという人もいる．邪悪であるとされることは，マリッサ［当時の Google の役員，マリッサ・メイヤー］を不愉快にした．彼女は，われわれの現在の Cookie 設定に関する実務が，邪悪であるという意見を合理的なものにしてしまったことにとまどった．彼女は，Google によってなされたか，どこか他のウェブサイトによってなされたかにかかわらず，少なくともわれわれは，Cookie を削除する方法を利用者に伝えるためのページを用意する必要があるとの意見に同意した．」）

1.7　現在進行中のプライバシーに関する奮闘　　59

マーケティングを拒絶したかを考えてみよ——200万の電話番号が登録され，どんな種類の電話勧誘販売についても，心底，興味がない，という信号を送っている．この観点からみると，US West の（示したオプトインによる同意獲得の）費用は，単純に，普通の消費者の，不要な提案に対する抵抗を反映している．より大雑把にいえば，企業が最も力を入れているダイレクトメールは——アメリカ人には，年間60億通もの，クレジットカード加入のオファーが届いている——最も興味がないものなのだろう．

　第3に，オプトアウトの効果は，不均一に分散しているようである．本書の読者は，プライバシーに関する選択肢を理解し，それを行使するにあたっては，比較的よいポジションにつけている．親愛なる読者よ，あなたのためにおめでとうと申し述べておくが，平均的な，または経済的に恵まれない消費者は同様のポジションにあるわけではない．Suntasia Marketing に対する FTC のケースについての研究が，この問題を示している．Suntasia Marketing は，「無料」の試用オファーに登録するためであるとして，消費者を誘惑して，当座預金口座番号を明らかにさせた，多くの詐欺会社の1つであった．こういった企業の目的は，単に，数千の銀行口座から，少額を不正に引き出すために，できるだけ多くの銀行口座情報を得ることであった．裁判所は，Suntasia が事業を継続することを許したが，その過程で，同社の顧客を2つのグループに分け，それによって自然実験[xiv]が設定された．一方の顧客グループは，登録されたままにするためには，オプトインしなければならないとされた．他方の顧客グループは，オプトアウトしない限り，登録されたままとされた．オプトインが必要であるとされたほとんどすべての顧客が，登録をキャンセルした．しかしながら，オプトアウト通知を送付された顧客はわずか40パーセントしか登録をキャンセルせず，それゆえ，残存した顧客は，「本質的に無価値」な製品のために請求を受け続けた．社会経済的地位（SES）が低いマイノリティの地域では，SES が高い白人の地域よりも，オプトアウト率が8パーセントも低かった[137]．この研究は，デフォルトオプションの力は，あまりにも強力であり，この力によって，多くの顧客は全くの詐欺会社に登録したままにさせ

---

xiv）［訳注］　実証経済学の用語であり，たとえば，「大規模な制度改革が行われたときに，人々の行動が大きく変わりうることを利用して，人々の行動を分析する手法である」と説明される（井伊雅子・別所俊一郎「医療の基礎的実証分析と政策：サーベイ」フィナンシャル・レビュー80巻1号（2006年）117〜156頁（124〜125頁））．

60　　第1章　オンラインプライバシー

られるということを示している．市場は，詐欺会社の繁栄を可能にしてしまう——Suntasia の従業員は 1000 人に，売上げは 171 万ドルに達した．

同時に，オプトインは万能薬ではないかもしれない．ローレン・ウィリス教授は，デフォルトのルールは粘り強いものではなく，企業が消費者——特に，脆弱な消費者——に，保護寄りのデフォルトルールを放棄するように影響を与えることができると説明した[138]．オプトインという語も，しばしば，錯覚である．たとえば，一般的に，人々は，ソーシャルネットワーキングサイトにオプトインしていると信じられているが，実際には，これらのサイトは非会員の「影のプロフィール」を構築している[139]．これは，多くの人にとって，オンライン環境の一部になることを選択しない限り，オンライン上のアイデンティティを管理するための手段は存在しないということを意味している．言い換えると，企業は，オプトインを「押し込」んで，顧客が，自覚しているよりもずっと広範囲な情報の利用について同意を与えたのだと主張することに用いているのである．

この戦略的行動の観点からは，オプトインとオプトアウトが課すコストは同程度であろうが，組織と消費者の間での振り分け方が異なっている，とみることになる．中間的なアプローチも考えうる．たとえば，少なくともウェブ上においては，デフォルト値を設定することをしないで，情報共有についての質問のたびに，回答が要求される，というようにプログラムすることは可能である[140]．そのような仕組みは，消費者が選択することを要求することになる．そのうえ，データについて，情報保有の上限を定めるとか，利用方法に関して限定列挙（bright-line rules）するという方法で取り締まるということも可能である．

1.7.5　プラットフォームのパワー——利用者の操作および差別

多くのインターネット企業は，自社のサービスについて消費者に料金を請求

---

[137]　Robert Letzler, Ryan Sandler, Ania Jaroszewicz, Isaac T. Knowles, & Luke Olson, Knowing When to Quit: Default Choices, Demographics and Fraud, October 8, 2014.
[138]　Lauren E. Willis, *When Nudges Fail: Slippery Defaults*, 80 UNIV. CHI. L. REV. 1155 (2013).
[139]　KATHERINE LOSSE, THE BOY KINGS（2012）．
[140]　つまり，ウェブサイトは，消費者が情報共有について意思決定するまで，トランザクションを処理しないように設計されうる．

しない．それゆえ，彼らは必死に，利用者とサードパーティの間のやり取りを仲介することができるように，「プラットフォーム」のステータスを得しようと試みるのである．プラットフォームのステータスを獲得すると，企業は，利用者のロックイン状態を実現し，どうやってサードパーティが利用者とやり取りをするかをコントロールするのである．基本的に，サードパーティはプラットフォームの好き勝手にされる．サードパーティがどうやって利用者とやり取りできるかは，プラットフォームの思うがままに変更され，決定される．

　利用者も同様に，プラットフォームの好き勝手にされる．プラットフォームには，利用者のプライバシーに関する選択について「公表する」方向に変更してきた長い歴史がある．たとえば，2009年のFacebookの変更がそれである．利用者の行動を，公表する方向へ決定するというのも，プラットフォームの権力の一形態である．それ以外に，プラットフォームの権力からは，さまざまな種類のサービスまたは価格差別に携わること，利用者に不利益があるように彼らを操作すること，さらには，巧妙にも，利用者の行動を決定することが生じる[141]．これらの例を検討されたい．

- 2010年の中間選挙で，Facebookの従業員が，60万人の利用者に，投票するよう奨励する「社会的なメッセージ」を表示した．この実験は，限定的ではあるが，測定可能な効果をもたらした――Facebookは，この介入により，確実に，選挙民の投票数を増加（30万票に達した）させた[142]．
- 大きな成功を収めたタクシーやハイヤーサービスのプラットフォーム会社であるUBERの役員は，同社が，批判する者を弱体化させるためにデータベースを利用していることを示唆している．具体的には，UBERは，「［批判者の］個人的な生活について特定し，非常に具体的な主張を証明する」ことができると報告された[143]．
- 大型デパートであるTargetは，慎重に，利用者の購買履歴を調査することによって，特定の顧客の妊娠と予測し，彼女らに対し，乳児に関連する広告を送付した．

---

141) Ryan Calo, *Digital Market Manipulation*, 82 Geo. Wash. L. Rev. 995 (2014).
142) Robert M. Bond et al., A 61-million-person experiment in social influence and political mobilization, 489 *Nature* 295 (September 13, 2012).
143) Ben Smith, Uber Executive Suggests Digging Up Dirt on Journalists, Buzz Feed, n.d.

・非常に人気のある出会い系サイトの運営者は，利用者に対し，他の利用者とよく「マッチしている」ということを（誤って）伝えた．運営者の結論は，「われわれが，利用者に，よくマッチしているよ，と伝えてあげれば，彼らはそのとおりに行動するんだ．本当は，どちらからみても間違いであるとしてもね．」ということである[144]．

歴史的に，多くの情報源からデータを購入して集約するということは，企業は消費者に操作できるのではないか，という恐怖を作り出してきた．しかし，これらの例では，超大規模な企業やプラットフォームは，内部データに依存していることがわかる．この行動は，サードパーティのデータおよびそれに関連する同意権を伴わないので，プライバシー法には，問題を超えるための牽引力がほとんどない．

これらのプラットフォームについては有害な使用を想像することが可能である．Facebookが，ある特定の候補者を支援することを決定し，その後，好ましい候補者に投票する可能性がある利用者に，単に投票するようにプロンプトを表示した場合を想像してみよ．候補者がそのプロンプトに対価を支払ったり，または，対立候補に投票しそうな人については対価を支払ってプロンプトを表示しないようにしたりし，投票率を下げる，ということを想像してみるとよい．Facebookは営利企業である．Facebookは実際に投票のための強力なプラットフォームであるし，そのような投票者の操作をしたくなることもあるであろう[145]．

---

144) Christian Rudder, *We Experiment on Human Beings!*, OKTRENDS（July 28, 2014）（強調箇所は原文による）．

145) ブルース・シュネイアーが説明するところによると，「真に不吉なソーシャルネットワーキングプラットフォームは世論を操作する可能性がある……同意する人々の声を増幅し，反対する人々の声を減衰させると，公論を酷く歪ませるであろう．中国は五毛党がこれを行っている――五毛党は政府に雇われて，ソーシャルネットワーキングサイトにおいて，共産党の立場を支持するコメントをし，共産党の立場に反対の意見に異議を唱える．」BRUCE SCHNEIER, DATA AND GOLIATH: THE HIDDEN BATTLES TO COLLECT YOUR DATA AND CONTROL YOUR WORLD (2015). Robert Epstein & Ronald E. Robertson, The search engine manipulation effect (SEME) and its possible impact on the outcomes of elections, 112 PROCEEDINGS OF THE NATIONAL ACADEMY OF SCIENCES (2015) も参照．

> ## 消費者保護の第4の波としてのプライバシー
>
> 消費者運動の歴史家は，消費者運動の3つの波を認識してきた．第1波は1906年の食品とドラッグに関する法律の議会通過を取り囲んでいたものである．第2派は，大恐慌後に定着し，FDA法の改正とFTC法のWheeler-Lea改正の議会通過により頂点に達した．第3波は，環境および製品の安全性の懸念によって始動し，1970年代にFTCで消費者保護制度を制度化した．
>
> どうやら，30年かそこらごとに，新しい消費者保護運動が成立するようである．オンラインプライバシーは30年おきの運動という型に合うように思われる．ロバート・O・ヘルマンによって定義されているように──「消費者保護運動は，3つの問題領域が継続していることに対する反応として生じてきた．(1) 新たな技術を，よく考えずに適用した，危険または信頼できない製品．(2) ビジネスにおける社会的責任の考え方の変化．(3) 不正直な過激派による運営と，そういう連中でなくとも，ビジネス界では時折の堕落が起きること[146]．」

出会い系サイトの活動は，意図的に個人の親密な生活を操作するものであり，特に問題と思われる．しかし，同社のリーダーは，利用者で実験することについての絶対的な権利を表明した．彼の見解によると，このような操作は，多くの種類のビジネスモデルにおいて普通のものであった[147]．

大規模な，または支配的なプラットフォームは，結果と広告の操作に関して利用者にどのような責任を負っているのであろうか．そして，どのような操作は許容できるビジネス慣行であり，これに対して，どのような操作が欺瞞または不公正とされるのであろうか．

プライバシー擁護団体はしばしば，データ収集から生じる「第一種」価格差別は不公正な損害であると提唱している．価格差別は，一般的であり，(ほとんどの状況においては) 合法であり，相互補助が起きる状況での顧客には概ね

---

[146] Robert O. *Herrmann, The Consumer Movement in Historical Perspective*, in CONSUMER-ISM: SEARCH FOR THE CONSUMER INTEREST (Aaker and Day, eds., 2nd edn, 1974).
[147] *Id.*

受け入れられたやり方である．われわれは容易に，大口購入者に対しては割引オファーがあるビジネスモデルを受け入れる．また，異なるクラスのサービスの提供，たとえば，飛行機におけるビジネスクラスとエコノミークラスについても同様である．同時に，価格差別は，米国において，長い間，辛辣さと疑惑を引き起こしてきた．1887 年，連邦議会は米国で初めての連邦レベルの消費者保護規制当局である，州際通商委員会を設置した．設置理由の一部には，価格差別への懸念がある．連邦議会はまた，1936 年に，ロビンソン・パットマン法 xv) を成立させた．同法は，価格差別は，顧客に譲渡されない余剰を獲得することを可能にするという懸念に基づいている．

「第一種」価格差別は，消費者保護団体が懸念し，異議を申し立てているものであるが，消費者の支払意思額の最大値を企業が理解しているということを含意している[148]．完全に実行されると，「第一種」価格差別は，企業が，消費者から余剰をすべて抜きとることを可能にする．そのような余剰価値は，一般的には消費者についての特殊な情報を得なければ獲得できないものである[149]．これは，19 世紀の商売に立ち返った場合の心得を用いている．そこでは，小売業者は，より強く，消費者の購買オプションをコントロールしており[150]，（買い手の支払い能力を売り手が完全に把握したうえで）価格タグが付けられる代わりに，決定価格まで値切りが行われていた．

これらの議論に沿うように，ある挑発的な書籍では，企業は，顧客を 2 種類に分割していることを示唆している．「天使の顧客」は，収益性があるが，「悪魔の顧客」は，収益性がない．根切り，返品し，サービスに苦情をいい，クレジットカードを 1 回払いで支払う[151]．

著者らは，企業は，顧客基盤を区分すべきであり，悪魔の顧客についてはも

---

xv)［訳注］「大規模チェーンの流通業者と，中小の流通業者の間の，商品の仕入れ価格ないしはメーカーの出荷価格における価格差別の規制こそ」がロビンソン・パットマン法の本来の目的であるとされる（佐藤一雄『米国独占禁止法［判例理論・経済理論・日米比較］』（信山社，2005 年）294頁．同法の概略および適用事例について，6 頁および 289 頁以下）．

148) William W. Fisher III, *When Should We Permit Differential Pricing of Information?*, 55 UCLA L. REV. 1 (2007).
149) JOSEPH TUROW, THE DAILY YOU (2011).
150) JOSEPH TUROW, NICHE ENVY: MARKETING DISCRIMINATION IN THE DIGITAL AGE (2006).
151) LARRY SELDEN & GEOFFREY COLVIN, ANGEL CUSTOMERS & DEMON CUSTOMERS: DISCOVER WHICH IS WHICH AND TURBO-CHARGE YOUR STOCK (2003).

っと高価な商品を買うように動かし，または，返品する気をなくさせるべきであるとする．その面からすると，この本は，企業に対して，消費者が非経済的な意思決定を行うように，情報を利用するように推奨しているようにみえる．出版後間もなく，あるディスカウントショップが2人の顧客を出入り禁止とした [152]．そのショップは，当該顧客らはあまりに返品が多く，サービスへの苦情が多すぎるということで，懲罰を課したのである [153]．

　価格差別や検索結果差別について学習することは困難である．価格の差異についての別の説明としては，たとえば，より高価な物流コストによって現象が説明できる，というものがある．それにもかかわらず，研究によると，価格差別は，特に地理に関係して生じる，と示唆される [154]．ウォール・ストリート・ジャーナルによると，数万もの郵便番号について，事務用品店の価格を調査し，近所に物理的な店舗が存在し，すぐ隣の地域には競争者がいないときに価格が上昇するとした [155]．別の研究者らは，異なる購買プロフィールを作成し（節約家と浪費家），豪華なものを買いそうなインターネット閲覧履歴を有するユーザにはより高価な商品が勧められることを発見した [156]．

　FTCが，このようなビジネス慣行に対処してきた中でも最も近いのは，クレジットカードのマーケティングのケースである．FTC対Compu Credit Corporation事件では，FTCは，クレジットカードのイシュア（発行会社）が，利用者の口座について，支出の癖に基づいてペナルティを課していること

---

152) Associated Press, Sisters Banned From Filene's Basement Stores, July 14, 2003.
153) Gary McWilliams, Analyzing Customers, Best Buy Decides Not All Are Welcome, Retailer Aims to Outsmart Dogged Bargain-Hunters, and Coddle Big Spenders, WALL ST. J., November 8, 2004.
154) Aniko Hannak, Gary Soeller, David Lazer, Alan Mislove, & Christo Wilson, *Measuring Price Discrimination and Steering on E-Commerce Web Sites*, Proceedings of the 14th ACM/USENIX Internet Measurement Conference (IMC'14), Vancouver, Canada, November 2014. 1960年代に，FTCは「ゲットー」の小売業について画期的な調査を行い，貧しい地域における価格の大幅な差異を発見した．その差異の大部分は費用がより高いことによるものであったが，小売業者は「簡単クレジット」の提供を通じて価格を引き上げるべく，数が数えられない人たちを利用していた．FTC, Economic Report On Inst Allment Credit and Retail Sales Practices of District of Columbia Retailers (1968).
155) Jennifer Valentino-DeVries, Jeremy Singer-Vine, &Ashkan Soltani, *Websites Vary Prices, Deals Based on Users' Information*, WALL ST. J., December 24, 2012.
156) Jakub Mikians, La'szlo' Gyarmati, Vijay Erramilli, & Nikolaos Laoutaris, *Detecting price and search discrimination on the Internet*, Hotnets'12, October 29–30, 2012, Seattle, WA.

について提訴した[157]．FTCは，Compu Creditは，行動に基づくスコアリングモデルによって，クレジットカードの利用限度額を減少させていると主張したのである．そのモデルの下で，Compu Creditは，顧客が，通販事業者，結婚カウンセラー，パーソナルカウンセラー，自動車のタイヤの再生・修理店，バーやナイトクラブ，プールやビリヤード店，質屋，マッサージパーラー[xvi]で支払いをした場合，クレジットリスクがあると推認していた．そのような支払いが観察された場合には，利用限度額が減少されたのである．FTCの本事案のポイントは，これらの制限は，曖昧にしか開示されていなかったということである．Compu Creditは，「あなたの口座が良好に使用され，維持されていることを条件」として，顧客が利用限度額限界まで利用できることを約束していた．それゆえ，顧客は騙されたことになるのである．なぜなら，彼らは，通常の，フル機能を備えたクレジットカードを有していると考えていたからである．しかしながら，これが欺瞞のケースだったことを考えると，企業は，十分に開示しさえすれば，類似の分類に携わることができることになる．

プラットフォームによる差別からくる一定の範囲の懸念は，いくつかのFTCの政策的な対応のきっかけとなりうる．前述の出会い系サイトのようなある種の事業者は，一般的に「市場に任せる」というカテゴリに入れられている．それらの企業は，利用規約に基づいて，消費者が，当該サービスを利用する意思があるのであれば，それは同意とみなす，としている．しかしながら，FTCの審査をパスするためには，たとえ，利用許諾契約その他の契約などで示していたとしても，企業は，彼らの活動について顕著に開示している必要がある．消費者の利益に関して，予測がつかず，不利益になるような重要な文言については，顕著に開示されていない限り，欺瞞に該当する．特定の用語が使用許諾契約に埋もれていたため，利用者を監視し，プライバシー侵害については補償を行うという戦略について欺瞞が適用されたシアーズのケースを思い出してほしい．

---

157) *FTC v. Compucredit Corp.*, 1:08-CV-1976 (N.D. Ga. 2008).
xvi) ［訳注］　いわゆるソープランドのことか．

> ### 消費者保護の再活性化
>
> 　マーク・ナデル教授は，消費者保護に広く関心が集まるための4つの主要な課題を示唆している．第1に，消費者の関心は拡散している──それは集団的価値であり，他の価値と競合するものである．第2に，個人は消費者問題における利益についてさまざまなレベルの関心をもっている．ほとんどの場合は低レベルの関心しか抱かれておらず，感情的または心理的な主張に満足してしまう．それゆえ，個人は象徴的な消費者保護に満足してしまうのである．しかし，これは両刃の剣である．象徴的な保護が剥奪されると，個人は激しく反応することがある．
>
> 　第3に，客観的なニーズと知覚されたニーズとの間には，消費者保護の面での隔たりがある．このような隔たりにより，ドラマチックな問題に焦点が当たり，より構造的で困難な問題への注意が欠落する．
>
> 　第4に，「消費者の利益」を定義するのは難しい[158]．

　「治験審査委員会」（IRB）が企業の市場調査を取り締まる必要があることを示唆する見解もある．IRBは，人間を対象とした実験について，評価し，監視する機関である．これによって，実験が不必要に行われていないことを保証し，研究対象を侵害から保護するのである．IRBは生物医科学，社会科学および大学の行う調査では広く利用されているが，民間事業者が自社の顧客を対象に研究を行う場合には，通常要求されない[159]．

　別のアプローチとしては，特定の要因に基づいている場合には，単純に価格差別を禁止することである．プエルトリコ議会は，オンラインの小売業者が課している領土内への高額な送料について敏感に反応し，事業者らに対して，ある活動からプエルトリコを除くことおよび，高額な送料を課すことを禁止した[160]．

　効果的な価格差別のためには，ある種の情報が必要である．しかしながら，

---

158) Mark V. Nadel, The Politics of Consumer Protection (1971).
159) James Grimmelmann, *Illegal, Immoral, and Mood-Altering: How Facebook and OkCupid Broke the Law When They Experimented on Users*, MEDIUM, September 23, 2014 参照．

しばしば，差別は個人情報なしにも可能である．たとえば，IP アドレスに基づいて場所を特定したり，顧客が，ハイエンドなスマートフォンを用いていることに着目したりすることによって．価格差別が，個人情報なしでも行われ続けるであろうということには信じる理由があるのである．結局のところ，ディストピア映画でみられるような個別ターゲット広告は，実際には，配信コストが高すぎる．他方，性別や年齢など，消費者のうち，幅広いセグメントと属性へのターゲティングでも，多くの広告主のためには十分に効果的である．

情報に関する規制——プライバシーに関する法律——は，価格差別とサービスの差別化の適切な解決策なのであろうか．プラットフォームの差別の問題は，究極的には権限の問題である．プライバシー法は，権限のバランスをとることに役立つが，情報産業は自然独占である——プライバシーの権利は，この問題に対処するには不十分である可能性が高い．近くの競争相手のない事務用品店は，より高い価格をつけていたことを発見した，Wall Street Journal の調査を参照されたい．それは FTC の主要任務——競争促進を通じて消費者保護を確保する——が問題解決に最適のアプローチとなり得る領域である[161]．

1.7.6 プライバシーバイデザイン

企業は，どの程度，利用者のプライバシーを保護するように，自社のシステムを設計する必要があるであろうか．オンタリオ州の元情報プライバシーコミッショナー，アン・カブキアン博士は[162]，情報集約型のサービスから生じるプライバシーのリスクを低減するためのアプローチとしてプライバシーバイデザイン（PBD）を提唱している．PBD は，エンジニアリングとユーザビリティ設計についての一連の手続と実体に関するアプローチである．PBD は，中心的には，公正な情報慣行を技術要件に変換することを提案している．初期の段階では，PBD は義務としては曖昧であるとか，再帰的定義に満ちていると

---

160) Nydia Galarza, *Launching Online Retail Services and Products in Puerto Rico*, BNA Privacy & Security L. Rep. (January 4, 2014).

161) FTC の競争局がプライバシーを監督すべきであるとの議論については，Maureen K. Ohlhausen & Alexander P. Okuliar, *Competition, Consumer Protection, and The Right [Approach] to Privacy*, ＿ Antitrust L. J. ＿ (2015) 参照．

162) Ann Cavoukian, Privacy by Design: The 7 Foundational Principles (2012).（邦訳：堀部政男・一般財団法人日本情報経済社会推進協会（JIPDEC）編，アン・カブキアン（JIPDEC 訳）『プライバシー・バイ・デザイン』（日経 BP 社，2012 年））

して批判されたが，その後は，研究者たちは，その要素をより具体的に定義するため真剣に取り組んでいる．

　高レベルの抽象化において，PBDのアプローチは目的にかなっているように思われる．PBDは，それ以前には，プライバシーの問題は政策立案者が決定するものである[163]と考えていたシステムデザイナーたちに対して，彼らの技術の倫理的な意味合いを，デザインの当初から考えるように，そして，製品を通じてプライバシー保護を構築することを検討するように，励行するものである．プライバシーがサービスの存続期間を通して尊重されるように，設計者は，デフォルトの選択を作成して，プライバシーを保護し，それらの選択を粘り強いものにすることができる．サラ・シュピーカーマン教授とロリー・フェイス・クラノール教授は，PBDと政策によるプライバシーの区別を述べている．PBDにおいては，システムデザイナーはどうやって，そして，そもそも，個人特定性があるデータの収集を減らすべきかどうか，匿名化が可能であるかどうか，を熟考する．そして，潜在的には，より強く，クライアント側の保管に依存することになる[164]．これらの介入は，個人に，どのようにデータが利用されているかについて気づかせるようにするという，標準的なプライバシー・バイ・ポリシーのアプローチとはかけ離れている．彼らが用いているアプローチは，構造それ自体が，サービスを，「プライバシーコントロール」の袋小路からそらすものである．

　FTCは，PBDを採用している．2010年報告書では，FTCは「企業は，組織全体を通じ，また，製品やサービスの開発の各段階において，消費者のプライバシーを促進すべきである」と宣言した．このテーマは他の政策文書においても繰り返され，「モノのインターネット（internet of things）」についての事務局レポートにおいても，情報セキュリティ問題の，デザインの過程における包括的な取扱いを推奨している．FTCは，「企業は，データセキュリティ，合理的な収集の制限，しっかりとした保存と廃棄の実務およびデータの正確性のような，実質的なプライバシー保護を，彼らの実務に組み込むべきである」と結論づけた[165]．これまでのところ，これらの原則は，あらゆる規制上の義

---

163) Sarah Spiekermann & Lorrie Faith Cranor, *Engineering Privacy*, 35 (1) IEEE Transactions on Software Engineering (2009).

164) *Id.*

165) FTC, Protecting Consumer Privacy in an Era of Rapid Change (2010).

務の一部とはなっていない.

2013年の記事では,2人の著名で適任な専門家が,1人は元 Microsoft の弁護士であり,もう1人はよく知られたコンピュータ・インターフェース・デザインの専門家であるが,Google と Facebook による,10 のプライバシーに関する失策を分析した.この2人,アイラ・ルービンスタイン教授とネイサン・グッドは,企業が PBD の原則を実装していた場合,これらの失策のすべてが避け得た可能性があると結論付づた[166].しかし,自主規制スキームと同様に,PBD が機能するのは,企業が,消費者の懸念が正当であると考えているときのみである.共著者らが観察したように,Facebook はプライバシーに関して,強固な,プライバシーコントロールを基礎とする概念を抱いている.Facebook の概念は,データの最小化のための要望を切り捨てた.同様に,プライバシーへの Google のアプローチを深遠であると特徴づける.広告収入の目標を達成する中で,同社の利益にも融通がきくように,それはデザインにより柔軟であることを示唆している.

要するに,PBD は有望なアプローチであるが,より多くの開発が必要である.PBD を実装する企業は,プライバシーの利益の重要性について理解し,データ最小化について,不便であるとか,その他の影響について,意図的にこれを採用しない限り,大した成功は望めないであろう.

1.8 結論

FTC は,オンラインプライバシーに関する国の最上位規制当局として姿を現している.FTC は,オンラインプライバシーの規制を極めて慎重に行ってきている.多くの場合,虚偽広告の例をプライバシーの文脈で解釈することによる.FTC は,どんどん案件を取り上げており,ブログ投稿と公開イベントを通じて案件の到着を吹聴している.批評家は,FTC の仕事は約束破りの取締であるというが,その手続――1950年代に遡ると――は,導きの星は消費者の期待であることを示している.これはまるで,虚偽広告のケースで,消費者の期待が強調されたかのようである.このアプローチの下では,「それはプライバシーポリシーの中にあるよ」という言い訳は,同意が形成されるには十

---

[166] Ira S. Rubinstein & Nathaniel Good, *Privacy by Design: A Counterfactual Analysis of Google and Facebook Privacy Incidents*, 28 BERKELEY TECH. L. J. 1333 (2013).

分ではなく，そうあるべきでもない．プライバシーを市場の問題にしたい人にとってすら，である．

　それゆえ，FTC の標準的なプライバシーツールの多くは，合理的選択理論の仮定に基づいている．プライバシーの価値が個人的な概念であるということは，通知と選択スタイルの消費者保護を追求する事業者と保護団体の双方が原因となっている．したがって，企業は，情報のすべての利用が開示されていることで同意が推定されるように，プライバシーに関する開示を磨くようにしているので，FTC は，オンラインプライバシーの取締に関しては不公正に関する権限にますます依存する必要がある．

　次の章では，子どものプライバシーを取り扱う．プライバシーには保護すべき価値があるという一般的な社会的合意がある領域である．プライバシーの価値についての合意が，FTC に行動する権限を与え，事業者がシステムを設計するに際しより思慮深くなるための動機を与えるまでには，長い道のりがある．

第2章　子どものプライバシー

　FTCには，子どもを守るために市場に介入してきた長い歴史がある．第1章〔原著〕で述べたように，FTC対R.F.Keppel Bro., Inc事件[1]において，ギャンブル的要素のある刺激で子どもにお菓子を買わせることをやめさせたのが，その歴史のはじまりである．いくつかのお菓子には硬貨が内包されており，その場合実質お菓子はタダとなっていたのだ．硬貨が入っていないハズレをひいた子どもは，その価格を支払わなければならない．FTCは，これを子どもにふさわしくないギャンブルの要素がある形態であるとした．

　商用インターネットの出現によって，上記と類似したゲームのような方法で子どもたちの興味をひいて，子どもの個人に関する情報をオンライン上で引き出すことが行われるようになった．子どもをオンラインで標的にすることは，家族のプライバシーに関する権利と家庭内におけるプライバシー権の問題に突き当たる．それと同時に，アメリカのプライバシー制度は，ヨーロッパからは懐疑的にみられ，アメリカのフレームワークが子どもの保護に欠けることは，深刻な手抜かりであり，概してアメリカはプライバシー権に関してあまり重きをおいていない傾向をあらわしているとされていた．結局，アメリカでは子どもに対する契約は有効ではなく，子どもは市場においてプライバシーに関する駆け引きをすることができる合理的なプレイヤーではないとみなされるようになった[2]．ヨーロッパの人々にとっては，それは子どもたちが大人と同じプライバシー制度の中で，大人と同様に扱われる自由放任主義の最悪の状態であった．

　インターネットの普及により，子どもにとって新しいリスクが生じた．自身の判断能力以上の技術的手段を使ってインターネットを利用している子どもに

---

[1]　291 U.S. 304 (1934).

[2]　Wouter M. P. Steijn & Anton Vedder, *Privacy under Construction: A Developmental Perspective on Privacy Perception*, SCI. TECH. HUM. VAL. (2015).

関するニュースがメディアを賑わせた[3]．法執行機関や州政府の執行官は，インターネットの出現により，子どもに対するものすごくおそろしい略奪と誘惑が起こりやすくなったと訴えた[4]．

　このような懸念を背景に，議会は速やかに児童オンラインプライバシー保護法（The Children's Online Privacy Act of 1998: COPPA）を成立させた．わずか数か月での成立という速さであった．結果としてCOPPAには，ほとんど法成立過程の歴史がなく，情報プライバシーに関する法分野とオンライン上の安全法令や措置に関する分野の異なる2つの分野を扱うこととなった．

　第1章で述べたとおり，プリシラ・レーガンは，プライバシーは大衆が議論をはじめやすいトピックであるが，議会を動かすのには難しい分野であると指摘をした．COPPAに関しても，プライバシーに関する懸念は立法の動きを作るには十分であったが，オンライン安全擁護団体[i]の後押しがなかったら法が成立することはなかった．このプライバシー擁護団体とオンライン安全擁護団体が一体となってCOPPAを成立させたことが，COPPAに弱点を内在化させた．安全に関する懸念は，子どもたちがどのようにインタラクティブなサービスを利用したいかについて十分な配慮を行わないフレームワークを，議会に作らせてしまった．また，オンラインで子どもが食い物にされるリスクに関して，完璧に子どもたちを守る環境であるように努力することを議会にさせた．

　法やビジネスの業界では，オンラインサイトにとってCOPPAは負荷が高く，2つの選択肢しか与えていないとされる．完全に子ども向けサイトとしてCOPPAの適用を受けて遵守をするか，ある一定以下の年齢の利用者を制限するなどして全くCOPPAの適用を受けないようにするかのどちらかである．このゼロか百かの対応のせいで，子どもたちは制限された，またときには魅力的でないオンラインでの選択肢しかもてないことになってしまっている．COPPAは，サイト側に一方通行のテレビのようなサービスを行うインセンティブを作り出しているのだ．インタラクティブな要素を提供すると，COPPAの法的義務を負うこととなるからである．子どもたちは，大人だけが利用でき

---

3) Brad Stone & Bronwyn Fryer, *The Keyboard Kids: Chatting on the Net Is Becoming the Social Activity of Choice for Techno-Savvy Early Teens*, NEWSWEEK, June 8, 1998.

4) Marlise Simons, *Dutch Say a Sex Ring Used Infants on Internet*, N.Y. TIMES, July 19, 1998; ElsaBrenner, *Child Abuse on Internet Heightens Vigilance*, N.Y. TIMES, April 19, 1998.

i) [訳注]　Online safe Advocates. advocatesを本稿では，擁護団体と訳している．

る，面白い非常にインタラクティブなサービスを利用するために，年齢について嘘をつくことを覚える．このことは，COPPAによる保護を子どもたちが全く受けることができなくなるということを意味する．しかし，一方でCOPPAによる保護は，実用的で大人のプライバシーに関する法的規則を作る際にも活用できる面もある．

　インターネットビジネス業界は，COPPAはとても難しくて負荷が高いものと捉えているが，同時にCOPPAは効果的な保護も行っている．たとえば，トラッキングサービスをそのサイトで行っている第三者であるベンダの挙動について，プライバシーに関する責任をサイト自身にも負わせていること，データ利用目的に関する制限，トラッキングに関する制限，収集されるデータの量に関する規則，コンテンツマッチ広告[ii]や行動トラッキングを規制するインセンティブ，データ保持期間に関する制限などである．議会がこのような大きな影響力のある保護を子どもに対して行ったのは，社会が子どもたちは保護に値すると判断したからである．しかし，COPPAは13歳未満の子どもたちのみに適用される．多くのそれ以外の未成年や大人がオンラインで同じような保護を望んでいる．

　本章では，子どものプライバシー問題の歴史の概要を明らかにし，ときにはプライバシー問題は，事業者が子どもたちにどのように広告を行えばよいのかという，いまだに解決されていない問題に対して，しばしば答えを示すことができることを述べる．FTCの漸進的な子どものプライバシーに関する規制を紹介し，子どものオンラインプライバシーと安全に関する懸念の2つに起因するCOPPAの成立とその内容について明らかにする．そして最後に，COPPAを査定し，その高い取引コストと，突き詰めると裏づけをすることが困難である保護者同意の要件が，企業のCOPPAをできれば避けるという傾向を引き起こしていることを述べる．

2.1　子どものプライバシー

　子どものプライバシーと安全は，オンラインビジネスにおいては，非常に物議をかもすものである．しかし，オフラインの環境では子どものプライバシー

---

ii)［訳注］　Contextual Advertising の訳．

はほとんど規制されていない．FTC が小さい子どもへのテレビ広告の禁止を提案した KidVid 事件は，政府の同様の熱心な動きを鈍化させた（第 2 章〔原著〕を参照）．結果として，子ども向けテレビ広告において，子どもに肥満が多くなっているといった事柄までも配慮をしなければならないのかといった[5)][iii)] 問題が未解決として残った．広告自体を規制するのはとても難しいので，子どもの擁護団体は子どもたちに影響を与える商業的な動きに対して攻撃をするために，しばしばプライバシーを利用するようになった．

1990 年代までは，データベースマーケティング会社が子どもの年齢と住所のリストを，広告目的のために販売することはよく行われていた．たとえば，データブローカーは，4 歳から 6 歳の子どもたちの連絡先を売っていたのである．長年 CNN で勤務をし，のちにロサンジェルスのテレビ局の記者となったカイラ・フィリップスは，1996 年にこのようなデータブローカーの行為について調査をした．彼女は，5500 人の子どもの個人に関する情報を Metromail というデータブローカーから購入した[6)]．子どもたちの連絡先を購入するために，彼女は悪名高い子ども殺人鬼の名前を使用した[7)]．彼女のこの実験は広く注目を浴びたが，子どもの情報に関する新しい規制にはつながらなかった．そのかわり，データブローカーは，商品の名前を変えて規制を避けるようになった．「子どもの有無」に関する情報を含んだ世帯に関するデータベースというように名前を変えて，同じ情報を販売していた．このようなデータベースは，たとえば「片親で複数の子どもがいる人の住所リスト」などと名前が変えられた．

ほどなくして，キャスリン・モンゴメリー教授とシュリー・パスニークは，マーケッターは，オンラインにおいて洗練された倫理的に問題となる方法で子

---

iii)［訳注］ FTC が，子どもに対する，砂糖が多く含まれる食品のテレビ CM を禁止する規則を作ろうとしたため，当時論争となった．具体的には，8 歳未満の子どもを対象としたすべてのテレビ CM を禁止したり，年齢の高い子どもに対する砂糖入りの食品のテレビ CM は，砂糖入り食品の栄養上や健康上の問題に関する情報も一緒に明らかにしなければならないなどとするものであった．この FTC の提案は議会に受け入れられることはなかった．

5) Elizabeth S. Moore, *Should Marketers Be Persuading Our Children?*, in Marketing and the Common Good (Patrick E. Murphy & John F. Sherry, Jr., eds., 2014).

6) Gary *Chapman, Protecting Children Online Is Society's Herculean Mission*, L.A. Times, June 24, 1996, at D14.

7) *Largest Database Marketing Firm Sends Phone Numbers, Addresses of 5,000 Families with Kids to TV Reporter Using Name of Child Killer*, Bus. Wire (May 13, 1996).

どもとやり取りする方法を見出していることを示した[8]．そして，マーケティング科学の前世代——動機研究とサブリミナル広告——と同じような，説得力のあるメッセージに影響を受けやすい子どもをターゲットにしたビジネスを企んでいることを，彼女たちが広告会社自身に明らかにさせることは難しくなかった．この2人は，有名ブランドが利用している問題のある情報収集のテクニックについても明らかにした．D.C. Comics 運営の The Batman Forever のウェブサイトでは，個人に関する情報を提供することで忠誠心を計るテストがあった．子どもたちは，「ウェブ上の親愛なる友人たちよ，ゴードン警察署長を助けるためゴッサム市警察の調査に協力してくれ」と説得されていた．この調査は，バーチャル世界の調査に見せかけていたが，質問で得られたほとんどの情報は，購買指向やビデオの好みであった．たとえば，回答者は『バットマンフォーエバー』と『アポロ13』をビデオで買う可能性があるかどうかなどを聞かれていた[9]．

テレビとオンライン広告

　1950年代と1960年代，テレビのゲームショウはコマーシャルのスポンサーによって操作されるという現実，この新しいメディアであるテレビが消費者へとても強い影響力のあるものであるという懸念によって，テレビのコンテンツは世論に議論を起こしはじめた．放任主義であったローウェル・メイスン委員でさえ，テレビの広告を不適切であるとして，「座敷の優れたセールスマン」と呼んだ．消費者団体は，人がこのテレビという新しいメディアにどっぷりつかると，テレビは，人の願望に漬け込みサブリミナル効果をもち，見ている人の健康や安心を損ねるとした．長年雑誌や新聞では許されてきた，テレビにおける間違った実物大型模型やデモンストレーションに関して，FTC は法執行をしはじめた[10]．

---

8) Kathryn Montgomery & Shelley Pasnik, Web of Deception: Threats to Children from Online Marketing (June 1996).
9) Id.
10) Peter Braton Turk, The Federal Trade Commission Hearings on Modern Advertising Practices: A Continuing Inquiry into Television Advertising (1977) (Ph.D. dissertation, University of Wisconsin, Madison, WI).

オンライン広告も見慣れないメディアであるため，新しい反発を引き起こすこととなるだろうか．オンラインの擁護団体は，オンライン広告がテレビ広告と同じくらい影響力があるとを大げさに考えすぎている．Google の調査によると，半分の電子的広告は消費者から全く見られていない．さらに，この調査では Google は広告の 50% が 1 秒でもスクリーンに表示されれば，「見られた」ことにしている[11]．ごくわずかな消費者だけが実際に広告をクリックするのである．誤入力または詐欺のページの方がたくさんクリックされ，オンライントラフィックの増加に貢献している．擁護団体は，新しい見慣れないメディアについてその誇大宣伝に過剰反応を示しているのだろうか．私たちは，他の方法と比べてオンライン広告がそこまで効果的なものではないということにすぐに気づくことができるのであろうか．

　一方，有能な擁護者は，オンライン広告をマーケティングの問題としてではなく，個人が抑制のきかない状況におかれていることの問題として捉えている．見方を変えれば，広告より行動トラッキングの方が現代的な悪者になるといえるのである．

　主要な広告会社に絞って，モンゴメリーとパスニークは，景品やそれに似たメカニズムで子どもから情報を引き出すことは，よく行われている行為であることを示した．エンターテインメントとマーケティングの境界線をぼかしながら，広告会社は，ストーリー性のあるコンテンツに質問を投げ入れてくる．このような会社は，Cookie などの受け身のトラッキングテクニックを利用して，子どもたちを時間をかけて追うことも行い，興味や願望をプロファイルしている．これは，より子どもたちに対して説得力のあるメッセージを投げ入れることができるというリスクを高めている．

　1996 年 5 月，モンゴメリーの所属機関である the Center for Media Education（CME）は，FTC に KidsCom の調査を依頼した．このサイトは，CME のレポートにおいて次のように説明されていた．「4 歳から 15 歳までを対象とした The KidsCom のコミュニケーションが行われる場所では，子どもに影響力の強い方法が使用されていた．サイトを利用するためには，子どもたちは名

---

[11] Google, The Importance of Being Seen: Viewability Insights for Digital Marketers and Publishers (November 2014).

前，年齢，性別，Eメールアドレスを提供しなければならない．必須の質問項目では，好きなテレビ番組，コマーシャル，歌手やKidsComのサイトを教えてくれた友達の名前を要求している．コミュニケーションの場に参加すると今度は，子どもが買いたくなるようにおかれた製品を購入するためのKidsCashという仮想貨幣を取得するために，さらなる個人に関する情報を提供することを推奨される」[12]．

それからわずか1年後，FTCのスタッフはこの会社に対する懸念を示した公開書簡を発行した[13]．そこでFTCは，保護者への通知と同意なしに，子どもから情報を収集し，他に渡すことは欺瞞的な行為になると述べた．また，もし子どもから得た情報の第三者への公開が行われれば，それは子どもを食い物にする行為であり不公正な慣行とみなされるとした．しかし，KidsComは運営の方法を変えており，また第三者への大がかりなデータの提供ということに関する証拠はなく，さらに法執行を行うと，新規のインターネットマーケット市場に意図しない影響を及ぼすおそれがあったため，FTCは法執行までの対応は行わなかった．

1998年までに，FTCとホワイトハウスは[14]，子どものオンラインでのプライバシー保護に関する法案を提案した．議会の要求により，FTCはその問題について調査を行った．その結果は，ほとんどの子ども向けのウェブサイトは，子どもから個人に関する情報を収集し，その半数のサイトだけがプライバシー規約を擁していたという非常に惨めなものであった[15]．現実の世界では，このような情報収集では通常，保護者または責任ある大人が介在する．しかし，オンラインでは子どもたちは多くの場合，問題のある方法で自分自身または他人の個人に関する情報を明かすことを強いられている．たとえば，あるサイト

---

12) *Id.*
13) Letter from Jodie Bernstein, Director, FTC Bureau of Consumer Protection, to Kathryn C. Montgomery, President, Center for Media Education (July 15, 1997).
14) OFFICE OF THE VICE PRESIDENT, VICE PRESIDENT GORE ANNOUNCES NEW STEPS TOWARD AN ELECTRONIC BILL OF RIGHTS, July 31, 1998（子どものプライバシー：大統領執行部は，子どものデータを収集する際に適用される，公正情報慣行を明示した法の成立を求めて行く方針である．たとえば，13歳未満の子どものデータ収集を保護者の同意なしで行うことを禁ずるなどである．FTCがこれらの執行について権限を持つとする．13歳未満の子どもたちは，個人を識別することができる情報を提供するということがどのような結果を引き起こすのか理解できないので，このような法が必要なのである．）
15) FEDERAL TRADE COMMISSION, PRIVACY ONLINE: A REPORT TO CONGRESS (June 1998).

では情報の公開をコンテストのように行い，マーケッターにとって有益な情報を提供すると子どもたちには報酬が与えられた．そして，そのサイトはそれらの情報を誰にでもみえる状態に掲載した．他のサイトでは，サイト利用者とつながるためとして，子どもの年齢と連絡情報をリストにして表示をした．このような行為は，FTC に子どもを食いものにする者からの身体的な安全と子ども向けサイトのつながりを容易に見つけ出させ，個人のプライバシーに関する懸念に，個人の安全の観点を加えた規制の要請を強めるものとなった．

FTC は，子ども向けサイトに関するケースバイケースの法執行を行い始めた．1999年（COPPA の施行前）FTC は，子どもの情報を第三者と共有しないとしながら，実際は行っていたオンラインサービス提供者の GeoCities と和解を行った [16]．他にも COPPA 施行以前に，子どもとその家族の金融情報をコンテストとゲームを通して引き出していたサイトに対する案件もあった [17]．FTC は，子どもの情報を販売しないと約束した企業が，顧客のデータベースを破産の調査に際して利用をしていたことに関して訴えた [18]．

これらはすべて欺瞞を含んだケースであった．FTC は，子どもの情報が収集されているのにもかかわらず，積極的な欺瞞が存在しないため，FTC が何もすることができない状況が起きていると感じていた．このギャップを埋め，その法的な措置の基礎を固めるために FTC は正式に児童オンラインプライバシー保護法案を支持した．

2.2 児童オンラインプライバシー保護法（COPPA）

1998年7月，リチャード・ブライアンとジョン・マケインの両上院議員が「児童オンラインプライバシー保護法」（Children's Online Privacy Protection Act of 1998: COPPA）案（S. 2326）を議会に提出した [19]．そして，たった数か月後，その法案は，緊急歳出予算案 [20] とともに成立した．レーガン

---

[16] *In the Matter of GeoCities*, 127 F.T.C. 94 (February 5, 1999).

[17] *In the Matter of Liberty Fin. Companies, Inc.*, 128 F.T.C. 240 (1999).

[18] *FTC v. Toysmart.com*, 00-11341-RGS, 2000 WL 34016434 (D. Mass. July 21, 2000).

[19] 同時期，下院では Edward Markey 議員が，成人を対象とした同様の法案を第105下院議会に提出している（H.R. 4667, The Electronic Privacy Bill of Rights Act of 1998）．

[20] Pub. L. 105-277, Div. C, Title XIII, §1302, October 21, 1998, 112 Stat. 2681-728. Codified at 15 U.S.C. §6501 et seq.

教授の分析によると，オンラインで子どもを守るというプライバシーに関する理論的な根拠は，民間で議論となるのには十分であったが，怠惰な政治家たちに法案の成立をさせるためには，オンライン安全擁護団体が法案の賛成に加わることが必要であった．その結果，COPPA はプライバシーと，オンライン上の安全の2つの側面をもつこととなった．

ブライアン上院議員は，法案紹介[21]と，のちの委員会での証言[22]で，法案を彩るさまざまな課題を提示した．

- アニメのキャラクターやゲームを巧みに利用して，しばしば子どもの個人的な金融情報，連絡先の情報などをウェブサイトが収集をしている．
- ウェブサイトはこれらの収集を，子どもの保護者の監督または監視なしに行うことができている．
- これらの収集されたデータの受領者が誰であるか確認することができず，また子どもの家族の金融情報について要求されることからも公明正大なマーケティングとはいえない．
- 子どもたちは，性的略奪者や小児性愛者の標的にされ，インターネットの負の部分において危険を簡単におかしてしまう．
- インターネットは，学びや経済発展のうえで非常に優れたツールである．経済的，性的に子どもが食いものにされることを避けるために，子どもたちがインターネットを利用しないという選択肢しか取れない[iv]ということがあってはならない．この点については，Bryan 上院議員が委員会の法案に関するヒヤリング[23]で強調をした．この法案はインターネット利用を促進するためのもので，「インターネットに関する習熟は，21 世紀において成功をおさめるために必要なスキルである」ことも付け加えた．

ディアドラ・マリガン教授によると，はじめの本法案の草稿では，18 歳未満の子どもが対象とされていた．上院において紹介されたときには，16 歳未満の子どもが対象とされ，最終的な法律では，13 歳未満の子どもが対象であ

---

21) 105 CONG. REC. S8482（July 17, 1988）.
22) S. Hrg. 105-1069, 105 Cong. 2nd Sess.（September 23, 1988）.
iv) ［訳注］ 原文は，Hobson's choice と記述されており，二者択一の状態を指す．
23) S. Hrg. 105-1069, 105 Cong. 2nd Sess.（September 23, 1988）.

ると変更がなされた．ピトフスキー委員長は，COPPA が 13 歳以上の子どもまで対象としてしまうと，保護者の同意の要件が緩くなってしまう，または落とされてしまうと主張をした[24]．

COPPA 法案の成立過程に関する歴史は，浅い．その結果として，ときに COPPA はプライバシー保護の法律であるとされ，ときには子どもたちを食いものにすることを止めるための法律であるとされ，ときには両方のための法律であるとされる．加えて，地裁の同意判決以外の裁判例がこの法律には存在しない．

議会は，消費者法やその他の法でもよく行うように，実際の規則の草案を FTC に作成するよう委任をし，1999 年 10 月がその期限であった．COPPA 規則は，Code of Federal Regulation（CFR）[v] § 312 に記載され，2000 年 4 月 21 日に施行された．FTC は，COPPA 規則を広める規則制定権限を行政手続法（Administrative Procedure Act）によって与えられている[25]．大方の予想どおり，2007 年の COPPA に関する FTC 報告書では，COPPA はうまく機能しており修正の必要はないとされた[26]．しかし，その報告書からたった数年後，FTC は大幅な修正（2013 年 7 月 1 日施行）を発表した[27]．

2.2.1　COPPA の適用範囲

COPPA は，一言でいうと，ウェブサイトまたはその他のオンラインサービスにおける，子どもの個人に関する情報の収集に関する規定である．ここでいう子どもとは，13 歳未満の子どもを指す．

COPPA の適用を受けるウェブサイトとその他のオンラインサービスについては広く解釈され，モバイルやデスクトップパソコンのためのアプリケーション，統計目的，SNS や広告目的のためにデータを取得するウェブサイトのプ

---

[24]　Id.
[v]　〔訳注〕連邦規則集．政府機関の定める規則がすべて記載されている．
[25]　FTC は，そもそも the Magnuson-Moss 法によって規則制定権限を付与されているが，実際にはなかなかこの法に基づいて規則制定を行うのは条件が厳しく難しいといわれている．第 2 章〔原著〕参照．
[26]　FTC, IMPLEMENTING THE CHILDREN'S ONLINE PRIVACY PROTECTION ACT: A REPORT TO CONGRESS (February 2007).
[27]　FTC, Children's Online Privacy Protection Rule, Final Rule Amendments, 78 (12) FED. REG. 3972, January 17, 2013.

ラグイン，広告ネットワーク，ロケーションサービス，IP電話なども含まれる[28]．COPPAは，非営利なサービスには適用されない．

　COPPAの義務を負うのは，子どもをターゲットとしている，または子どもから情報を得ていることを実際に知りながら運営が行われているウェブサイトまたはサービスである．FTCは，そのサイトが子ども向けかどうか，「全体的な状況を判断する」(totality of circumstances)テストを使用して判断をする．サイトの目的，アニメのキャラクターの使用，使用されている音楽の特徴，サイトが子どものモデルや子どもの有名人を使用しているか，子どもっぽいフォントが使われているか，サイト利用者の構成などが判断の要素となる．その結果，FTCのほとんどのケースが明らかに子ども向けのサイト，たとえば10代の有名人[29]のファンクラブサイトや子どもだけが利用するSNSなどであった[30]．しかし，2014年のTinyCoケースでは，幻想的なアプリケーションが子ども向けと認定された．「明るい色で，小動物や動物園の動物たち，小さい怪獣たちがアニメ化されたキャラクターで存在し，動物園やツリーハウス，おとぎばなしに影響をされたリゾートなどの内容」を含んでいたからであった[31]．TinyCoケースは，はじめてアプリケーションの外面上での見え方に重きをおいたものであり，ほとんどの一般人を対象としたサイトもこのような子どもっぽい要素をもち合わせているので，このケースの判断には問題がある．

　サイトを子どもが利用しているということを実際に知りながらという状況は，さまざまな場合に当てはまる．たとえば，自称子どもとしてユーザがコメントした場合などもその1つである．実際に知っていたことについて争われた例の非常に多くの場合は，子どもにサイトへの登録をさせない，年齢認証の仕組みを提供していた[32]．このような仕組みを提供していても，いくつかのケース

---

28)　*US v. W3 Innovations, LLC*, CV-11-03958-PSG (N.D. Cal. 2011); *US v. Bonzi Software, Inc.*, CV-04-1048 RJK (C.D. Cal. 2004).
29)　*US v. UMG Recordings, Inc.*, CV-04-1050 JFW (C.D. Cal. 2004).
30)　*US v. Jones O. Godwin, doing business as skidekids.com*, 1:11-CV-3846 (JOF) (N.D. Ga. 2011) (子どものためのFacebookやMyspaceという宣伝をしていた)
31)　*US v. Tiny Co., Inc.*, 3:14-cv-04164 (N.D. Cal. 2014).
32)　*US v. Path, Inc.*, 3:13-cv-00448-RS (N.D. Cal. 2013); *US v. Artist Arena, LLC*, 112-cv-07386-JGK (S.D. N.Y. 2013); *US v. RockYou, Inc.*, 312-cv-01487-SI (N.D. Cal. 2012); (US v. Iconix Brand Group, Inc., 09-CIV-8864 (S.D.N.Y. 2009); *US v. Sony BMG Music Entertainment*, 08 CV 10730 (LAK) (S.D.N.Y. 2008); *US v. Xanga.com, Inc.*, 06-CIV-6853 (SHS) (S.D. N.Y. 2006); *US v. UMG Recordings, Inc.*, CV-04-1050 JFW (C.D. Cal. 2004).

では，技術的なエラーが生じていたという場合もあった．たとえば，Yelp.comは，そのウェブサイトへの子どもの登録を排除していたが，関連するモバイル向けのアプリでは子どもの登録を可能にしていた[33]．このような技術的なミスについても，FTCはCOPPA違反を見逃さなかった．

実際に知っていたことに関する問題は，企業に二重の致命傷を与える可能性がある．子どもを登録させたことに関するCOPPA違反だけではなく，FTC法違反も問われる可能性があるのだ．通常，企業は，子どもの情報を一切収集しないことを約束しているからだ[vi]．子ども向けのウェブサイトは，単に13歳未満の子どもが登録できないことを宣言するだけでは，COPPAの責任を逃れることはできないのだ[34]．

改正された最新の個人に関する情報の収集の定義は，広範囲に及び，技術に関して中立的だ．どのようなタイプのしつこい識別トラッキングも含んでいる．たとえば，プラグイン，人気分析や広告サービスなども，それがたとえ消極的（受動的）に行われていたとしても含まれる．ユーザネームやインスタントメッセージの識別子，その他のコミュニケーションプラットフォームもすべて子どもたちと連絡を可能にするものとして，個人に関する情報に含まれる．

20世紀半ばの消費者保護規則をみてみると…

現在，20世紀において消費者に迫っていた危険性を想像するのは難しい．たとえば，靴を買う場合，靴が足にフィットしているかどうかをみるために，消費者は蛍光透視鏡（X線透視像がスクリーン上に写る機械）にさらされていたこともあった[35]．車にはシートベルトがなかった．引き戸は，ほとんどのものが安全ガラスではなかった．芝刈り機には，使用者がハンドルを手離すと自動的にエンジンが切れる機能がついていなかった．1950年代のはじめ，議会は，これらの危険性を回避するために多くの法を成立させた．これらの問題に関する議論は，今日の議論と一致する．たとえば，どの程度まで消費者教

---

33) *US v. Yelp Inc.*, 3:14-cv-04163 (N.D. Cal. 2014).
vi) ［訳注］解説部分を参照．
34) *US v. Bigmailbox.com*, 01-605-A (E.d. Va. 2001)（サイトは，利用するためには13歳以上であるか，保護者の同意が必要である旨を表示していた）.
35) Paul Frame, Shoe-Fitting Fluoroscope (ca. 1930–1940) (2010). を参照．

育がこれらの問題のリスクに関して解決をできるのか．製品を安全に使うのは，どこまでが消費者の責任なのか．消費者を保護するためにある種の技術を禁じたり，または他の技術を使うことを命令したりする構造的な介入は，イノベーションを抑制するのか，などである．

- 1953 年，燃えやすい生地の服によって深刻なやけどをするという事例に対処するために，可燃性生地法（Flammable Fabrics Act）が成立し，1967 年に強化された．
- 1956 年の冷蔵庫安全法（Refrigerator Safety Act）は，（子どもの閉じ込めによる窒息を防ぐために）冷蔵庫は中からドアを開けられる構造にしなければならないとした．
- 1960 年の内容物の警告表示法（Hazardous Substances Labeling Act）は，家庭で使用される化学剤に警告表示をするように義務づけた．
- 1962 年の全米交通自動車安全法（National Traffic and Motor Vehicle Safety Act）では，連邦政府が車の安全基準を規定できるようにした．
- 1972 年の消費者製品安全法（Consumer Product Safety Act）は，製品を利用することによって損害を受けるという不合理なリスクから消費者を守るという使命を負った消費者製品安全委員会（Consumer Product Safety Commission）という独立した行政機関を設立した．

消費者保護の規定が普及することにより，危険な製品は市場から姿を消していったり，より安全にデザインし直されたりした．消費者保護法が成功すると，問題ある製品，慣行，危険な製品に関する記憶は消えていってしまう．そして，その結果，消費者保護があって当然というようになってしまうリスクにさらされる．

　第三者によって受動的に行われるサービスによる収集まで，個人に関する情報の収集の定義に含むことは，議会の意図を超えているという批判もある．しかし，このように広い範囲のサービス，個人に関する情報までを定義に含んでいくことは，子どもの安全とマーケティングという二元的な議会の懸念を反映

しているといえる．COPPA の主眼は，見知らぬ人が子どもにコンタクトをすることを許す情報に関する懸念であり，よってユーザネームや子どもへの影響を操るマーケティングテクニックも COPPA に含んで規制することが正当化される．FTC は，ウェブサイトがたとえ特定のユーザの名前を明らかにすることができなくても，もしそのユーザを追跡できるのであれば，議会が異議を唱える方法で子どもを操作するものであるといえるとしている．

COPPA は，アメリカ国外でも適用され，子ども向けのサイトをアメリカ国外で運営するサイトも遵守しなければならない．また，アメリカ以外の子どもたち向けのサイトをアメリカ内で運営している場合も同様である [36]．

2.2.2　COPPA の保護

COPPA は，5 つのルールをサービスに課している——①そのサービスからデータを受け取るすべての者を特定して明記した明確なプライバシーポリシーを掲載しなければならない．②子どもからデータを収集する前に，保護者から同意を得なければならない．③保護者に収集した情報を閲覧してもらい，その利用に異議を申し立て，またその情報を第三者に利用させなくてもサービスを利用できるようにしなければならない（技術的に可能な限り）．④子どもに関するデータの収集量は限定しなければならない．⑤データの保持期間を限定し，合理的なセキュリティを保たなければならない．

また，COPPA は，子ども向けのサービス事業者に対して，上記 5 つの義務をベンダーや第三者 [vii] が遵守しているかどうかについて調べることも義務とした．COPPA は，サービス事業者に第三者について点検をさせ，ベンダーには結果的に COPPA を遵守するインセンティブを与えている．COPPA はこの方法で，他の管理体制下にある異なる事業者間のギャップを埋めている．この COPPA の課す義務は，他の情報プライバシーに関する法律，たとえば金融サービス近代化法（Gramm-Leach-Bliley Act: GLBA）や医療プライバシーに関する法律分野などのベンダやサービスプロバイダの責任問題の分野で注目を浴びている．

---

[36] 15 U.S.C. § 6501 (2); *US v. Playdom, Inc.*, SACV11-00724 (C.D. Cal. 2011)（被告側が，子どもに関するものも含めてアカウントをフランスの会社に移行させていた例）．

[vii]　［訳注］ここでいう第三者とは，ユーザーである子どもたちには直接接触しない，たとえば，他者の運営する子ども向けのサービスサイトにおいて事業を行う者をいう．

2.2.3　COPPA の通知義務

　COPPA の通知義務には，全般的なプライバシー通知とともに，子どもから情報を収集する前に保護者に対し特別に直接的な通知をしなければならないということが含まれている．通知は，「混乱と矛盾」を含まず，マーケティングや余計な内容を含んで読む人を惑わせることがないようにしなくてはならない[37]．

　全般的なプライバシー通知については，3つの義務がある――①すべてのサービスに係る「事業者」の身元を明らかにする．②事業者がどのようなデータを収集，利用，公開するのか説明しなければならない．また，サービスを利用することで，子どもが個人に関する情報を自ら公にすることをできるかどうかについても明らかにしなければならない．③保護者が個人に関する情報を閲覧でき，削除し，さらなる情報の収集，利用について拒否をすることができる旨を通知をしなくてはならない．

　保護者に対する直接的な通知は，子ども向けのサービスの態様に応じて以下の4つのタイプに分けられる――①子どもの個人に関する情報を公開するタイプ（たとえば，子ども向けのSNS）．②子どもに繰り返し連絡を行うタイプ．③子どもを保護するためだけに情報収集をするタイプ．④親の連絡先だけを収集し子どもの情報は収集しないタイプ（このタイプの場合は，直接通知は努力義務）．

2.2.4　保護者の同意

　親の監督または監視なしに子どもたちが，マーケッターやその他の者とやり取りすることがインターネット上では可能であるという懸念に対して，COPPA は子どもに関する個人の情報を収集，利用する前に，ウェブサイトは保護者に同意を得なければならないと規定している．FTC規則では，同意手続は，「現在の可能な技術によって，その同意が本当に保護者によるものであることが合理的に推定」されるものでなければならないとされている[38]．し

---

[37]　プライバシーポリシーとエンドユーザ向けの許諾書に記載されたプライバシーに関する条項が，「明確ではなく理解しにくく，そしてその情報利用に関して完全に明らかに記述をされていなかった」とされた（COPPA 規則で義務づけられているように）．*US v. Bonzi Software, Inc.*, CV-04-1048 RJK (C.D. Cal. 2004).

たがって，議会もFTCも，保護者の同意については，危険な使い方ができないメカニズムになっていると考えている[39]．

同時に，FTCは，インタラクティブなサイトについてはより保護者が関わる場面が必要であると考えている．そのため，個人に関する情報を公に公開したり，第三者に公開したりするようなSNSやその他のサービスは，一番厳格な同意システムを備えなければならないとしている．情報を事業者内での利用にしか用いないサービスに関しては，同意に関する負担を軽くしている．インタラクティブ性のないテレビと同様で，情報を共有しないサイトについては，保護者の同意は必要とされない．

COPPAが対象とするサイトは，想定されるリスクに応じて3つの層に分かれると考えるとわかりやすい．1つ目の層は，情報を第三者に公開するもの，たとえば行動ターゲティング広告を使用するものや子どもたちが自身で公に情報を投稿できるようなサービスである．この場合は，サービス事業者は正しく認証された保護者の同意を得なければならない．この層に対してFTCは，5種類の同意の取得方法を示している——①同意書の手紙郵送，FAX送信，またはスキャンしたものを送信．②金銭の支払いが生じている場合におけるクレジットカード番号．③いわゆるフリーダイヤルに保護者に電話をしてもらうこと．④ビデオチャットで事業者へ保護者から連絡をしてもらうこと．⑤政府発行の身分証で保護者の同意を認証．

2つ目の層は，サービスが子どもの情報を内部利用のみで行う場合である．この場合は，Eメールともう1つ何かという形で同意をとればよい．このような方法では，サイトは保護者へEメールを送り，保護者が連絡先の電話番号などの情報を添えてEメールに返信をすることで，同意を得ることができる．このような個人に関する情報の適切な内部利用には，サイトの運営，セキュリティなどのためのものだけではなく，コンテンツマッチ広告も含まれる．

一番リスクの低い層は，子ども向けのサービスではあるが，全く子どもに関する情報を収集しない場合である（内部の運営目的のために使用される継続的

---

[38] 16 C.F.R. § 312.5 (b).
[39] S. Hrg. 105-1069, 105 Cong. 2nd Sess. (September 23, 1988).（ピトフスキー委員長は，「私が一度以前に述べたように，FTCは広範囲な権限を持っているが，11歳の子どもが13歳であると偽るようなことに関してコントロールをすることについては，私たちにはどうしようもできない」と述べた）

な識別子は除く)．このような全くインタラクティブな動きのないサイトについては，保護者の同意を得る必要はない．もちろん，サイトはそのプライバシーポリシーに関して修正を加える場合は，その都度同意を得なければならない．

2.2.5　保護者のアクセス

第1章〔原著〕において議論された公正情報慣行（Fair Information Practice）モデルのとおり，保護者は子どもから収集されたある特定のタイプの個人に関する情報について説明を要求することができ，また実際の収集された個人に関する情報を閲覧することができる．

アクセスに関する伝統的な懸念事項として，セキュリティの問題がある．オンラインで連絡を取り合っているだけの，個人に関する情報を閲覧させている相手が本当にその相手であるのか，どのようにサービスはその確信をもてばいいのか．もし，アクセスの要求が情報漏洩またはID窃盗をもたらしたらどうか．サイトは，綱渡りをしなければならない．個人情報の要求者が法的に適正な者であることを証明するための手続を作らなくてはならない．しかし同時に，保護者にとってその証明するための手続が非合理的な負荷となってはならない．

2.2.6　過度な情報収集

事業者は，子どもたちが「同様のサービスを利用するために必要であると合理的に認められるよりも多くの個人に関する情報を提供」することなく，そのサービスを利用できるようにしなければならない[40]．この条項は，個人情報保護やオンライン安全の擁護団体，COPPA法案の立案者が，ゲームなどを使って子どもたちから個人に関する情報を引き出しているという現状に懸念を示したため，作られたものである．FTCは，この情報収集に関する制限を厳格に捉え，サービスの提供に必要のない情報の収集を禁止している．たとえば，景品等が当たる「Kids Club」というサイトを運営していた会社のケースでは，名前，住所，Eメールアドレス，誕生日の収集が，過剰な収集であるとされた．このケースの場合，会社が500人の子どもから情報を収集しながら，12個の景品しか提供をしていなかったことも考慮された[41]．景品が当たった子どものEメールアドレスと住所だけを収集することができたはずである．

---

40)　16 C.F.R. § 312.7.

上述した保護者のアクセスの権利の一部として，保護者は特定の情報収集や共有を拒み，サイトにデータの消去を求め，なおその後も子どもがそのサービスを利用し続けることを求めることができる[42]．もしその問題となった情報がサービスを運営する際に不可欠なものであれば，サービス側はその利用を終了させることができる．しかし，商業的な目的で「第三者」との典型的な情報共有ができないからといって，それはCOPPAの下では事業に不可欠とはいえない．よって，情報の共有を拒んでいる子どもの情報によって広告費を得られないというだけでは，その子どもの利用を終了させることはできない．

2.2.7　セキュリティと削除

　COPPAはサービスに対して，「子どもたちから収集した情報の機密性，セキュリティ，完全性を保持する合理的な措置」を講じなければならないとしている[43]．サービスは，サービスに関わるプロバイダと第三者がセキュリティを十分に保証するように，「合理的な手順」を踏まなければならないとしている．

　加えてFTC規則ではデータの保持期間について制限を設けている（情報が収集された目的を果たすために合理的に必要な期間のみ）．そして，そのデータは「合理的な方法」で消去されなければならない[44]．この規定は，オフラインで収集されたデータには適用されない．

　削除規定についてFTCが争ったケースが1つだけある．子どもたちを対象としたあるSNSサイトは，子どもたちがプロフィール作成をすることに関して保護者の同意を得られるまで，子どもたちのプロフィールを公開しないでいた．しかし，サイトは，保護者がアカウントの作成を拒否した（または同意や拒否がどちらも得られることがなかった）ものについて削除をすることをしなかった[45]．これが，COPPA違反とされた．

---

41)　*US v. American Pop Corn Company*, C02-4008DEO（N.D. Iowa 2002）. Girl Lifeケースも参照のこと．FTCは，7つの異なるサイトの動作について述べ，情報の収集が過度であるという包括的な見解を示した．*US v. Monarch Services, Inc., et al.*,AMD 01 CV 1165（D. Md. 2001）．
42)　16 C.F.R. §312.5 (a) (2).（「オペレーターは，第三者に子どもの個人に関する情報を提供することに同意しなくても，子どもの情報の収集，利用については同意をすることができるオプションをその保護者に提供しなければならない」）
43)　16 C.F.R. §312.8.
44)　16 C.F.R. §312.10.

2.2.8 執行

COPPA違反については，私人が法的措置を行うことはできない．アメリカ政府，FTC，業界ごとの規制当局（たとえば，金融規制当局，交通省，農業省さえもCOPPAの執行権限をもっている）によって法的措置が行われる．

自主規制を行っている団体として評判の高いThe Children's Advertising Review Unit（CARU）は，COPPAに関する事件を何度もFTCに報告している．

FTC内部の問題追跡システムでは，COPPA違反を6つのカテゴリーに分けている．1つ目は，全くプライバシーポリシーがないか，それが不完全または目立っていないもの，2つ目は，データがどのように使われるのか誤って伝えているもの，3つ目は，保護者の同意のための手段がなされていないもの，4つ目は，保護者が第三者とのデータ共有を拒否する機会を与えられていないもの，5つ目は，保護者が子どもの情報を閲覧することができないまたは保護者の要求どおりに情報が削除されていないもの，6つ目は，必要以上に情報を収集しているもの，である．

COPPAの執行は，通常明らかなFTC規則違反について行われる．たとえば，プライバシーポリシーに苦情に関する記載をしていなかったり，保護者の有効な同意を得ていなかったりするものである．これらのケースは，議論の余地のないものであり，それは委員の評決においても[viii]全く異議がないことからもわかる．COPPAのケースは，行政審判ではなくすべて連邦地裁において争われている．このことからも当局の執行に関する自信がうかがわれる．

FTCにおいてはじめてのケースは，どの分野においても懐柔的な警告となっている傾向があり，次第に懲罰的になる．FTCはCOPPAについては，はじめのころのケースから民事罰を課し，COPPA規則が施行された後に，収集された情報について削除することを命じた[46]．これらの民事罰は，2001年と

---

45) *US v. Industrious Kid, Inc.*, CV-08-0639 (N.D. Cal. 2008).

viii) ［訳注］「訳者解説」を参照．

46) *US v. Ohio Art Company*, FTC File No. 022-3028 (N.D. Ohio 2002); *US v. American Pop Corn Company*, C02-4008DEO (N.D. Iowa 2002); *US v. Lisa Frank, Inc.*, 01-1516-A (E.D. Va. 2001); *US v. Monarch Services, Inc., et al.*, AMD 01 CV 1165 (D. Md. 2001); *US v. Looksmart Ltd.*, 01-606-A (E.D. Va. 2001); *US v. Bigmailbox.com*, 01-605-A (E.D. Va. 2001). 等を参照．

2002年では平均3万ドル，2003年になると和解において10万ドルを課した[47]．2004年には，40万ドルをUMG Recordingsに対して課した[48]．2006年のXangaとの和解では，100万ドルを課した[49]．この会社は，13歳未満とされるユーザに関して100万以上のアカウントとプロフィールを作成していた．2011年のケースでは，300万ドルの罰金を徴収した[50]．

　子どもたちに個人に関する情報を掲載させたり，積極的にまたは過剰に情報収集を（GPS情報やユーザの電話帳など）行ったり，たくさんの子どもたちが関わっていたケースには，高い罰金が課されている．

　Xangaケース以来，FTCは企業の親会社をCOPPA違反の被告として争うことを始めた．データを所有またはコントロールをする者はCOPPAでは「オペレーター」とされ，共同で責任があるとされているからである．FTCの方針としては，親会社が運営に参加している，支援しているまたはCOPPA規則違反を知っていた場合に限って，親会社を被告として争うとしている．はじめはCARUを通じて企業にCOPPAを遵守することを促させ，そしてCARUにFTCへケースを報告させることで，規則違反をしていることを知っていたという十分な証拠を作るのである．

　FTCは，2013年7月1日に施行された最近の改正COPPA規則に基づいた執行は行っていない[ix]．しかし，当局は多数の書簡を携帯電話アプリケーション開発事業者などに送っており，そこでは新しい規則の定義に関して注意を促している．1つの公開された目立った書簡としては，中国に拠点をおくアプリケーション開発事業者へ向けたものがある．この事業者は，詳細なGPS情報を子どもから取得し，広告事業者とその情報を共有しているものである[51]．この書簡は，Googleにアプリケーションストアからこのアプリを一時的に配布停止にさせることをもたらした．

---

47) *US v. Mrs. Fields Famous Brands, Inc.*, 203 CV205 JTG (D. Utah 2003) ($100,000); US v. Hershey Foods Corporation, 4CV-03-350 (M.D. Pa. 2003) ($85,000)．
48) *US v. UMG Recordings, Inc.*, CV-04-1050 JFW (C.D. Cal. 2004)．
49) *US v. Xanga.com, Inc.*, 06-CIV-6853 (SHS) (S.D. N.Y. 2006)．
50) *US v. Playdom, Inc.*, SACV11-00724 (C.D. Cal. 2011)．
ix) ［訳注］原著は，2015年発行のため，それまでの情報．
51) Letter from Maneesha Mithal, Associate Director, Division of Privacy and Identity Protection, FTC, to BabyBus, December 17, 2014.

2.2.9 COPPA セーフハーバー

COPPA では，事業者はセーフハーバープログラムに参加し，認証を受けることができる．セーフハーバーの要件を満たしているサービスについては，COPPA を満たしているとみなされる．

本質的には，COPPA セーフハーバープログラムは，自主規制である．しかし，ある一定の要件を満たさなければならず，それは FTC によって監督されるので，自主規制のみの場合に発生する病理に悩まされることがない（第1章〔原著〕の自主規制に関する議論を参照）[52]．加えて，COPPA の成立前，主な業界団体が子どものプライバシー保護について支持を示したため[53]，参加企業は少なくとも子どもの保護が重要であるということに同意をしている．このコンセンサスによって，COPPA の自主規制は信頼性があり，多くの参加者の賛同を得たものとなった．

COPPA セーフハーバープログラムでは，最低でも COPPA 規則と同様の厳しい条件をサービスに課さなくてはならない．セーフハーバープログラムでは，1年に一度サービスが条件を遵守しているか評価をしなければならず，条件を満たしていない場合は懲戒的な処分を行わなければならない．FTC は，COPPA セーフハーバープログラムを調査する．この調査には，パブリックコメントの機会を設けることも含まれ，FTC はその提出から6か月以内にその判断を下す．これまでに，FTC は一握りのプログラムしか承認をしていない．

2.3 プライバシー保護法令としての COPPA

COPPA は，プライバシー保護法令としては広く批判されている．保護対象が13歳未満の子どもたちに限定されていること，保護者同意の負担，匿名に対する効果，保護者とウェブサイトの責任のバランスは，しばしば批判の対象となる．

しかし，もっと根本的な問題は，COPPA が子ども向けのウェブサイトに対

---

52) Ira S. Rubinstein, *Privacy and Regulatory Innovation: Moving beyond Voluntary Codes*, 6 I/S J. L. POL. 355 (2011). を参照．
53) S. Hrg. 105-1069, 105 Cong. 2nd Sess. (September 23, 1988) (testimony of Jull A. Lesser, Director, Lawand Public Policy, America Online, Inc.).

して要求している内容にある．あるプライバシー擁護団体は，テレビのようなx)ものをオンラインでも使用させたいと主張する．彼らは特に，広告とウェブサイト自身の内容の混同に関して懸念を示している．また，他の者は違う角度から主張する．COPPAによって作り出されたものは，子ども向けのサイトをテレビのような一方向のメディアにかえてしまうリスクがあるという．

しかし，COPPAを遵守したサイトは，テレビや土曜の朝のアニメより問題である．子どもたちを買い物に夢中にさせてしまうのである．たとえば，とても人気のあるCOPPA遵守のサイトの1つでは，子どもたちは，ペットのように海鳥を洋服やアクセサリーなどで着飾らせることができる．このサイトは，子どもたちにモールで買い物をさせ，その海鳥に非常に豪華な装飾をさせることを訓練させているようだ．

2.3.1 なぜ13歳か

前述のように，COPPAでは16歳まで保護者の同意を求めることを課す案もあった．実際，インターネットの利用に関して高年齢の子どもまで保護者の同意を必要とする法案は，保守的な人たちには魅力的であった．保守的な人たちは，COPPAとポルノに反対するthe Child Online Protection Act[54]の2つの法令により，わいせつなものや性的なもの，生殖に関わるもの，中絶などの情報への子どもたちのアクセスをやめさせることができると考えていた．この観点からは，保護者の同意は子どもをコントロールする手段となる．表現の自由擁護団体は，すぐにこの可能性を指摘し，青少年の自由にとって有害であると主張した．表現の自由を擁護する立場からは，進化や論争となる読みものについて学ぶことなどにも，保護者の同意を要件とする先例を作ることに強く反対意見が出された．

---

x)〔訳注〕 原文は，Public Broad Service（PBS）類似のという表現であり，PBSはアメリカの公共放送のことを指す．

54)「未成年に対して有害な内容を含んだ，Word Wide Webを利用した，州際または国際的な，未成年が自由に関わることができる商業的コミュニケーションを，故意にまたはその内容の特徴を知りながら実施する者を対象に」，罰金と軽罪に対する制裁の規定を作った．Pub. L. 105-277, 112 Stat. 2681-736.

この法律は，Am. Civil Liberties Union v. Mukasey, 534F. 3d 181（3d Cir. 2008)．において，表現の自由の下では無効であるとされた．

パーツシューク委員長の消費者保護規制に関する教訓

　マイケル・パーツシューク委員長は，FTC の歴史の中でもっとも優れたリーダーの 1 人である．彼は，イェール大学ロースクールで教育を受け，連邦地方裁判所にてロークラークとして勤務し，法律事務所で働き，そして 15 年間連邦議会で働いた．1970 年代は消費者の権利が拡充された時代であり，その時代に彼は上院商務委員会の主席カウンセルであった．その経験を通して，彼は消費者保護における専門的な知識をたくさん得た．

　パーツシュークは，論争が多くあった時代に FTC のリーダーであった（第 2 章〔原著〕を参照）．1982 年の彼の著書『規制への抵抗 (Revolt against Regulation)』で，政府の規制に関する新しい懐疑論から学んだことを説明している [55]．彼は，消費者擁護団体へ向けて消費者規制に関する 7 つの教訓を示している．

- その規則は，実行可能な限り最大限市場のインセンティブと調和をしているか
- 救済措置が機能するか
- 選択された救済措置は，達成すべき目的に矛盾せずに，法令遵守のためのコストを最小化しているか
- 規則から消費者または競争が受ける利益は，そのコストを遥かに上回るか
- 規則または救済措置は，競争に悪影響を及ぼさないか
- 規則が，消費者の福利に矛盾することなく最大まで，情報を与えられた消費者の選択の自由を残しているか
- その問題がどこまで連邦政府の介入に適しているのか，中央の行政基準の修正に適しているのか

　ワシントンに関する回顧録は，たいがい歩み寄らない「官僚」の失敗とともに「ワシントンの改革」を語るものが典型的である中，パーツシュークの本は異例であった．パーツシュークは，消費者保護は効果的かどうかという根本的

---

55) MICHAEL PERTSCHUK, REVOLT AGAINST REGULATION (1982).

> な質問について答えを出そうとしていた．そして，彼の経験からは（たとえば限られたものであっても）費用対効果分析は価値があるということが明らかであるとしている．

　思春期の未成年は，性的な行動について実験を繰り返す．シェリー・タークル教授がいうには，彼らは性的関心をオンラインで探求する．それは，実際に対面では人に会わないので，より安全な場所であるともいえる場合もある[56]．このような場合，思春期の未成年は，放っておいてほしいと考えるが，COPPA では保護者からの秘密は許されない．プライバシーとともにオンラインの安全確保の手段として成立した COPPA は，保護者によるプライバシー侵害を想定していない．

　精神的に助けがほしい 10 代の若者が，オンラインの緊急ホットライン，たとえばチャットやインスタントメッセージサービスを利用する際，COPPA では保護者の同意が必要なため，利用が遅らされてしまうということが起こりうる．加えて，保護者は COPPA のアクセスに関する権利を利用して，子どもがそのサービスをどのように利用しているのか知ることもできる．市民的自由の擁護者たちは，子どもたちはオンラインでのプライバシー保護が必要であるが，同時に彼らはある一定のうっとうしい保護者からのプライバシーも必要であると指摘する[57]．

　市民的自由の擁護者による批判は，間違いかもしれない．COPPA は，商業的なサービスのみに適用されるので，ほとんどの場合非営利目的の機関は，安全に子どもから個人に関する情報を収集しながらも，単に COPPA に服する必要がなく[58]，または営利目的であっても個人に関する情報を集めないようにサイトをデザインし，生殖医療に関する情報，うつ病，中絶に関する情報を提供することはできるからである．

---

56) SHERRY TURKLE, LIFE ON THE SCREEN (1995).
57) Bryce Clayton Newell, Cheryl Metoyer, & Adam D. Moore, Privacy in the Family, THE SOCIAL DIMENSIONS OF PRIVACY (Beate Roessler & Dorota Mokrosinska, eds., 2015); Benjamin Shmueli & Ayelet Blecher-Prigat, *Privacy for Children*, 42 COLUM. HUM. RTS. L. REV. 759 (2011).
58) 非営利組織が機能上営利組織として運営されている場合は，除かれる．（第 4 章と，*FTC v. California Dental Association*, 526 US 756（1999）を参照）

2.3.2 COPPA遵守に2つの方式しかないという問題

　COPPAが課す義務，特に保護者の同意要件から逃れるため，多くのサービスが子どもによるサービス利用を禁止している[59]．議会は，保護者の同意については妥協点を全く提供していない．個人に関する情報に関して非営利な内部利用に関してまで，「Eメールと何か」という形での同意をとることで同意要件を満たすというFTCの許容度は，なかなか厳しいものがある．結果として，サイトはCOPPAの要件をすべて取り込むか，または全く子どもたちがサービスを利用していないというフリをするかのどちらかとなってしまっている．

　COPPAは，ソーシャルネットワーキングや個人に関する情報を公開するようなことを行わないサービスなども含む，非常に多くの種類のサービスに適用される．結果として，COPPAは家族の連絡手段ともなっているEメールやインスタントメッセージサービスの子どもたちの利用を禁止する．

　このような制限は，多くの理由からとても不幸なことである．まず，保護者は，サービスが利用できるように，子どもたちに利用に際して年齢を詐称することを教えるかもしれない[60]．次に，インタラクティブなサービスはとても魅力的であるため，たとえ保護者に教えられなくても，子どもたちは年齢について嘘をつくかもしれない．さらに，嘘をついてサービスを利用している子どもたちは，大人と同様にしかオンライン上は保護されない．よって，ときに悲惨な結果を招く．携帯出会い系アプリのSkoutは，13歳から17歳までの限定のサービスを展開したが，サイト側の努力も虚しく，3人の子どもたちが10代と偽ってサイトを利用していた大人によって攻撃を受けた[61]．Consumer Reports誌は，「20万人の未成年がFacebookを利用しており，7.5万人またはその3分の1が13歳未満で本当はそのサイトを利用できない子どもたちである」としている[62]．

---

59) Jules Polonetsky & Omer Tene, *Who Is Reading Whom Now: Privacy in Education from Books to MOOCs*, VAN. J. ENT. TECH. L. (2014).
60) Danah Boyd, Urs Gasser, & John Palfrey, *How the COPPA, as Implemented, Is Misinterpreted by the Public: A Research Perspective*, Berkman Center Research Pub. 2010–12 (April 29, 2010).
61) Nicole Perlroth, *After Rapes Involving Children, Skout, a Flirting App, Bans Minors*, N.Y. TIMES, Jun 12, 2012.

保護者の同意は，サービス側にも保護者にも荷が重く，それは効果的ではない．保護者の同意は，子どものプライバシーと安全のためにはほとんど意味がないと考えられる．たとえば，子どもと偽って Skout アプリを利用していた大人から子どもたちを守ることができなかった．この場合，COPPA が保護者の同意を確認する努力を，大人を未成年向けのサービスから排除することに向けていたら，もう少し効果的な結果を残していたのかもしれない．Facebook はこのことに気づき，利用者の怪しい行動についてフラグを立てるシステムを開発した．たとえば，Facebook は，複数の 10 代の若者に連絡をとっている成人男性についてフラグを立てる[63]．なぜなら，それは未成年に対する略奪の徴候かもしれないからである．

　COPPA の最も効果的な部分は，データ収集の制限とデータの営利的利用の制限である．広告は，プライバシーに関連してよく問題となるものであるが，それ以上に子どものプロフィールの集合体が問題である．行動ターゲティング広告よりもコンテンツマッチ広告に重きをおいた保護やデータの削除要求が子どものプロファイリング問題を軽減すると考える．すべての 18 歳未満に対するサービスがこのような義務を負い，保護者の同意に関しては未成年が自分のプロフィールを他人がみえる状態にするサービスを利用する場合にだけ活用されることとすれば，子どもたちはより現実的に充実したプライバシー保護を受けることができるのではないか．

2.3.3　保護者の同意と匿名性

　保護者の同意の確認メカニズムでは，暗黙的にウェブサイトの利用者を識別しており，またこの識別はとても信頼性が高いということに，プライバシーと表現の自由の擁護団体は懸念を示している．このような同意のメカニズムの利用が広がることにより，アイデンティティの識別がより正確になり，その識別の信頼度も上がる．このウェブ上での匿名性の問題は，1999 年からあったが，最近は，行動ターゲティング広告によりそのときよりさらに一層，ウェブサービスによる識別性があがっている．Facebook や Google は，非常にたくさん

---

[62] Consumer Reports Mag., That Facebook Friend Might Be 10 Years Old, and Other Troubling News（n.d. 2011）.
[63] Joseph Menn, *Social Networks Scan for Sexual Predators, with Uneven Results*, REUTERS（July 12, 2012）.

の認証されたユーザをもち，容易に彼らを識別し，広告表示と解析システムを通じて，ウェブ上のあらゆるところでユーザを追跡している．Facebook や Google にログインしていない時さえも[64]．年齢認証も匿名性の問題をはらんではいるが，それ以外の匿名性に関する脅威の方が COPPA で問題とされていること以上に非常に深刻である．

2.3.4 保護者と政府の役割

　第2章〔原著〕で議論したように，FTC が子どもに対するテレビ広告を規制した際は，非常に多くの反発を買った．COPPA も，同様に家庭のことに政府が口出しをしているといった同じような懸念を生じさせた．ワシントン DC の市民的自由の擁護団体コミュニティでは特に，保護者責任の必要性，消費者教育の必要性，COPPA 以外の選択肢として標的を絞った執行などが批評家たちによって主張された．もっと全般的には，批評家は COPPA の費用対効果分析を求めている．

　この政府の介入が過保護であるという FTC に対する批判については，多くの問題点がある．まず，ほとんどの保護者は，子どものインターネット利用に関して監視することを政府に手伝ってもらえることを，おそらく歓迎するであろう．テレビと同様に，インターネットに接続された機器は，子どもの面倒をみてもらうのに多くの場合は便利である．しかし，テレビとは異なる予測不可能なリスクをもつ点でテレビより悩ましい．

　オンライン上でのやり取りにおいて子どもが被害を受けるリスクを横暴にも認めない批評家もいる．実際，そのような事件は極めて稀であるという調査報告もある[65]．問題は，このような例が稀であったとしても，子どもの被害に関する逸話は政治の場面では非常に強い力をもつ点である．子どもの安全擁護団体は，略奪者たちは，よく気が付き，やる気満々で，子どもを犠牲者にすることに組織的でさえあるとする[66]．保護者は，いちいち子どもの人生のすべ

---

64)　たとえば，実名登録が義務である Factbook などのサイトの利用者は，個人が識別可能な形で，Facbook の Like ボタンがあるウェブサイトにおいて広範囲に渡って，トラックをされる．
65)　DANAH BOYD, IT'S COMPLICATED: THE SOCIAL LIVES OF NETWORKED TEENS (2014).
66)　*US v. Paul*, 274 F. 3d 155 (5th Cir. 2001): 政府によると，Paul は E メールで児童ポルノの消費者に対して，どのように機能障害を患っている片親を選び，その子どもたちにコンタクトし，"メキシコにいる子どもたちに会いに行こう" といった誘いにうまくのせることができるかについて，アドバイスも行っていた．

てにおいて監督はできない．COPPA のような保護は，オンライン上で子どもがトラブルに巻き込まれるリスクを軽減する．

次に，保護者と市場に任せようという議論は，COPPA 以前の歴史を無視している．The Center for Media Education（CME）は，1996年のレポートで，巧みな（広告等に関する）テクニックはわずかな者たちによって使われているのではなく，評判の高い企業なども含めて広く利用されているとした．古きよき広告は，子どもにとっては百害あって一利なしなのである．

最後に，費用対効果分析では，COPPA は過剰なコストを課しているとされ，ユーザの能力を伸ばし教育をすることのほうがより費用対効果が高いといわれることがしばしばある．しかし，このような能力を伸ばしたり教育をしたりすることにいったいいくらかかるのであろうか．費用対効果分析の必要性を主張する者は，このような費用を計算しておらず，その主張が繰り返されようとも，その擁護者によって広く普及されようとも，特に論理的に厳密ではない．

費用対効果分析を支持する者は，サービスが法令遵守のために負うコストは計算するが，取引コストや COPPA が存在しない場合に保護者が背負わなければならない計り知れない負荷を考慮していない．COPPA なしの世界では，十分なプライバシーとセキュリティを保証する負荷が保護者にシフトする．保護者は，子どもたちを守るために利用規約を日々読み続けることになる[67]．このようなことが，プライバシー保護を促進するとは考えられない．保護者がすべてのサイトのベンダやサービスプロバイダについて点検をする能力をもっているはずがない[68]．

ユーザ教育が規則による規制よりコストがかからない選択肢であるということについては，定かではない．教育は，お金がかかる．実際，よい教育は高い．しかし，このコストについては，COPPA の費用対効果分析評論家によって計算されたことがない．

---

[67] Aleecia M. McDonald & Lorrie Faith Cranor, *The Cost of Reading Privacy Policies*, 4 I/S J. L. POL'Y INFO. SOC'Y 543, 564 (2008); George R. Milne, Mary J. Culnan, & Henry Greene, *A Longitudinal Assessment of Online Privacy Notice Readability*, 25 J. PUB. POL'YMARKETING 238, 243（2006）（どんどん長く複雑なるプライバシーポリシーについて，利用者はプライバシーに関する選択を行うために，8頁もの文書を，利用するサイトごとに読まなければならない）．

[68] 一般的には James P. Nehf, *Shopping for Privacy on the Internet*, 41 J. CONSUMER AFF. 351（2007）を参照．

さらに，教育は完璧ではない．教育にはたくさんの穴ができる．教育では伝わらない，または伝えることに失敗することもある．教育が失敗すると，ユーザはリスクを負い，プライバシーに関して間違った選択をすることになる．

よって，正しい費用対効果分析をするとすれば，たくさんのサイトについて点検をしなければならない何万人もの保護者のコストを，子どものデータを使って利益を得ているサービス自身にCOPPAは移転させるものであると評価することになるであろう．サービス側は，自身のサービス，ベンダーの動きについて調査，監視することに関して，保護者よりもよっぽどやりやすい立場にいる．換言すれば，COPPAは，これらのコストをサービスプロバイダに内在化させたといえる．

2.3.5 教育技術業界とCOPPA

生産性を高め，生徒が先生とオンラインで連絡がとれるようにするために，国中の私立，公立学校で，「クラウド」サービスが利用されている．しかし，多くのクラウドサービスの本当の目的は，広告を行い，個人のプロファイルを作成し，彼らが作成するコンテンツを読み取ることである．これらの目的は，広がりある自由な教育目的とは相容れない．

これらのサービスは，COPPAや連邦教育権およびプライバシー法（Federal Education Rights and Privacy Act of 1974: FERPA），その他の法を遵守しなければならない[69]．COPPAの同意問題に取り組むために，FTCは学校に保護者の代わりに同意を与えることを許可している．しかし，学校が行える同意は，情報の内部利用と学校での利用目的だけである．サービスは保護者の同意なしには，行動ターゲティング広告，ユーザのプロファイルを作成することなどを含んだ商業的利用はできない[70]．

フォーダム大学法の情報政策センター（Fordham University's Center on Law and Information Policy）は，学校の採用しているクラウドサービスにおいて，COPPA違反が続出している旨を2013年の報告書で述べている[71]．この報告書，十分に資金のある学校データマネージメントシステム（In-

---

[69] Jules Polonetsky & Omer Tene, *Who Is Reading Whom Now: Privacy in Education from Books to MOOCs*, VAND. J. ENT. TECH. L.（2014）．

[70] カリフォルニア州法律では，明示的に教育技術を使って生徒のプロフィールを寄せ集めることを禁止している．Cal. Bus. & Prof. Code § 22584. を参照．

Bloom xi)）におけるプライバシー問題 72)，教育技術マーケットに関する高まる期待が契機となり，The Future of Privacy Forum が Student Privacy Pledge を 2014 年 10 月に行った．数か月後，オバマ大統領は，200 を超える業界をリードする企業とともに，Student Privacy Pledge を支持した．The Student Privacy Pledge は，たとえば，生徒のデータを絶対に売らない，行動ターゲティング広告を使用しない，データの保持期間の制限をする，収集されたデータの利用についてその目的を制限することなどプライバシーを重視することを約束するものである 73)．それは多くの教育技術業界が FTC 法 5 条で規制されることに合意する契機となることで，COPPA を補完している．

2.3.6　失われた研究の機会

　COPPA 規則が施行されてから 15 年が経った．規則は，多くの要求をウェブサイトに対して課したため，プライバシーに関する法機能の自然のテストベッドが構築された．しかし，COPPA に関する学術的な研究は，その法形成過程の歴史と同じくらい薄い．これは，COPPA 遵守サイトとそうではないサイトの比較研究の機会を逸したことを意味する．実現していれば，プライバシー関連の法律の効率についての識見を得られたであろう 74)．COPPA について知られていることは，たくさんの子ども向けのサイトが COPPA 遵守をしていないということである．2015 年の Global Privacy Enforcement Network の簡単な調査では，31 パーセントの子どもを対象としたウェブサイトが，「個人に関する情報の収集の制限を保護的にコントロール」しており，41 パーセントの規約が「満足でない」状態であった 75)．同日に発表された報告書では，

---

71)　Joel Reidenberg, N. Cameron, Jordon Kovnot, Thomas B. Norton, Ryan Cloutier, & Daniela Alvarado, *Privacy and Cloud Computing in Public Schools*, Center on Law and Information Policy（2013）.
xi)　［訳注］　InBloom は，アトランタに拠点をおく NPO．生徒の教育に関する情報についてクラウドを利用して保持，共有し，教育の効率，効果を高めようとしていた．
72)　Jules Polonetsky&Omer Tene, *The Ethics of Student Privacy: Building Trust for Ed Tech*, 21 INT'L REV. INFO. ETHICS 25（July 2014）.
73)　Jules Polonetsky&Omer Tene, The Ethics of Student Privacy: Building Trust for Ed Tech, 21 INT'L REV. INFO. ETHICS 25（July 2014）.
74)　はじめのころ一度だけ Annenberg Public Policy Center によって行われた調査がある．JOSEPH TUROW, ANNENBERG PUBLIC POLICY CENTER, PRIVACY POLICIES ON CHILDREN'S WEBSITES: DO THEY PLAY BY THE RULES?（2000）.

子ども向けの携帯アプリケーションは，46パーセントが「プライバシー規約がApp Storeからダイレクトリンクで読むことができる」状態にあったとしている[76]．

2.4 結論

　プライバシー擁護団体は，子どものプライバシーは，成人のプライバシー規制にも転用して適用できると考えるかもしれない．しかし，そうはいかない．COPPAは，サービスオペレーターからは，負荷が高すぎるとみられているからである．サービスは，完全に子ども向けであるということを認めて法令を遵守するか，または子どもをサービスから排除しようとする傾向にある．このことは，子どもたちに魅力あるインタラクティブなサービスを利用されるために彼らに嘘をつかせることを訓練してしまい，子どもたちを大人と同様の保護のレベルにおいてしまっている．

　半分プライバシー保護の役割があり，半分セキュリティ保護の役割のあるCOPPAの起源は，議会とFTCに子どものオンライン経験を完璧なものとさせるような規則を作らせた．しかし，それは不可能なことである．子どもを標的にした略奪者は，根気よくずる賢いため，子どもにはいつもリスクがつきまとう．

　より弱いCOPPAが子どもたちのリスクを軽減させてくれると考えるのは直観に反するかもしれない．COPPAのプライバシー保護の本質は，その同意に関連しない条項にある．たとえば，データ取得，利用，保持に関する制限である．サービス側に，ベンダーと第三者に対してその実施とセキュリティについて調査する責任を課すことは，消費者がプライバシー規約に基づいてその保護を考える制度より，遥かにプライバシー保護に優れている．

　保護者の同意の完全性に目を向けないこと（または同意条項を全く作らない）が，COPPAの中の他の思慮深い条項を青少年向けのサイトに適用させるための蓄えとなるはずである．しかし残念なことに，FTCは保護者の同意要件についてさらに厳しくする方向に動いている．もしかしたらそれは，データ

---

75) GLOBAL PRIVACY ENFORCEMENT NETWORK, RESULTS OF THE 2015 GLOBAL PRIVACY ENFORCEMENT NETWORK SWEEP（2015）．
76) Kristin Cohen & Christina Yeung, *Kids' Apps Disclosures Revisited*（2015）．

を保持する期間がどれくらいかなどの微妙な問題より，FTC のスタッフが，テストを通して評価できる同意メカニズムを監視するほうが簡単だからかもしれない．

第 3 章　情報セキュリティ

　情報セキュリティは，組織にとって挑戦的でコストのかかる問題となっている．セキュリティに手を抜いたり，セキュリティの欠陥のコストを他者に転嫁したりする財務上のインセンティブは常に存在する．組織がセキュリティに関するインシデントを自ら公表しない限り，規制当局，消費者，他の企業は，セキュリティを欠いた慣行の責任をインシデントを引き起こした組織に帰することができない．

　「セキュリティ」への訴えかけは，政治討論において特別な地位を享受しており，政治討論において多くの人々は，セキュリティが非政治的で，価値中立的な善きものだと思っている．より適切にみると，セキュリティへの訴えかけは，消費者による製品の使用法をコントロールするであるとか，消費者をサービスに囲い込むといった，奥底にある政治的または経済的な目標を覆い隠してしまう可能性がある[1]．ある人々にとってのセキュリティの促進は，他の人々にとってのセキュリティの欠陥を生み出す可能性がある．第 4 章では，この問題に焦点を当て，いかにさまざまな企業が自らの知的または物的財産のセキュリティを確保するために，顧客のコンピュータにソフトウェアをインストールすることにより，その反面で顧客のセキュリティを損ねているかを論じることにする．

　製品およびサービスのセキュリティの欠陥に関する問題に対処するために，FTC の情報セキュリティの執行は，企業が個人情報を扱う際に負うことになる一連の責任を課している．FTC は，全体として，セキュリティを欠く要素が欺瞞的または不公正か判断するために，組織セキュリティ慣行全体を分析する．職員の技術者の増大に伴って，FTC の情報セキュリティの執行は，技術的に複雑になり，特定の技術が組織の中でどのように実装されているのかにつ

---

[1]　David D. Clark, John Wroclawski, Karen R. Sollins, & Robert Braden, *Tussle in Cyberspace: Defining Tomorrow's Internet*, 13 (3) IEEE/ACM TRANS. NETW. 462 (June 2005).

いて事細かに調べるようになった[2]．

　プライバシーポリシーはしばしば非常に曖昧に書かれているため，特定のセキュリティの欠損について責任を負うことができないことから，FTC の欺瞞的行為の規制権限は，情報セキュリティに関する問題を取り締まるうえで完全な手段ではない．それゆえ，執行の初期においては，FTC は，セキュリティの欠陥を取り締まるために，不公正な行為の規制権限に依拠した．しかし，2010 年までに，FTC は欺瞞理論を用いる戦略に回帰し，セキュリティに関するあらゆる言明を──「［われわれは］あなたのデータおよびパーソナルアイデンティティを保護するために創り出してきたイノベーションを誇りに思っている」といった気休めの言明ですらも──消費者に合理的なセキュリティ慣行を保証するものと解釈するようになった．すなわち，今日の情報セキュリティに関する問題は，欺瞞的行為の理論に訴えかけているが，しばしば不公正な行為理論が当てはまる事件としての性格も有している．FTC は，製品のセキュリティについて不正確な表示をする企業に対して，虚偽広告の規制権限を行使することもできる．

　少なくとも当初は，情報セキュリティに関する問題は，FTC がオンラインのプライバシーを取り締まるうえで，論争の余地のないものであった．セキュリティの執行は，当時の FTC 委員長のムリスによって掲げられた「実害に基づく」アプローチと合致するものであった．大部分の情報セキュリティ事件に関する判断は──セキュリティに関する議会での FTC の証言ですら──，委員会のメンバーの全員一致によって支持された．FTC は 50 件以上ものセキュリティに関する執行を実現してきた．そのうち，金融機関に対する執行については，第 5 章で論じる．

　だが，近年では，情報セキュリティに関する問題はより論争的になっており，被審人は，公式のデータ・セキュリティ規則の不在により，適正手続を剥奪されたと主張するようになっている．批判的な論者は，データ・セキュリティの侵害は，個人に実害を与えておらず，FTC はデータ・セキュリティの侵害を取り締まるために不公正な行為の規制権限を用いることができないとも主張している．この論争の大部分は，データ侵害を経験した企業に対する FTC の追求に由来している．一部の人にとっては，企業はしばしば悪意のあるハッカー

---

2) David C. Vladeck, *Charting the Course: The Federal Trade Commission's Second Hundred Years*, 83 Geo. Wash. L. Rev. ___ (2015).

に攻撃されてきたことから，データ侵害をした企業を訴えることは被害者を罰しているようにみえる．だが，2015 年に，第 3 巡回区連邦控訴裁判所は，企業は以前の FTC の声明および他の企業に対する同意命令によりセキュリティの要請について公正な告知を受けていたとして，FTC が情報セキュリティ事件において不公正な行為の規制権限を行使することを支持した[3]．

これらの批判を受けて，2014 年に FTC は 4 対 0 の委員の多数で，情報セキュリティを取り締まることへのコミットメントを再確認し，FTC のアプローチの「試金石」は合理性であることを強調する声明を公表した．FTC の 50 番目のデータ・セキュリティの執行の機会に公表された声明は，「企業のデータ・セキュリティの手段は，自社が保有する顧客情報のセンシティブ性および量，事業の規模および複雑性ならびにセキュリティを促進し脆弱性を削減するために利用可能な手段のコストに照らして合理的かつ適切なものでなければならない」と述べた[4]．合理性のアプローチは，14 年前に書き上げられた諮問委員会の報告書に起源を見出すことができ[5]，金融機関へのセキュリティ・セーフガードのルールに反映されている（第 5 章参照）．

本章は，情報セキュリティを公共財として理解する枠組みを提示する．企業と政府はともに情報セキュリティに過小投資し，セキュリティの欠陥のコストを他者に転嫁する傾向がある．セキュリティは集合行為問題にも悩まされている．というのも，ネットワークを運用し，ソフトウェアを開発しまたはサービスを提供する主要なアクターが，相反するビジネス上のインセンティブを有しており，あるいは，ときにセキュリティの欠如から利益を得る立場にあるからである．セキュリティの公共財としての側面は，決済サービスの文脈で説明される．このような見地から，本章は情報セキュリティに関する事件を論ずる．FTC は，情報セキュリティの課題に野心的で積極的な姿勢をとり，ハッカーが個人情報を引き出すことを許してしまうという，ありふれた脆弱性を抱えたウェブサイトのような，被害を発生させる可能性のあった技術的問題を積極的

---

[3] FTC v. *Wyndham Worldwide Corp.*, No. 14-3514, 2015 WL 4998121 (3d Cir. August 24, 2015).

[4] FTC, Commission Statement Marking the FTC's 50th Data Security Settlement, January 31, 2014.

[5] FTC, FINAL REPORT OF THE FTC ADVISORY COMMITTEE ON ONLINE ACCESS AND SECURITY, May 15, 2000.

に追求してきた．

3.1 インセンティブの相反と情報セキュリティ

なぜ市場は，経済的に，セキュリティを欠いた製品，サービスおよび当事者間の関係を生み出してしまうのだろうか．ロス・アンダーソン教授は，多大な影響を与えた2001年の論文で，競争市場においてすら，セキュリティを欠いた製品がセキュリティを備えた製品を駆逐する傾向にあることを明らかにした[6]．アンダーソンは，その理由について，企業が先行者利益を追求するからだと説明している．企業は，セキュリティに欠陥のある製品であったとしても，市場に最初に参入すれば，セキュリティを備えた製品によって後から市場に参入するよりも有利な立場になると知っている．さらに，利用者にとってセキュリティの評価は困難である．なぜなら，セキュリティの判断には専門知識が必要であるのみならず，消費者にとってセキュリティは価格やデザインほど重要ではないからである．セキュリティの欠陥は，隠れた安全上の瑕疵であり，結局のところ，何か問題が顕在化してはじめて，あるいは，インターネットの場合には，多くの人々が問題を暴き出そうと試みてはじめて，明らかになる．実際，セキュリティの瑕疵は，それが発見され対処するのが困難になるに至るまで何十年にもわたり安全だと想定されていたシステムに広く存在する可能性がある．

アンダーソンは，企業が製品およびサービスにセキュリティを実装する場合，それは単に，デジタル著作権管理技術のようなものを通じて，リスクを他者に転嫁するために，価格差別を可能とするために，または顧客を囲い込むために行われるにすぎないことも多いと主張している．彼は，法も技術もそれだけでは，セキュリティの問題を解決できないだろうと結論づけている．むしろ，「情報セキュリティの管理は，通常理解されているよりも，遥かに深淵でより政治的な問題である．多くの単純化された技術的なアプローチは失敗する運命にある一方で，解決法は，巧妙で部分的なものとなりがちである．技術者，経済学者，法律家および政策決定者が共通のアプローチを築くべき時が到来したのである」．アンダーソンの主張に整合する形で，本書は，セキュリティを，

---

[6] Ross Anderson, *Why Information Security Is Hard - An Economic Perspective*, Proceedings of the Computer Security Applications Conference (2001).

技術的な問題に加えて，政治的および経済的な問題として位置づける．それらの諸力のすべてが，インターネット商取引の深刻かつ永続的な問題であるクレジットカード決済のセキュリティをめぐる論争に示されている．

3.1.1 決済分野における体系的なセキュリティの欠陥とコストの外部化

FTC の情報セキュリティ問題の主要な焦点である現代のクレジットカード決済システムは，アンダーソンが描き出した病理の多くを示している．決済システムのほとんどが，セキュリティよりもスピードと利便性を優先している．消費者は自ずと最も便利な決済機構に群がることになる．したがって，責任あるセキュリティ手段を導入する企業は，より迅速だがセキュリティの点で劣る競合他社に市場を奪われてしまう．

3.1.2 セキュリティを欠いたアカウントの創設

将来を予言するかのように，最初の効果的なクレジットカードのキャンペーンは，セキュリティに関する悪しき決定のおかげで成功した．1958年，申し込まれていないにもかかわらず，有効なカードとして，バンクアメリカカードが何千人もの消費者に郵送された[7]．ほとんどすぐに詐欺が問題となった．このことがきっかけとなり議会は，貸付真実法（Truth-in-Lending Act）を制定し，本人の承諾を得ていない購入について消費者の支払う損害賠償額の上限を 50 ドル（今日の価値に換算して 300 ドル）に設定した（主要なクレジットカードのネットワークはこの 50 ドル分の損害賠償の請求も差し控えた）[8]．だが，カード会社にとってより重要だったのは，大量のカードを消費者の承諾を得ずに郵送する手法が成功したことだった．それからまもなくして，他の発行人がこの方法をまねることになった．

ライオンまたは子羊としての FTC

FTC はあまりにも峻厳で，米国経済を攻撃する，ならず者機関だと主張す

---

[7] JOSEPH NOCERA, A PIECE OF THE ACTION: HOW THE MIDDLE CLASS JOINED THE MONEY CLASS (1994).

[8] 15 U.S.C. §1643; JAMES B. RULE, PRIVATE LIVES AND PUBLIC SURVEILLANCE: SOCIAL CONTROL IN THE COMPUTER AGE (1974) も参照．

> る論者がいる一方で[9]，議会はときに FTC を企業に対してあまりにも寛大であるとして批判してきた．民主党と共和党は同様に，このような甘言を弄してきた．実際，約 10 年ごとに，任命書または報告書は，FTC はより構造的な事件に注力すべきであり，不必要な手続を除去すべきであると結論づけてきた．これらの良識ある勧告は，実現することが困難であると明らかになった．その理由の一部は，FTC が将来性のある構造的な課題に取り組むと，一方の批判者である議会の機嫌を損ねてしまうことによる．
>
> より広い意味では，国家の成功は民間部門の繁栄と結びついているので，FTC は「反企業的」な立場をとろうとはしない[10]．FTC の指導層は，FTC は経済を抑制することなく職務を遂行すべきだと理解している．このような理解の典型例は，1959 年に消費者会合で「われわれは，商人が大胆不敵にも法の回避を考えすらしないくらい手厚く連邦の警察官を配備することができただろう．そうすれば，公衆は完全に保護されたであろう．われわれの政府のシステムとわれわれの自由を除いて何も盗まれなかっただろう」と演説したアール・キントナーに見出すことができる[11]．

銀行が詐欺のコストの一部を外部化する方法を見出したことにより，そして，銀行にとってカードの申込を慎重に審査するよりも，迅速に新たな顧客を獲得するほうがより経済的であることにより，カード発行におけるセキュリティの欠陥は持続した．筆者は，いかになりすましが行われたのか研究するために，なりすまし犯罪（identity theft）の実際の被害者への調査を実施した．その結果，「なりすまし犯罪の 6 名の被害者に関する 16 件のカード申込を分析すると，最も根本的な詐欺対策の方法は，詐欺師が被害者になりすまそうとした際にしでかした誤りを押さえることであったと明らかになった．たとえば，[研

---

9) ハシンは，FTC は 1970 年代に企業ではなく，反企業的で FTC を大企業への攻撃に利用した消費者活動家に捕らわれてしまったと主張した．彼女は，FTC，上院商務委員会，消費者団体を結び付ける「鉄のトライアングル」を描き出した．BERNICE ROTHMAN HASIN, CONSUMERS, COMMISSIONS, AND CONGRESS: LAW, THEORY, AND THE FEDERAL TRADE COMMISSION, 1968-1985 (1987).

10) CHARLES E. LINDBLOM, POLITICS AND MARKETS: THE WORLD'S POLITICAL-ECONOMIC SYSTEMS (1977).

11) FEDERAL TRADE COMMISSION, OPENING REMARKS OF CHAIRMAN EARL W. KINTNER AT THE FTC'S CONFERENCE ON PUBLIC DECEPTION, December 21, 1959.

究対象の5名の]詐欺師は誤った生年月日と州により発行されていない無効の運転免許証番号を用いていた」と明らかにした[12]．

3.1.3 決済システムにおける構造的なセキュリティの欠陥

新たなクレジットカード口座の開設に伴う問題に加え，決済システム自体のセキュリティの欠陥という問題がある．今日の決済システムは，いまだに，さまざまな加盟店で何百回も繰り返し同じクレジットカード番号を用いる消費者に依存している．1回限りの請求番号またはPINといった，より複雑な暗号論的アプローチを導入する代わりに，決済会社は，契約を通じて，より大きな秘密保持義務を加盟店に課してきた．

決済カード産業データ・セキュリティ基準（PCI DSS）として知られる，この種の契約による安全措置は，遵守するのが困難で，また，決済会社がカードを取り扱う加盟店にリスクを転嫁することによって，コストのかかるインフラの改善を回避することを許してしまう．市場に任せるアプローチは，このような目的にとって適したものかもしれないが，ほとんどの加盟店がクレジットカードによる購入を取り扱うことに売上を完全に依存していることを考慮しなければならないだろう．さらに，決済産業は，実質的にPCI-DSSを3つの立法に取り入れさせた．州議会は，PCI-DSSと同様のルールの遵守を要求する州法を制定してきた[13]．

構造的な脆弱性は，加盟店を失敗に追いやることになる．この脆弱性は，FTCの最も論争的な情報セキュリティ事件のいくつかを招くことになる．加盟店は，広く知られた番号を秘密にしておくという果てしない無駄な仕事を生み出す安全措置を遵守するために奮闘している．（カードが機械に通されたわずかな間ですらも）カード番号が暗号化されていなかったとすれば，番号を入手することができるので，安全措置にもかかわらず，賢いハッカーはカード番号を知る方法を見出してしまう．一旦データが不正に取得されてしまったら，加盟店は公衆にセキュリティ侵害を通知しなければならない．その際，州の司法長官，そして，ときにFTCは，加盟店の責任を追及する．銀行と決済会社

---

[12] Chris Jay Hoofnagle, *Internalizing Identity Theft*, 13 UCLA J. L. Tech. 1 (Fall 2009); Nicole Samantha Van Der Meulen, Fertile Grounds: The Facilitation of Financial Identity Theft in The United States and The Netherlands (2010) も参照．

[13] Minn. Stat. §325E. 64; Nev. Rev. Stat. §603A. 215; Rev. Code Wash. §19. 255. 020.

は，問題を加盟店のセキュリティに帰するものとして位置づけることに成功してきた．結果として，FTC は構造的なセキュリティの欠陥に関する問題から遠ざけられてしまった．批判的な再評価が行われれば，問題の焦点は，決済システムの構造，そして，セキュリティの欠陥を生み出してきた根底にあるインセンティブへと引き戻されるだろう．

　クレジットカードのシステムは，特定の購入者が個人として現れ，トークン（クレジットカード）を持ち歩き，署名とおそらく身分証明書によって自らがカードを用いる権限を証明するであろうことが想定される物理的な決済空間において発展していた．だが，遠隔販売は，このモデルのセキュリティ上の想定を無効にしてしまった．この想定が無効になった時期，決済は依然として大部分が，消費者が何百回または何千回もの取引に同じ単一の番号を用いるシステムによって行われていた．

　この数十年間，決済会社はより安全な代替手段を試してきた．だが，結局は，より簡便または迅速な代替手段を用いる競合他社が市場において勝利する．たとえば，Visa と MasterCard はどちらも，ウェブ上の取引の安全性を確保するためのパスワード・システムを採用していた．このシステムは洗練されておらず，消費者がパスワードを忘れてしまった場合には，消費者はより安全ではない別のカードを使用するだけに終わってしまうようなものであった．したがって，両クレジットカード会社およびより安全なシステムを用いていなかった加盟店は，ひとりでに，より多くの売上げを獲得できるだろう．

　もう 1 つの例は，トークンのセキュリティである．欧州および英国では，消費者は「チップ・アンド・PIN」のクレジットカードおよびデビットカードを発行される．この種のカードはより安全で高価なトークンである．チップ・アンド・PIN カードは，消費者に個々の取引の認証のために短いパスワードの入力を要求する．米国の決済会社は 2015 年まで，チップ・アンド・PIN の採用に抵抗し，ようやく，PIN の要求を落とす形で，「チップ・アンド・署名」として採用した．その理由として，決済用の端末は交換にコストがかかり，ほとんどの端末はチップ・アンド・PIN カードに対応できないと主張された．本当の理由はスピードだった．チップ・アンド・PIN 取引はより時間がかかり，消費者が PIN を忘れてしまうリスクを冒してしまう．市場のインセンティブは，本来はよりセキュアな技術をセキュリティの欠いた形で実装するよう仕向けたのである．

3.1.4　消費者のセキュリティに関する意思決定

　セキュリティの欠陥は，ビジネス慣行の産物だけに起因するものではない．利用者は，自身の情報のセキュリティを確保し，思慮のあるセキュリティに関する意思決定をなすことに大きな困難を抱えている．よりセキュアなシステムよりも利便性を優先させる選好を含む利用者の行動は，セキュリティの欠陥の一因となっている．

　セキュリティの欠陥に寄与している利用者の行動に焦点を当てることにより，コーマック・ハーリーは，2009年の論文で，「利用者が受け取るセキュリティ上のアドバイスを拒絶することは，経済的観点からは完全に合理的である．セキュリティ上のアドバイスは，利用者を攻撃の直接的コストから守る手立てを示しているが，利用者にさらなる間接的コスト，あるいは外部性の負担を求める．直接的コストは，概して間接的コストに比べ小さいので，利用者はアドバイスが提示する取引を拒絶する．セキュリティの欠陥による犠牲に遭うことは希で，1回限りのコストを課すにすぎないのに対して，セキュリティ上のアドバイスは万人に適用され，継続的なコストを課すため，結局のところ，負担はそれが解決する問題を上回ることになる」と説明した[14]．それゆえ，ハーリーは，利用者を怠け者であるとか愚か者であるとレッテル張りすることはできないと結論づけた．むしろ，基本的なセキュリティの取組みのためのコストは，犠牲者となりうる小さなリスクを回避する便益を上回るのである．

　FTCは，利用者がセキュリティ問題の源泉の1つであると認識しているようにみえるし，消費者が（重要なセキュリティ上のアドバイスに違反して）複数のサイトでパスワードを使い回す傾向があるという問題に言及すらしている．それゆえ，利用者のパスワードを漏洩するウェブサイトは，漏洩された利用者のパスワードがそれ以外の多くのサービスの鍵を破ることが見込まれるため，大きな被害を引き起こすことになる．

3.1.5　公共財としての情報セキュリティ

　ディーダー・マリガン教授とフレッド・シュナイダー教授は，規制上のおよび経済的な資源をセキュリティの促進のために投入することを正当化する有用

---

[14] Cormac Herley, *So Long, and No Thanks for the Externalities: The Rational Rejection of Security Advice by Users*, NSPW Oxford（2009）．

な根拠を提示した．両教授によれば，セキュリティは，公衆衛生と同様に，公共財なのである[15]．彼らは，予防接種の例を用いて，個人的に合理的な行動が公衆全体に破壊的な帰結を招く可能性があるがゆえに，公衆衛生が集合行為問題を克服するために何らかの強制を必要とする所以を説明する[16]．特に，人々が予防接種により免疫を得るためには，ほとんどすべての人が予防接種を受けていなければならない．だが，予防接種を受けないことに決めた個人は，このような集合的な免疫の保護を掘り崩すことになる．そのような個人にとって，予防接種を避けることは，他の人々が免疫をもっていることによる便益を依然として享受できる限りにおいて，合理的である．

　セキュリティ対策は高価または不便なので，被害を他者または公衆に転嫁することにより，ある人は合理的に何らかのセキュリティの警戒を避けるかもしれない．初期の事例としては，暗号その他の安全な決済手順が高価であった頃の脆弱なクレジットカードの決済のデータ保護をあげることができる．セキュリティ侵害を他者に通知する義務はないため，侵害が発覚する可能性は低く，データが盗まれた場合には，銀行および他の加盟店が責任をとってくれたので，セキュリティ対策の節減は加盟店にとって有意味なものだった．

　同様の力学は，分散サービス拒否（DDOS）攻撃にも見出せる．DDOS は，他の電子サービスへのアクセスを不可能にするためにハッカーが多くの他人のコンピュータを乗っ取った場合に発生する．DDOS 攻撃により，悪意のあるハッカーは何らかのインターネット接続を通じたサービスを一時的に遮断して，企業に費用をかけさせたり，政府に死活的な機能を果たすための能力を費やさせる可能性がある[17]．DDOS から身を守るためには，すべての利用者がウィルス対策ソフトを実装し，アップデートする必要がある．この要求は高価で不便なものとなる可能性があり，それを遵守しないコストは第三者が背負うことになる．

　情報セキュリティの公衆衛生的な理解は，いくつかの利得をもたらす．第 1

---

15) Deirdre K. Mulligan & Fred B. Schneider, *Doctrine for Cybersecurity*, 140 (4) DÆDALUS 70 (2011).

16) TOM SLEE, NO ONE MAKES YOU SHOP AT WAL-MART: THE SURPRISING DECEPTIONS OF INDIVIDUAL CHOICE (2006) (giving the example of littering as an individually rational behavior that is perverse on a societal level).

17) John Markoff, *Before the Gunfire, Cyberattacks*, N.Y. TIMES, August 12, 2008.

に，公衆衛生の視点は，セキュリティの規制および執行の費用便益分析の射程を拡張させる．それは，セキュリティの欠陥に伴う多様なコストを勘案し，それらのコストが，システムのセキュリティを確保するか否かの決定に関与していない他の主体に転嫁されうることを認識させる．それは，またセキュリティの欠陥を，相反するインセンティブを調整するために介入を必要とする集合行為問題として捉える．第2に，公衆衛生の視点は，セキュリティに対する変化に富んだアプローチを支持する根拠を提示する．そのアプローチの大部分は懲罰的なものではなく予防的なものである．第3に，公衆衛生の概念は，FTCに，集合的被害に対する介入を支持する根拠を提供するとともに，強力な経済的主体がセキュリティ問題を是正しうる場合に，私的秩序の対処に委ねることを可能にする．この見解においては，決済データのセキュリティの欠陥は，悪事や消費者が支払う犠牲を是正する場合にのみ介入が行われるという留保の下に，市場に委ねられるのが最善かもしれない．

3.1.6　インターネット上のセキュリティ・リスクは物理空間のセキュリティ・リスクとは異なる

インターネット上のセキュリティ問題は，物理世界のリスクとは異なる．第1に，インターネット上では，何者かが偶然にセキュリティ侵害を引き起こし，そのことに全く気づかない可能性があるのに対して，物理世界では，そのような偶然の侵害による被害はより気づきやすい．

第2に，インターネット上のセキュリティ侵害は，物理世界のそれとは文化的に異なっている．ネット上の侵害は，単にシステムのセキュリティに興味をもっているだけの人々によって引き起こされることがある．彼ら「ハッカー」は，データを盗んだり被害を引き起こそうとする害意をもつことなく，他人のシステムを回避できるかどうか確かめ，あるいは，いかにコンピュータ・システムが作動するのか調べることを望んでいるかもしれない．別の侵入者は，利益のためにデータを盗もうとしており，悪意をもっている．また他の侵入者は，愉快犯として楽しみのために，システムに侵入し，利用者のデータを晒すことを望んでいる．問題は，彼らの主観的意図にかかわらず，コンピュータへの侵入は被害を引き起こすことである．コンピュータについて調べるためにコンピュータを探る，罪のない「ホワイト」ハッカーですらも，システムの所有者に深刻な頭痛を引き起こす．そのような出来事に悩まされる企業は，侵入者の主観的意図を判断することができないし，意図にかかわらず，侵入者がアクセス

した，そして，盗む可能性のあったデータを評価しなければならない．

　最後に，攻撃者の動機にかかわらず，インターネット上の攻撃は，非常に大きな規模で自動化され，ほとんど発覚したり阻止されたりするリスクなしに実行されうる．このような性質は，インターネット上のセキュリティ・リスクを物理世界のそれと異なるものにしている．もし誰かが一晩の間，自分の車に鍵をかけないでいたとしても，車上荒らしの機会は誰も気づくことがなかっただろうし，鍵のかかっていないドアへの攻撃が拡がったりしなかっただろう．一方，インターネット上では，多くの異なった動機をもつ無数の人々が，鍵のかかっていないドアや割れ窓を探して，継続的にネットを調べている．インターネットの独特の力学によって，ウェブサイトにおける小規模な，そして一時的な脆弱性ですらも，非常に発見されやすくなっている[18]．

3.1.7　セキュリティの欠陥の救済手段としての不公正理論

　以上の経済的な諸要素が織り合わさって，情報セキュリティに対処するための実行的な理論として不公正理論に注目が向かっている．第3章〔原著〕で示したように，多数の個人への小規模な被害は「実質的な消費者の損害」を構成しうる．消費者は，セキュリティ侵害により，当惑，詐欺請求[19]，さらにストーキングのような損害を被る可能性があるし，実際に被っている．

　セキュリティ侵害が損害を発生させないと主張する人々は，セキュリティ侵害に起因するいくつかのコストを無視している．第1に，詐欺請求が消費者に向けられる．銀行および加盟店は，詐欺請求のコストは数千億ドルに上ると見積もっている．第2に，消費者はそのような請求を争うための取引コストを負う．第3に，さまざまな侵害が多様なリスクを生み出す．当座預金口座またはデビットカードにアクセスされることは，クレジットカード番号が盗用される

---

18) Peter Swire, *A Model for When Disclosure Helps Security: What Is Different about Computer and Network Security?*, 3 J. TELECOM. HIGH TECH. L. 163 (2004).

19) 多くの消費者は詳細を精査することなく，受け取った請求を支払っているので，詐欺請求にも支払ってしまうことになる．このことの証拠は，詐欺師が単にカードに請求し，誰が異議を申し立てなかったのかを確かめるだけのビジネスモデルをとっている，未取得の口座番号のテレマーケティング事件等に見て取ることができる．たとえば，*FTC v. Ideal Financial Solutions, Inc. et al.*, 213-cv-00143-MMD-GWF (D. Nev. 2013) (消費者と関係をもっていなかった会社が，消費者に少額の請求を繰り返して，計2500万ドルを請求し，返還を妨げるために入り組んだ紛争手続を引き起こした) 等を参照．

場合よりも，消費者にとってより大きな問題となりうる．FTC または金融サービス法に熟知した弁護士ではない消費者は，消費者保護の取組みにおいて配慮されるべき個人である．一般消費者は金融支払取消規制に熟知していたりはしないだろう．

　セキュリティ侵害の犠牲者は，知り得ぬ動機をもった何者かによって自らの個人情報が保有され，詐欺または恐喝に悪用され財産的被害を受けるかもしれないという不安を抱えて生活しなければならない．情報の公表（訪問したウェブサイトまたは購入した商品といった基本的な情報の公表ですら）も，消費者を深く困惑させる可能性がある．医療分野においては，他人に何らかの形で自身の重病の治療歴や精神医療の受診歴を知られる可能性を避けようと，治療を受けなかったり，自ら治療しようとする人々も少なくない．重病または精神医療に関する個人の診療に関するウェブ閲覧履歴データの公表もまた，それらの診療記録の漏洩とまさしく同じくらい損害を与えうる．

　セキュリティ侵害は競争または消費者に便益をもたらさないので，セキュリティ侵害により発生する損害は正当化されない．セキュリティ事件は，FTC があらゆる競合企業に共通する慣行を抑制するために介入しうる古典的な事例である．

　最後に，消費者は企業のセキュリティ慣行を評価し，より注意深い企業を選択することができないので，セキュリティの欠陥は避けることができない被害である．消費者はしばしば，なじみのある多くの企業のうち，どの会社がセキュリティ問題の主体なのか選り分けることすらできない．なぜなら，多くのセキュリティを欠いた慣行は競合するあらゆる企業に共通しており，消費者は代替手段を選択することができないからである．

3.2 情報セキュリティに関する事件

　FTC の有する欺瞞的行為の規制権限は，セキュリティ問題にうまく対処していない．第 1 章で説明したように，最初に欺瞞が問題となった事件は，明確な約束と明らかな違反を含んでいた．セキュリティの約束は，しばしば「合理的」な配慮の一般的な保証という形式をとっており，それほど明示的なものではない．しかも，セキュリティに関する不正は，非常に多様なので，企業は不正を避けることを具体的に約束しようとはしない．FTC が直面した初期のセ

キュリティ事件である 2002 年の Eli Lilly 事件を取り上げてみよう [20]．製薬会社が，非常に有名な抗うつ薬であるプロザックに関するウェブサイトおよびメーリングリストを運営していた．サービスを終了するにあたり，製薬会社はメーリングリストの約 600 名の利用者にその旨の通知を送信したが，その際，すべてのメールアドレスを「宛先」(To:) 欄に並べてしまった．その結果，すべての登録者に自分以外のすべての登録者のメールアドレスが送られることになった．アメリカ自由人権協会は FTC にこの問題に対処するように訴え，すぐ 6 か月後には，FTC は全会一致で Eli Lilly 社に同意命令を発することを決定した．

この問題を取り締まるために FTC はいくつかの難題に直面した．まず，2001 年にメールアドレスが漏洩した時点で，メールアドレスが個人情報にあたるか否か明らかではなかった．初期のメールアドレスは数字の束であり，個人化されていなかったのである．

第 2 に，Eli Lilly 社はウェブサイトの機密を保護するために SSL (Secure Sockets Layer) 技術を利用することについて曖昧な約束をしていたが，利用者のメールアドレスをメールの宛先欄に記載しないと具体的に約束したわけではなかった．しかし，FTC は，同社の曖昧なプライバシー・ポリシーは約束に当たると判断した．FTC は，同社が「Prozac.com および Lilly.com のウェブサイトを通じて取得された消費者からの，または消費者に関するプライバシーおよび個人情報の機密性を保持し保護するために，状況に応じて適切な手段を採用し措置を講ずる」と解釈した [21]．FTC は，漏洩は，内部統制の維持の失敗，訓練の欠如，従業員の監督の欠如および試験の欠如といった，いくつかのセキュリティの欠損に起因すると判断した．

こうして，FTC の最初のセキュリティに関する事件は，FTC にたくさんの文言をプライバシー・ポリシーとして解釈することを要求した．FTC は，メーリングリストとも，機密とも無縁な，単なるセキュリティ技術に関する言及によって，同社が責務を負うことが示唆されると認めた．最初の情報セキュリティ事件は，どちらの理論が適用されるのか特定することなく，不公正および

---

20) *In the Matter of Eli Lilly and Company*, FTC File No. 012 3214 (January 18, 2002).
21) 第 3 の論点も存在しえた．すなわち，食品医薬品局 (FDA) がイーライリリー社の漏洩を取り締まるべきではないのか．答えは否であるようにみえる．FDA が製品の表示を取り締まる一方で，FTC は製品の広告を取り締まるからである．同社のサイトは広告目的での宣伝サイトにみえた．

欺瞞の両方の理論を援用した．

3.2.1　SQLインジェクション

Eli Lilly事件に続いて，FTCは，ハッカーがクレジットカード情報を窃取することを可能にしていた，ありふれたセキュリティの脆弱性に焦点を当てた．それは，SQL (Structured Query Language) インジェクションである．SQLインジェクション攻撃において，ハッカーは企業のデータベースをだまして，そのコンテンツのすべてを漏洩させる．SQLインジェクションは，2000年代初頭にみられた問題だった．というのも当時は，悪意をもった主体が多くのウェブサイトに対して，脆弱性を露わにするか挑戦をしかけることができたし，一旦脆弱性が露わになったら，当該ウェブサイトで利用されたすべてのクレジットカード番号を素早く窃取することができたからである．

2003年に始まる一連の同意命令において，FTCは，SQLインジェクション問題は非常によく知られているので，サイトがそれに対する保護措置をとらないことは，不公正または欺瞞的であると論じた[22]．それらの事件は，ウェブコマースの黎明期に生じたので，FTCはしばしば，プライバシー・ポリシーの中に，取引のためにクレジットカード番号を入力することへの利用者の不安を取り除くための言明を見出すことができた．たとえば，ペトコ事件では，サイトは「お客様は決してご自身のクレジットカード情報の安全性についてお悩みになる必要はございません．」と述べていた[23]．このような言明は，SQLインジェクションが生じた場合に，FTCが欺瞞理論を用いるのを正当化することを容易にした．

3.2.2　セキュリティ侵害の通知

セキュリティ侵害の通知に関する州法は，FTCの情報セキュリティ事件の次なる局面を形作った．2002年にカリフォルニア州は，一定のセキュリティ

---

[22] *In the Matter of Genica Corporation (d/b/a Computer Geeks Discount Outlet and Geeks.com)*, FTC File No. 082 3113 (February 5, 2009); *In the Matter of Life is good, Inc.*, FTC File No. 072 3046 (January 17, 2008); *In the Matter of Guidance Software, Inc.*, FTC File No. 062 3057 (November 16, 2006); *In the Matter of CardSystems Solutions, Inc.*, FTC File No. 052 3148 (February 23, 2006); *In the Matter of Guess?, Inc.*, FTC File No. 022 3260 (August 5, 2003).

[23] *In the Matter of Petco Animal Supplies, Inc.*, FTC File No. 032 3221 (November 8, 2004).

侵害について消費者への通知を要求する州法を制定した[24]．州法は 2003 年に施行されたが，それが全米で注目されるようになるのは 2005 年になってからであった．

　2005 年にデータブローカーの ChoicePoint 社が，セキュリティ侵害を受けた．犯罪者らが事業者を装って同社のサービスにアクセスしたのである[25]．犯罪者らは他人の身分を窃用するために同社のサービスを悪用したとされている．同社は侵害について調査したが，当初はどれだけ多くの個人に影響が及ぶのか把握することができなかった．Choice Point 社が情報販売産業の先進企業であり，企業認証の専門家であったことを踏まえると，このことは悩ましい問題であった．同社は当初このインシデントを類例のない初の事案として公表したが，数週間のうちに記者らが類似した事実をもった同社へのセキュリティ侵害の先例を発見してしまった[26]．同社はより直近の侵害についてカリフォルニア州の住民に対してのみ通知すると公表した際に（それ以外の人々に通知することは法的に要請されていないというのが理由であったが），メディア対応の観点で 2 度目のへまをしでかしてしまった．Choice Point 社の不器用な対応は，他州の司法長官や立法者に，なぜ自州の住民は通知を受け取ることができないのか疑問を抱かせることになった．また，このことをきっかけに，カリフォルニア州法の模倣が促され，今や 47 州に加え，コロンビア特別区，グアム，プエルトリコ，ヴァージン諸島が，セキュリティ侵害の通知に関する州法を有している[27]．

　一般に，セキュリティ侵害の通知を定める法は，企業に，クレジットカード番号，社会保障番号および運転免許証番号という列挙されたトリガー・データと組み合わされた氏名への権限のないアクセスについて，消費者に対し通知す

---

24)　Joseph Simitian, *How a Bill Becomes a Law, Really*, 24 (3) BERK. TECH. L. J. 1009 (2009).

25)　*US v. ChoicePoint Inc.*, 1:06-cv-00198-GET（N.D. Ga. 2006）．チョイスポイント社は後に買収されレクシスネクシス・リスクソリューションズ社として再出発した．

26)　David Colker&Joseph Menn, *ChoicePoint CEO Had Denied Any Previous Breach of Database, Derek Smith described a recent leak as 'the First Time' Despite an Earlier Scam Case*, LOS ANGELES TIMES, March 3, 2005（「少なくとも 7000 件もの Choice Point 社の記録がアクセスされ，検事によれば，少なくとも 100 万ドルの不正購入を生み出した 2002 年の事件において，詐欺アーティストの 2 人組が有罪宣告を受けた．」）．

27)　NATIONAL CONFERNNCE OF STATE LEGISLATURES, STATE BREACH NOTIFICATION LAWS（January 12, 2015）.

ることを要求しており，さらに，規制当局および／または報道機関に対しても通知を要求することもある．いくつかの州は，トリガー・データを，医療情報，生体認証識別子（biometric identifier），パスワード，さらに署名も含める形で拡張している．窃取されたデータが暗号化されていた場合には，企業は通知を行う義務を免除される．したがって，セキュリティ侵害の通知を定める法は，トリガー情報を収集することを控えるか，それを暗号化するか，または氏名が他のトリガー情報から分離されるように，トリガー情報を技術的に分離する，強力なインセンティブを作り出している．

　セキュリティ侵害の通知を定める法は，FTC の執行にとってターゲットに富んだ環境を作り出した．無線ネットワークで決済情報を送信していた小売業者から一連の大規模なセキュリティ侵害が発生した．これにより，ハッカーは業者の送信を傍受し，業者のネットワークに侵入できるようになった．店舗に立ち入らずに，ネットワークに侵入できることすらあった．

　FTC は，無線ネットワーク攻撃の標的となった BJ's Wholesale [28]，ディスカウント靴店の DSW [29]，TJX 小売チェーン [30] の 3 社に対して行政審判を行った．3 社に対する FTC の措置は，以下の理由により重要であった．第 1 に，3 社は攻撃の被害者であった．不法行為法上は，一般に，個人は第三者の犯罪行為に対して責任を負わない．だが，3 社の事件および後の事件において，FTC は，データの保有者は個人情報を犯罪者から保護する責任を負うと判断した．銀行が顧客の預金を銀行強盗から保護しなければならないとの同様に，FTC は，企業に消費者をデータの窃用または悪用から保護する義務を課したのである．そして，データが保有される場合はどこにおいても，当該データについて，この責務が課せられることになる．たとえば，後の事件において，鍵をかけた車からコンピュータを盗まれた従業員らは，持ち運び可能なメディア上に暗号をかけずにデータを保持していたとして，FTC 法 5 条に違反するとされた．だが，セキュリティ侵害の被害者であった企業らは，FTC の調査により 2 度目の被害を受けたと感じた．

　第 2 に，2005 年の DSW 事件において，FTC は，一連の問題のあるセキュリティ慣行は，「全体として」，個人情報に対する十分な水準のセキュリティを

---

[28]　*In the Matter of BJ's Wholesale Club, Inc.*, FTC File No. 042 3160（September 23, 2005）.
[29]　*In the Matter of DSW Inc.*, FTC File No. 052 3096（December 1, 2005）.
[30]　*In The Matter of The TJX Companies, Inc.*, FTC File No. 072 3055（March 27, 2008）.

提供していたとはいえない，とはじめて表明した．この事件は，慣行の組み合わせにより不公正というラベルを貼ることが明示的に正当化された多くのセキュリティ事件の最初のものとなった．後の諸事件において，FTC は，セキュリティを欠いた諸慣行は，被審人がセキュリティへのコミットについて何らかの言明を行っていた場合には，たとえそれが曖昧なものであったとしても，「全体として」，欺瞞的だとラベルを貼ることになる．

　最後に，不公正が問題となる場合には，FTC は，セキュリティ侵害による**消費者**への実質的な被害を立証しなければならない．そして，そのことが私人の申立人がセキュリティの欠陥を理由に企業を提訴することを妨げてきた．不公正に当たるか判断する際には消費者への実質的な被害のみを考慮するとの合衆国法典第 15 編 45 条 n による制限の下で，おそらく FTC は，詐欺請求による銀行の損失を根拠として援用することはできない．執行において，FTC は，実質的な消費者の被害は，決済口座へのアクセスを喪失し，自身のクレジットカードを再発行しなければならないことに起因する，機会喪失のコストと少額の自己負担コストにより発生していると主張してきた[31]．そして，TJX 事件では，新たな運転免許証または社会保障番号を申請する不便さも実質的な消費者の被害の要因に加えられた．

3.2.3　セキュリティ・ルールが形成され始める

　セキュリティ侵害事件は，FTC に，情報システムに対する，よりルール型の声明を発せさせるきっかけとなった．Reed Elsevier/Seisint 事件では，脆弱な認証プロセスゆえに，権限をもたない人々が企業のデータブローカー・サービスにアクセスした．審判開始決定書は，攻撃者は権限をもつ利用者のユーザネームおよびパスワードを推測することができたと示唆した．というのも，Seisint 社は，伝送暗号（SSL）を用いておらず，類似または同一のユーザネームおよびパスワードが使用されることを許容し，顧客は 90 日ごとにパスワードを変更する必要がなく，そして，同社の顧客は共通のログイン用認証情報を用いていたなどの根拠があったからである．FTC はこれらの慣行は全体として不公正であると結論づけた．

　Seisint 事件は，FTC の審判開始決定書が，90 日ごとのパスワード変更要求

---

31)　*In the Matter of CardSystems Solutions, Inc.*, FTC File No. 052 3148（February 23, 2006）.

122　第 3 章　情報セキュリティ

のような，セキュリティのためのルールを定めているかのようにみえた最初の例であった．この事件に関する実務家の解釈は，FTCにより特定されたパスワード・ポリシーのすべてが，不公正であると判断されるのを避けるうえで義務的なものであると結論づけるかもしれない．しかし，不公正であると判断されたのは，単一の慣行ではなく，問題のある慣行の組み合わせであった．

自由市場と消費者保護

　何十年にもわたり，FTCは，もし市場が自由に作用することを正しく許されたなら，消費者問題は政府の介入なしに解決されるであろうとの批判を受けてきた．FTCのいずれの審査手続においても，このような批判が聴かれた．異なる主題が扱われているにもかかわらず，この種の批判は常に聴かれた．たばこの安全性に関する歴史的な事件を例に検討してみよう．

　競争圧力は，たばこ会社に，自社のたばこの毒性を少なくする方法を探るよう促すはずであり，かつ，たばこに代わる毒性のない製品を考案する取組みを引き起こすはずである．実際，この両方の力が働いてきた．たばこ会社は，自社のたばこのタールおよびニコチンの含有量を削減し，フィルターを改善するよう努めてきたし，才能のある人々は，レタスその他の無害とされるタバコの代替品を原料とするたばこを発明してきた．通常，たばこ会社は自社の特定のブランドが競合他社の製品よりも安全であると宣伝するだろうし，そのような広告は間違いなく他社のたばこに健康上の害悪があると示唆することになり，タバコを原料としないたばこの発明者は自社の製品がタバコを原料とする他社のたばことは異なり安全であると宣伝するため，産業の担い手が変わることが期待される．このようにして，競争は，情報障壁を次第に崩壊させるはずである．何年にもわたり，私が描写してきたプロセスを恐れたたばこ会社により駆り立てられてきたFTCが，広告において，あらゆるたばこブランドのタールまたはニコチンの含有量の公表を禁じてきたのは深遠な皮肉である[32]．

3.2　情報セキュリティに関する事件　　123

以上のような批判をしたのは，（当時シカゴ大学教授の）リチャード・ポズナー判事である．喫煙が危険であるとの証拠は 1930 年代初頭には現れ始めている．FTC は 1942 年にたばこ産業に対して最初の審査を行った[33]．たばこ会社はより安全なたばこを開発することができなかったし，たばこ会社が安全性を示すために用いたタールや「ライト」たばこといった基準は見かけ倒しのものだったが，それにもかかわらず，ポズナーには信じられるものだった．喫煙をめぐる公衆衛生の闘争において，ポズナーや他の市場支持派により支持された情報開示的な介入[34]は，職場での喫煙の禁止のように喫煙を不便にする構造的な変革よりも，実効的なものではなかった．

　おそらく Seisint 事件は執行を通じてルールを形成することのリスクを示している．Seisint 事件における FTC の指針の一部は，他の企業のセキュリティの低下を招く可能性がある．複雑なパスワードを使用し，パスワードを 90 日ごとに変更するよう推奨することは，セキュリティの低下を招くおそれがある．なぜなら，ほとんどの人々はたびたび変更するパスワードを記憶することができないし，パソコンの近くにパスワードの記憶リストが書かれた付箋紙を貼っておくかもしれない．パスワードを忘れてしまった場合，人々は，それ自体セキュリティ・リスクを生み出すパスワードの再設定オプションを利用する．以上の理由により，企業は，最終的に機械的な手順によりセキュリティ声明を遵守するのではなく，全体として，セキュリティの欠陥よりもセキュリティを達成するポリシーを選択すべきである．

3.2.4　物理的なデータおよび装置に関する洗練されたセキュリティ分析

　2010 年における FTC の技術職員の増員は，情報セキュリティに関する審判開始決定書の性格を変えた．その後，FTC の審判開始決定書は，従来 FTC の

---

32) Report of the ABA Commission to Study the Federal Trade Commission (September 15, 1969).
33) NORMAN I. SILBER, TEST AND PROTEST: THE INFLUENCE OF CONSUMERS UNION (1983).
34) デニス・リアリーは，「警告がどれだけ大きいかは重要ではない．あなたは警告と名づけられたたばこを手に入れられただろう．あなたは，正面に頭蓋骨と交差した 2 本の大腿骨が描かれた黒い包みのたばこを手に入れられ，腫瘍を呼び起こすことができただろう．そして，喫煙者は斬首台の周りに並ぶことになるだろう……」と冗談を述べた．

専門知識の範囲外にあったであろう企業の慣行に関与することになった．たとえば，FTC は（伝送中にデータを保護する）伝送暗号の実装の方法について企業の責任を問う2件の審判を開始した．

いまでは情報セキュリティ上の脅威に関する FTC の理解はより複雑となっている．多くの人は当該組織に所属しない人々である「部外者」を主要なセキュリティ上の脅威と捉える．この想定は，開発者（第三者の開発者であったとしても）および従業員への暗黙の信頼とともに，関係に組み込まれている[35]．しかしながら，セキュリティ上の脅威は組織の内外に起因しており，最も損害を与える脅威の一部は，腐敗した従業員と部外者とが結びついたものである．FTC のより最近の事件は，第三者ベンダーに焦点を当てている．これらの事件は，消費者と関係をもつ企業に，契約その他の方法により，サービスプロバイダにプライバシーおよびセキュリティに関する拘束をかけるよう保証する義務を課している．

イノベーションの約束

技術の専門家は，プライバシーは，自由を促進する技術技術を妨げ，われわれの安全性を低下させ，他者に対するアカウンタビリティを低下させると強く主張する．彼らは，われわれは，新しい超越的な技術によって，新たな社会の先端に立っていると主張する．この議論を検討してみよう．

インターネットの民主化効果は，印刷技術の歴史的影響に際だって類似する役割を果たしてきた．インターネットが誕生してからの最初の半世紀だけでも，インターネットの力が軍隊を解散させ，大統領をクビにし，アメリカにおいてすらも以前は決して想像されなかったような意味で民主的な，全く新しい民主的世界を創り出すのをみてきた．われわれは，インターネットがアメリカ人を遍く夢中にさせる経験となった時代，オキュパイ運動をありの

---

35) KATHERINE LOSSE, THE BOY KINGS (2012) (Facebook は「Facebook の利用者のデータの大部分が，プラットフォームを通じて彼ら［第三者の開発者］に入手可能であるという事実から目をそらした．技術的に，開発者は 24 時間ごとに自らのデータ・サーバを消去することになっていたが，実際に彼らが消去しなかったとしても，われわれにはそれを知る術はなかった．」); DAVID KIRKPATRICK, THE FACEBOOK EEFECT (2010).

ままの姿でアメリカ人がどこでも目撃できたはじめての時代において抗議が前例のない規模で拡がったこと，マイノリティの力のための新たな時代に新たな能力をもった公衆による外交政策への介入が可能になったことを無視することができない．……アラブの春はインターネット上で経験される最初の戦争だった[36]

この文章は，エフゲニー・モロゾフの著書『ネットの妄想（*The Net Delusion*）』で示された習作である[37]．引用されているのは，ダニエル・ブーアスティンの著書で，テレビ，公民権運動およびベトナム戦争について述べた文章である．この文章は，いかにイノベーションに関する楽観的な主張があらゆる技術について気軽に広くなされうるかを示すのに適している．

FTCも，セキュリティを促進するために，データが企業の敷地を離れた場合ですらも，一連の審査を行ってきた．たとえば，従業員のバックパックが車から盗まれたことにより，医療サービスの提供企業がセキュリティ侵害を経験した．バックパックには，暗号のかけられていない顧客情報が記録された物理メディアが入っていた[38]．この事件は，FTCがライフサイクルを通じてデータに関心をもっており，（たとえば，バックアップによる）個人情報の過度に長い保存期間を，より厳格な手段により保護されなければならないセキュリティ・リスクと評価していることのシグナルともなった．

技術職員の増員は，近年における最も重要な事件である，携帯電話製造業者であるHTCに対する事件を方向づけた．ソフトウェア開発者は，セキュリティを欠いた製品について概して合法的な通行証を与えられてきた．FTCが取り組んだHTC事件は，FTCが機器に組み込まれたソフトウェアについて**機器製造業者**（device maker）が責任を負うと判断する可能性を示した．この政策は，「モノのインターネット（internet of things）」が実装される時，非常に重要になるだろう．

HTC事件において，携帯電話製造業者は携帯電話に利用者が取り除くこと

---

[36] この引用の出典は，DANIEL BOORSTIN, THE REPUBLIC OF TECHNOLOGY (1978) である．
[37] EVGENY MOROZOV, THE NET DELUSION (2012).
[38] *In the Matter of CBR Systems, Inc.*, FTC File No. 112 3120 (January 28, 2013).

のできない「同梱ソフト」をインストールした．この同梱ソフトは，携帯電話のアンドロイド OS に備わっていたプライバシーおよびセキュリティのコントロールを回避した．回避されたコントロールは，デフォルトで，第三者の作成したアプリケーションが携帯電話のマイク，（テキストメッセージ送信のような）機能および診断記録情報にアクセスするのを制約していた．FTC は，この見落としが，装置のプライバシーおよびセキュリティのコントロールを根本的に損ねるがゆえに，不公正であると判断し，また，HTC 社のユーザ・マニュアルにおける言明を根拠に，欺瞞的であるとも判断した[39]．HTC 社の同梱ソフトは，甚大なプライバシー侵害を可能にするプログラムとして，マルウェアと評価されえた．

3.2.5　情報セキュリティの責務

全体として，FTC のセキュリティ事件は，オンラインサービス提供者から機器製造業者まで，あらゆる企業が個人情報を収集する際に負うべき一連の責務を示唆している．

- **適切な内部統制**．企業は，センシティブな個人情報を保護するための内部的手段を確保しなければならない．内部的手段には，セキュリティに関する責任を負う従業員を指名すること，セキュリティの欠損に対処するインシデントへの対応計画を策定すること[40]，一定の権限を与えられた利用者のみがデータを利用できるように制約するアクセス・コントロールを構築すること[41]，企業の無線ネットワークのセキュリティを確保すること[42]，従業員に強力なパスワードの使用を要求すること[43]，そして，フ

[39)] *In the Matter of HTC America Inc.*, FTC File No. 122 3049 (February 22, 2013).

[40)] *In the Matter of Franklin's Budget Car Sales, Inc.*, FTC File No. 102 3094 (October 26, 2012); *In the Matter of EPN, Inc.*, FTC File No. 112 3143 (October 26, 2012).

[41)] *In the Matter of DSW Inc.*, FTC File No. 052 3096 (December 1, 2005); *In the Matter of BJ's Wholesale Club, Inc.*, FTC File No. 042 3160 (September 23, 2005).

[42)] *In the Matter of DSW Inc.*, FTC File No. 052 3096 (December 1, 2005); *In the Matter of BJ's Wholesale Club, Inc.*, FTC File No. 042 3160 (September 23, 2005).

[43)] *In the Matter of Twitter, Inc.*, FTC File No. 092 3093 (June 24, 2010); *In The Matter of The TJX Companies, Inc.*, FTC File No. 072 3055 (March 27, 2008); *In the Matter of CardSystems Solutions, Inc.*, FTC File No. 052 3148 (February 23, 2006).

ァイアウォールのように，インターネット上で部外者が企業のコンピュータにアクセスするのを妨げるメカニズムを利用すること[44]が含まれる．
- **クレジットカード・データのコントロール**．クレジットカードのネットワークは，カードを取り扱う加盟店に，クレジットカード・データを適切に[45]暗号化し，データを商用目的に必要な以上に長く保有しない責務を課す．これらの責務の違反は，不公正な行為[46]に当たるか，または，データの保護について言明がなされた場合には，欺瞞的な行為に当たるとされる可能性がある[47]．FTCが示唆してきた他のクレジットカード・データの保護には，IPアドレスの範囲の特定[48]，データ喪失の抑制技術[49]およびクレジットカード処理設備の他のネットワーク・インフラストラクチャからの隔離[50]が含まれる．加えて，FTCは，情報のセキュリティ処置をし損ねた薬局や金融機関に対し審査を行ってきた[51]．
- **利用者，ベンダー，サービス提供者のコントロール**．企業は顧客の個人情報を受領するベンダーを適切に監督する責務を負う[52]．暗号化されていない形式でデータを保有するまたは業務目的に必要な以上に長期間データを保有するバックアップ・サービスは，情報セキュリティ義務の違反となる可能性がある[53]．だが，より一般的には，FTCは，企業がベンダーに

---

44) *In The Matter of The TJX Companies, Inc.*, FTC File No. 072 3055 (March 27, 2008); *In the Matter of Life is good, Inc.*, FTC File No. 072 3046 (January 17, 2008); *In the Matter of CardSystems Solutions, Inc.*, FTC File No. 052 3148 (February 23, 2006).

45) *US v. ValueClick, Inc., Hi-Speed Media, Inc., and E-Babylon, Inc.*, CV08-01711MMM (RZx) (C.D.Cal. 2008)（アルファベットによる換字式暗号は業界標準の暗号よりも脆弱であるとされた）．

46) *In The Matter of The TJX Companies, Inc.*, FTC File No. 072 3055 (March 27, 2008); *In the Matter of DSW Inc.*, FTC File No. 052 3096 (December 1, 2005); *In the Matter of BJ's Wholesale Club, Inc.*, FTC File No. 0423160 (September 23, 2005).

47) *In the Matter of Genica Corporation (d/b/a Computer Geeks Discount Outlet and Geeks. com)*, FTC File No. 082 3113 (February 5, 2009); *In the Matter of Life is good, Inc.*, FTC File No. 072 3046 (January 17, 2008).

48) *In the Matter of Dave & Buster's, Inc.*, FTC File No. 082 3153 (March 25, 2010).

49) *Id.*

50) *Id.*

51) *Caremark Corporation*, FTC File No. 072 3119 (February 18, 2009); *In the Matter of Nations Title Agency, Inc., Nations Holding Company, and Christopher M. Likens*, FTC File No. 052 3117 (May 10, 2006).

52) *In the Matter of CBR Systems, Inc.*, FTC File No. 112 3120 (January 28, 2013).

セキュリティ・ポリシーを策定させる責任を負うと考えている[54]．ある事件において，FTC は，サービス提供者に必要な以上にセンシティブ顧客データを移転した企業の責任を認定した[55]．

・**センシティブ個人データのコントロール**．センシティブデータを保有する企業は，特別な顧客保護手段を採用しなければならない．第 1 に，顧客が犯罪者ではないこと，また，アクセスが悪意のある目的で利用されないことを確保するために，顧客の身元を精査しなければならない[56]．一旦アカウントが開設されたら，複雑なパスワードの要求[57]，（サービス内のユーザを区別するための）ユーザごとに異なるログイン名の要求，そしてパスワードの推測，エラー，権限を持たない個人によるパスワード・リセットに備えたアカウントの監視を含む追加的な保護手段がおかれなければならない[58]．FTC は，センシティブデータにアクセス可能なアカウントについて，ユーザに 90 日ごとにパスワードの更新を要求しなかった Seisint 社の責任を認定した[59]．

・**特別に規制されたデータのコントロール**．FTC は，Equifax 社が，公正信用報告法（FCRA）（第 5 章参照）により規制される事前スクリーニング用のリストを，Direct Lending 社に販売したことを不公正な行為にあたると判断した．Direct Lending 社は，データをスクリーニング以外の目的に利用した．しかも，Equifax 社は消費者報告書の購入者の身元または Direct Lending 社と連携する他の機関によるデータの用法を検証してなかった[60]．

・**リスク評価**．企業は，個人情報のセキュリティ，機密性および完全性に対

---

53) *Id.*

54) *In the Matter of foru International Corporation formerly known as Genewize Life Sciences, Inc.*, FTC File No. 112 3095（May 12, 2014）.

55) *Id.*

56) *US v. ChoicePoint Inc.*, 1:06-cv-00198-GET（N.D. Ga. 2006）; *In the Matter of Equifax Information Services LLC*, FTC File No. 102 3252（October 10, 2012）も参照．

57) *FTC v. LifeLock, Inc.*, 2:10cv00530（D. Az. 2010）.

58) *In the Matter of Twitter, Inc.*, FTC File No. 0923093（June 24, 2010）; *FTC v. LifeLock, Inc.*, 2:10cv00530（D. Az. 2010）; *In the Matter of Reed Elsevier Inc. and Seisint, Inc.*, FTC File No. 0523094（March 27, 2008）.

59) *In the Matter of Lookout Services, Inc.*, FTC File No. 102 3076（May 3, 2011）; *In the Matter of Reed Elsevier Inc. and Seisint, Inc.*, FTC File No. 052 3094（March 27, 2008）.

する合理的に予見し得る内部的および外部的リスクを特定するよう努めなければならない．また，企業は，リスク評価を更新しなければならない[61]．

・**機密性に対するよく知られた攻撃を抑制し，明白なセキュリティ・ホールを回避する．**FTC の法律職員は，事件の優先順位を明らかにするために，SANS 研究所と Open Web Application Security Project（OWASP）による共同のセキュリティ脆弱性のリストを参照する．リストには，SQL インジェクション[62]，クロスサイト・スクリプティング攻撃[63]，利用者に他の利用者のオーダーまたは情報を参照することを許可するセッション・コントロールの確認を怠ること[64]，暗号化されていない Cookie へのパスワードの保存[65]，定期的なセキュリティの更新および修正の適用を怠ること[66]，従業員のコンピュータにウィルス対策ソフトを利用するのを怠ること[67]，暗号化されていないファイルへのパスワードの保存[68]，顧客記録の入ったコンピュータで P2P 共有ソフトを実行しネットワークを通じて顧客記録を他人に漏洩すること[69]，SSL 証明書の確認を怠ること[70]，およびセンシティブな個人情報を暗号化されていない形式で保存すること[71]が含まれる．

60) *In the Matter of Equifax Information Services LLC*, FTC File No. 102 3252（October 10, 2012）; *US v. Rental Research Services, Inc.*, 0:09-cv-00524（D. Minn. 2009）も参照．
61) *In the Matter of Eli Lilly and Company*, FTC File No. 012 3214（January 18, 2002）.
62) *In the Matter of Guess?, Inc.*, FTC File No. 022 3260（August 5, 2003）.
63) *US v. RockYou, Inc.*, 312-cv-01487-SI（N.D. Cal. 2012）.
64) *In the Matter of Lookout Services, Inc.*, FTC File No. 102 3076（May 3, 2011）; *In the Matter of MTS, Inc., doing business as Tower Records/Books/Video*, FTC File No. 032 3209（June 2, 2004）.
65) *In the Matter of Reed Elsevier Inc.* and Seisint, Inc., FTC File No. 052 3094（March 27, 2008）.
66) *FTC v. LifeLock, Inc.*, 2:10cv00530（D. Az. 2010）; *In The Matter of The TJX Companies, Inc.*, FTC File No. 072 3055（March 27, 2008）.
67) *FTC v. LifeLock, Inc.*, 2:10cv00530（D. Az. 2010）.
68) *US v. RockYou, Inc.*, 312-cv-01487-SI（N.D. Cal. 2012）.
69) *In the Matter of Franklin's Budget Car Sales, Inc.*, FTC File No. 102 3094（October 26, 2012）; *In the Matter of EPN, Inc.*, FTC File No. 1123143（October 26, 2012）.
70) In the Matter of Credit Karma, Inc., FTC File No 1323091（March 28, 2014）.
71) In the Matter of foru International Corporation formerly known as Genewize Life Sciences, Inc., FTC File No. 112 3095（May 12, 2014）.

・**訓練**．FTC の扱う事件の多くは，従業員の訓練を怠った企業の責任を問うている．FTC が個人情報を扱うすべての企業が従業員に対して合理的なデータ・セキュリティ訓練を行うべきだと考えていることは明白である．
・**試験**．企業は潜在的なセキュリティ問題を試験し，あるいは点検しなければならない[72]．企業はいつセキュリティ侵害が発生したのか把握するための何らかの手段を有しなければならない[73]．たとえば，データブローカーの Seisint 社に関わる 2008 年の事件において，同社は，顧客が共有されたログインアカウントを使用することを許容し，サービスを疑わしい仕方で利用していた個々の利用者を追跡することを困難にしてしまった[74]．他の企業は，脆弱性について企業に連絡しようとしたセキュリティ研究者に関心を払わなかった責任を問われた[75]．そして，最近の事件は，被審人は同社にセキュリティ脆弱性を伝達する専用の方法，つまり，セキュリティ問題を報告するホットラインの一種をもつべきであったと示唆した[76]．したがって，企業は，自社の情報セキュリティ・プログラムが，時代遅れになっているか，何らかの失敗をおかしているとのシグナルを送るようなインシデントの種類を明らかにするために創造的に思考するべきである．
・**セキュリティの約束の遵守**．特定の技術的な約束を行った企業は，約束を遵守しなければならない[77]．さらに，他社よりもサービスがセキュアであるとの比較宣伝は，誤認を招くものであってはならない[78]．製品名において「セキュリティ」を用いることは，誤認表示となりうる．たとえば，ある事件において FTC は，商品名に「セキュアビュー」を用いていた企

---

72) In the Matter of Eli Lilly and Company, FTC File No. 012 3214（January 18, 2002）.
73) In the Matter of CVS Caremark Corporation, FTC File No. 072 3119（February 18, 2009）; In the Matter of CardSystems Solutions, Inc., FTC File No. 052 3148（February 23, 2006）; In the Matter of DSW Inc., FTC File No. 052 3096（December 1, 2005）; In the Matter of BJ's Wholesale Club, Inc., FTC File No. 042 3160（September 23, 2005）.
74) In the Matter of Reed Elsevier Inc. and Seisint, Inc., FTC File No. 0523094（March 27, 2008）.
75) In the Matter of HTC America Inc., FTC File No. 122 3049（February 22, 2013）.
76) In the Matter of Fandango, LLC, FTC File No. 1323089（March 28, 2014）.
77) FTC v. ControlScan, Inc., 10-CV-0532（N.D. Ga. 2010）; FTC v. Sandra L. Rennert et al., CV-S-00-0861-JBR（D. Nev. 2000）.
78) *In the Matter of Microsoft Corp.*, FTC File No. 012 3240（August 8, 2002）.

業は製品が合理的にセキュアなものであると含意していたと認定した[79]。

3.2.6 オンラインのセキュリティの救済

FTCによる情報セキュリティの救済は、第5章で検討される金融サービス近代化法（GLBA）のセキュリティ・ルールにモデル化されている。それらの救済は典型的に被審人に、個人情報のセキュリティ、機密性および完全性を確保するための十分な経営管理的、技術的および物理的な安全手段を伴ったセキュリティ・プログラムをもつことを要求する。これらの安全手段は、企業の規模および複雑性に適したものであるべきである。

遠くからみると、そのようなセキュリティ・プログラムは単純なものにみえる。近づいてみると、成功するプログラムの詳細は複雑である。プログラムは、従業員の訓練および管理、ネットワーク、ソフトウェアおよびシステム設計の評価、情報の保存、伝送および処分のあり方を含む情報システムのスマートな設計、さらに将来のセキュリティ問題を発見するためのシステムを要求する。

資格証明はFTCにとっても重要である。FTCは長いこと、セキュリティ評価は、情報セキュリティに関する資格証明を有する個人によって行われるべきであると述べてきた。評価期間は20年に及ぶ可能性があり、コンプライアンスの欠損が罰金を招いた事件がある。たとえば、2009年に、ChoicePoint社は、監視システムが短期間実装されておらず、見知らぬ個人が1万3000名もの個人情報にアクセスしたとFTCに報告した。同社とFTCは、欠損の結果として、27万5000ドルの課徴金を支払うことに合意した。

3.3 結論

今日、FTCはセキュリティに関するいかなる表示──セキュアな製品を示唆する商品名ですらも──も「合理的な」セキュリティを提供する約束として解釈する。一連の事件において、FTCは、次第によりルール型になっていった一般的なセキュリティの基準を築いてきた。いくつかの事件は、企業の言明または技術の脆弱性に対するFTCの積極的な調査の賜物であったが、他の事件は、セキュリティ侵害への対応として生ずることになった。それゆえ、セキ

---

79) *In the Matter of TRENDnet, Inc.*, FTC File No. 122 3090 (January 16, 2014).

ュリティ侵害事件では，いくつかの企業は，FTC が犯罪の被害者を罰しているかのように感じている．第 12 章〔原著〕では，この問題に立ち戻り，FTC 法 5 条に基づく FTC の権限が情報セキュリティを取り締まるのに適している理由を説明することになる．第 12 章〔原著〕では，この権限をセキュリティの欠陥に関する体系的な問題に対処するために注力するよう提言も行う．

第4章　マーケティング対策[i] 活動に対する取組み
——Eメール，テレマーケティング，マルウェア

　プライバシー保護には多くの方法がある．ここにはアクセス権，不正確または不完全なデータの訂正権，そしてデータ利用方法の制限も含まれる．プライバシー法はデータに関する権利義務を規定する．マーケティング対策法はこれと異なり，データ利用や収集規制の代わりに企業による個人への接触規制を行う．マーケティング対策法はもともと限られた資源である周波数帯域幅の不正利用からの保護目的で作られたが，今日では膨大な商品提供やその他氾濫するメッセージ[ii] から個人の注意を遮断するために一層重要である．つまり，プライバシーの問題とはデータの公正な取扱いに関する問題というよりむしろ個人から遮断や逆に個人に接近して話しかけるようなものである．

　マーケティング対策規制は多くの複雑な特質を有する．ここにはオプトイン，オプトアウト制限，広告主責任，供託金要求，表示要求そして特定行為に対する刑事制裁を課す場合まで含まれる．マルウェア対策の取組みもFTC法5条で規制されるが，これは第1章のオンラインプライバシー事例に類似する．

　政治的論争では「技術的中立性」の価値がよく取り沙汰される．だが，マーケティング対策法は技術的特異性に向かう傾向にある[1]．つまり，マーケティング対策法は企業が個人に接触するための特定手法や技術の利用方法に焦点を当てる．本アプローチは規制のために多様な機会を提供する異なるマーケティング技術が存在する現実を反映する．たとえば，テレマーケティング防止のオプトアウト登録は素晴らしい成功例である．その一方，FTCはこのようなE

---

i)［訳注］ここでの「マーケティング」とは，消費者にとって迷惑なマーケティング活動のことを指す．たとえば，ダイレクトメール，勧誘電話やウェブサイト広告などがあげられる．

ii)［訳注］ダイレクトメールや折り込みチラシのようなものを指す．

1) Paul Ohm, *The Argument against Technology Neutral Surveillance Laws*, 88 TEX. L. REV. 1685 (2010);Bert-Jaap Koops, Miriam Lips, Sjaak Nouwt, Corien Prins, &Maurice Schellekens, *Should ICT Regulation Be Technology-Neutral?, in* Starting Points for ICT Regulation (Bert-Jaap Koops, Mariam Lips, Corien Prins, & Maurice Schellekens, eds.).

メール取締アプローチではうまくいかないと考えた．技術特定では技術が個人の関心を引く新手段を生み出し，既存ルールでは新たな迷惑行為の取締ができないことをも意味する．

合衆国憲法第1修正はマーケティング規制に関する技術特定も要求する．歴史的には，最高裁は，放送，新聞，インターネットといった関係媒体を通じて異なる次元の政府介入を許容する．電話やEメールのような技術は話し手と受け手に違った費用を課したり，それらの費用の防止または転嫁のための別の機会を与える．

したがって，技術中立的マーケティング法は曖昧な形で規定されているにすぎない．ここではブロッキングのような過程を特定化せず，原則的に連絡をブロックする権利を与えている．

マーケティング対策法はFTCが支持する「規制アプローチ」と経済学者が支持する「市場アプローチ」の対比を生じさせる．この対比はFTC内部でも同様である．FTCの法律家主導の伝統は，煩雑で回避不可能なマーケティング規制に不利に作用する．だが，狡賢いマーケティング担当者は何とか規制回避方法を見つける．ダイレクトマーケティングは詐欺の主要要因であり，プロの詐欺師は問題発覚まで可能な限り荒稼ぎに徹する．

多くの経済学者と一部の法律家は迷惑マーケティング規制のような律法主義アプローチは非常に無駄と考えている．彼らは煩雑な法規制の代わりに消費者とマーケティング担当者にとってより都合のよい技術アプローチを支持する．たとえば，エリック・ゴールドマン教授は，「A Coasean Anaylysis of Marketing」という論文の中で，技術特定マーケティング法に反する具体例を取り上げる[2]．ゴールドマン教授によれば，マーケティング対策規制は送り手の費用を増加させるが，これは広告主が生み出す費用への配慮がなく，マーケティングを受け取る消費者の希望を無視するものであるという．

実際，広告には社会的効用がある．消費者は広告への不満を述べる一方，期待やニーズに見合った広告を受け取る潜在的選好をもつ．結局，広告主と消費者の対立は無駄な努力のようにみえる．広告主はマーケティングのための広告送付に苦心する一方，一部の消費者は広告をブロックしたり，提訴して戦う．

ゴールドマン教授は，広告主と消費者との争いをなくすために規制アプロー

---

2) Eric Goldman, *A Coasean Analysis of Marketing*, 2006 WIS. L. REV. 1151 (2006).

チの技術的代替措置を提案する．彼の思考実験では，これを「コースのフィルター（Coasean filter）[iii]」と命名する．コースのフィルターは費用をかけずに消費者心理や選好を効果的に読解し，彼らが希望しない広告と希望する広告を篩にかけて，消費者を監視する．コースのフィルターは，消費者に自らの選好を示すために著しい費用負担をさせずにほしいものを得ることを手助けすることで，消費者ならびに社会的厚生を向上させるものである[3]．

　起業家はゴールドマン教授の構想の実現を図ってきた．たとえば，1990年代と2000年代初頭，複数の企業がインフォメディア（infomediaries）といいはじめた[iv]．このサービスは個人情報を蓄積し，広告主に対して信用ベースでアクセスライセンスを与えるというものである[4]．ベサニー・ライクリーは，これらの企業に関する最も注意深い研究結果を出版した．これらの企業は，実質的にはデータ対象者に流れる利益とともに，協調的調整の中で構築されたデータブローカーとして行動した．Microsoftですらその種のサービスを提供した．だが，最終的にすべてのインフォメディアが市場で失敗した．消費者は企業を信用せず，価値ある情報を提供しなかったからである．結局，インフォメディアが圧倒的多数の消費者を魅了することはなかった．

　インフォメディアが機能するには，データブローカーのように代替物から情報を入手するのではなく，利用のためにマーケティング担当者に要求される強い経済的または法的効力が存在しなくてはならない．ジャン・ウィッティントン教授とともに筆者はインフォメディアが失敗した理由の一部はプライバシー法の最低基準不足から生じたと考える．すなわち，「本モデルの経済性がたとえ十分であっても，モデルは確実に失敗したであろう．市場での個人情報の拡散は制限が少ない他の情報源から個人情報の獲得をマーケット担当者に可能にするからである．データは公のもの——たとえば公的記録データ——であるため，情報バイヤーはデータブローカーのような消費者関連情報獲得業者から低費用（価格やプライバシー制限の低下）で代替物の入手が自由である[5]．」

---

iii）［訳注］「コースの定理」で有名な経済学者であるロナルド・コースの理論に従って設定されるフィルターのことを指すと思われる．

3）　*Id.*

iv）［訳注］インフォメディアとは顧客獲得を図る起業家のために専門的情報を提供するウェブサービスのようなもの．

4）　Bethany L. Leickly, Intermediaries in Information Economies (2004) (Ph.D. dissertation, Georgetown University).

政治的側面ではマーケット担当者と消費者間のニーズの完全一致を図る理想的スキームがあるものの，これは FTC の法律家から懐疑的にみられている．そのような体制への真摯な信者がいる一方，企業はマーケティングルート規制回避を機動的に進める．たとえば，FTC が新たなテレマーケティング規制を考えたときに，販売勧誘電話のかけ手側のロビイストは，テレマーケティング電話を聴く消費者側に対価支払いの申出を認めさせようと画策した．だが，この申出は単に規制回避手段であった．テレマーケティング事業者は消費者への対価支払モデルを決して受け入れず，法的アプローチとして正式にそれを導入しようと尽力したわけではない．さらに法律的枠組みもないまま，呼出ごとの対価支払いテレマーケティング制度実施や執行のためには，そのような申出は信用性が欠ける．

プライバシー法は機能するのか

　この挑戦的質問は 1974 年の連邦プライバシー法を詳細に検討した 1997 年のロバート・ゲルマンの論文で投げかけられた[6]．プライバシー法は政府の個人情報データベースの拡大と機関間の市民データのマッチング統制がほとんどできなくなっているとゲルマンは結論づけた．だが，この法律は電話盗聴法の欠陥と比較すれば，まだ成功しているといえる．

　プライバシー法の欠陥は曖昧さにある．コンピュータマッチングの社会的効用，政府のデータベースによって引き起こされる無形の危害そして強力な規制者不足が決定的である．他方，電話盗聴法はより特定で明確な有害行為を規制する．これは合衆国憲法第 4 修正の保障で支えられているが，電話盗聴は比較的少数の法執行集団によってなされ，最終的に連邦判事に監督され，私人の原告によって執行できる．

　ゲルマンの分析は，より狭い技術もしくは業種特定の規制，そしてより強力なルール監督の支持に強く作用する[7]．

---

5) Chris Jay Hoofnagle&Jan Whittington, *Unpacking Privacy's Price*, 90 N.CAROLINA L. REV. 1327 (2012).
6) Robert Gellman, *Does Privacy Law Work?*, in TECHNOLOGY AND PRIVACY: THE NEW LANDSCAPE (Philip E. Agre & Marc Rotenberg, eds., 1997).

コースのフィルタリングに話を戻すと，本アプローチはオンライン広告の代替的プライバシー保護のようである．現行のオンライン広告制度は一方通行の鏡と同じで，ゴールドマンの主張するコースのフィルタリングは一方通行フィルターである．利用者のコンピュータ上で起動するソフトウェアとして示すことで，利用者への監視が他人に明らかにされないままコースのフィルターは広告を選別することができるだろう．実際これは巧みに構築されており，結果的に広告主はどの消費者がどのような広告を見たかを知ることはない[8]．フィルター内のデータはオンライン広告データと異なり，合衆国憲法第4修正で保護される．データは第三者に決して移転されず，憲法上の保護の例外である「第三者法理（third-party doctrine）」を回避するからである．

したがって，ゴールドマンの提案は当初気味が悪いように思われたが，その注意深い観察はその方法が本質的にプライバシー保護に資することを示している．もし消費者がゴールドマンの一方通行フィルターから明らかになったこととして，うまくマーケティング制限ができるのなら，多くの消費者はおそらくあらゆる行動広告固有のトラッキングや注意散漫さを喜んで放棄するであろう．

本章ではFTCのマーケティング対策法による取締，具体的にはマルウェア，スパムやテレマーケティング関連を論じる．スパムの法的規制は連邦議会が誤ってEメールのマーケティング担当者を服従させる評判やその他通常の市場の影響力の利用が可能だと思い込んだことが1つの理由となり失敗に終わった．今日ではほぼすべてのスパムの防止は技術的なもので，Eメールやインターネットサービスプロバイダによる強力なフィルタリングで達成されている．大半の法的成功はテレマーケティング分野のものであり，ここではFTCとFCC（連邦通信委員会）および私人の訴訟遂行者が発信者を監視するからである．当局は詳細な技術特定規制を公表しており，これはテレマーケティング対策運動家，州の司法長官，訴訟の原告がマーケティング発信者を訴えることを勇気

---

7) Robert Gellman, *A Better Way to Approach Privacy Policy in the United States: Establish a Non-Regulatory Privacy Protection Board*, 54 HASTINGS L. J. 1183（2003）参照．

8) たとえば以下の文献を参照，Michael Backes, Aniket Kate, Matteo Maffei, & Kim Pecina, *ObliviAd: Provably Secure and Practical Online Behavioral Advertising*, IEE Symposium on Security and Privacy (2012);Mikhail Bilenko, Matthew Richardson, & Janice Tsai, *Targeted, Not Tracked: Client-Side Solutions for Privacy-Friendly Behavioral Advertising*, TPRC (2011); Vincent Toubiana, Arvind Narayanan, Dan Boneh, Helen Nissenbaum, &Solon Barocas, *Adnostic: Privacy Preserving Targeted Advertising*, NDSS (2010).

づける効果があった．FTC の最重要業務はマルウェア（重大なプライバシーやセキュリティ違反やその他の消費者への攻撃可能なソフトウェア）に関するものである．マルウェアとはスパイウェア，ランサムウェア[v]，アドウェアやその他の悪徳ソフトを指す．FTC の介入は企業側は精巧な同意メカニズムを除外できないプライバシー保護の最低基準を作り出した．

FTC ではマーケティング活動局がマーケティング対策法を取り締まり，プライバシーおよび同一性保護局が他のプライバシー問題を扱う．

4.1 スパム

黎明期のインターネットは 1994 年 4 月 12 日を境に恒久的に変化した．この日 2 人の弁護士がユースネット[vi]に移民サービスの広告を掲載した．

「グリーンカードの抽選は 1994 年が最後になるかもしれません！ アメリカ政府が設定した本プログラム参加期限は 6 月末．そこのあなた，今こそ行動を！

　グリーンカード抽選は完全な法的プログラムで，特定国の出身者に年間割当を付与します．この抽選プログラムは永続的に実施されるものでしたが，最近アラン・J・シンプソン上院議員が連邦議会に今後の抽選を終了させる内容の法案を提出しました．1994 年抽選は本当に最後になるかもしれません……

　繰り返しますが，6 月に厳格な締め切りがあります．始めるのは今です！」

こうやって今日のスパム（ゴミメール）問題が始まったのだが，その反応は早かった．怒った利用者たちはスパムを送った弁護士に大量のファイルを送り付け，インターネットサービスプロバイダにこの弁護士のアカウントを解約させるように仕向けた．ある者は州弁護士会にクレームを入れ，発信者の一人は

---

v)［訳注］ランサムウェアとは，利用者の PC 内のソフトやデータ保全を人質にして，身代金を要求する悪質ソフトのこと．

vi)［訳注］ユースネット（Usenet）とはニュースグループの間で伝達がなされるネット初期の分散型ネットワークのことを指す．

弁護士資格を剥奪された．またある者はその弁護士に電話発信し続けるプログラムを開発して留守番メッセージを満杯にした[9]．1994年のインターネット世界は小さく，限定的資源を些細に無駄使いする送り手を処罰するには十分であった．それと同時に，インターネット接続は非常に遅いうえに高額であり，大半のスパムは許し難い侮辱だった．

今日，Eメールの大半はスパムである．マーケティング目的のEメールの発信者はインターネットの技術的・経済的特性を利用して，一日に何千億ものスパムを送り付ける．これらのメッセージから商品購入したのはごく少数の受信者にすぎない．だが，これでスパム送信には十分な収益性がある．たとえば，カリフォルニア大学の2008年の研究では，オンライン医薬品会社の販売促進目的の3億5千万メッセージのうち28件の販売実績があったが，十分収益性のあるキャンペーンだった[10]．残りの3億4900万のメッセージ費用はインターネットサービスプロバイダの反スパム対策者，技術的フィルタリング費用や個人の時間投入の必要性を通じて，他者に顕在化される．

なぜ消費者がスパムで宣伝された商品を買うのだろうか．ブライアン・クレブスはこの疑問に対し，大規模オンライン医薬品販売ネットワーク内の記録に焦点を当てて検討した．彼はネットワークから購入した400人にインタビュー調査した．その結果，アメリカ市場の医薬品があまりに高額で多くの購入者はアメリカ国内で医薬品を購入する経済的余裕がないだけだと判明した．慢性疾患者はロシア拠点の医薬品ネットワークから購入して月額数百ドルを節約する．インドから船積みされる医薬品は近所の薬局で販売されるものと同じようにみえた．実際，アメリカ国内で使われる医薬品のほとんどはインド製である．他の者はスパム事業者から医薬品を購入したが，それは医者の受診が面倒だったり，自己診断がより便利と考えたためである．または医薬品依存で，合法の処方箋を手に入れることができなかったりするために，オンライン治療法を購入した[11]．

2003年にFTCはEメールマーケティング規制開始に向けたワークショップ

---

9) Finn Brunton, Spam: A Shadow History of the Internet (2013).
10) Chris Kanich et al., *Spamalytics: An Empirical Analysis of Spam Marketing Conversion*, CCS08 (2008).
11) Brian Krebs, Spam Nation: The Inside Story of Organized Cybercrime - From Global Epidemic to Your Front Door (2014).

を開催した．FTC は入手可能なあらゆるスパムを捜索することを公表し，これは大きく報道された．つまり，FTC は消費者に対しスパムメッセージを当局に送るように促した．何百万ものメッセージが「冷蔵庫」と呼ばれるコンピュータに収蔵された．受けとったメッセージ数が膨大だったため，1年以内に FTC はその猛攻に備えるべく新たなドメイン設置（spam@uce.gov）を余儀なくされた．

　スパムの経済コストは高く，少なくとも年間 200 億ドルと見積られる．この費用にもかかわらず，違法スパム事業者は年間 2 億ドルも稼いでいると考えられている[12]．2人の研究者の論文（1人は Google 出身，他は Microsoft 研究所出身）は違法スパムによる「外部性比率」を分析した．外部性比率とは，行動から得られる私的利益と社会的費用の差のことである．違法スパムによる外部性比率は自動車窃盗よりも大きいと結論づけた[13]．

スパムの敵

　フィン・ブラントン教授の観察によれば，スパムは強烈な反応を引き起こす．カリフォルニア州弁護士のダン・バルサムはスパム事業者提訴を専門とし，少額スパム対策訴訟の最多経験者の1人である[14]．バルサムとティモシー・ウォルトンはカリフォルニアの裁判所に最初の消費者スパム事件を持ち込んだが，それに対しスパム事業者は原告に対し 18 個もの抗弁（affirmative deffenses）を行った．第1審裁判所バルサム側に損害賠償 7000 ドルと弁護士費用 8 万ドルを認容した．本事例は 8 つの E メールが問題にされたが，解決までに 3 年を要し，連邦最高裁判所に上告された．バルサムとウォルトンは巻き込まれた事件の滑稽な歴史を書き残している[15]．

---

[12]　Justin M. Rao & David H. Reiley, *The Economics of Spam*, 26 (3) J. ECON. PERSPECTIVES, 87 (2012).
[13]　*Id.*
[14]　Dan Hates Spam, www.danhatesspam.com/.
[15]　Dan Balsam & Timothy Walton, *Balsam v. Trancos Inc.*, TRIAL LAWYER 14 (Summer 2012).

スパムの社会的費用はより高くなってきている．ブライアン・クレブスが『Spam Nation（スパム国家）』で述べたように，スパムメールは単なる迷惑行為のようにみえるが，これは「悪性ソフトウェア発展の主要な原動力になっている」[16]．言い換えれば，スパムを下支えするために生み出されたインフラは多様なコンピュータ犯罪に用いることが可能である．これはフィッシングメール送信から著作権コンテンツや児童ポルノのホスティング[vii]まで幅広い．

スパム事業者の歴史や文化は奇妙で大胆不敵で時折暴力的である[17]．初期のスパム事業者には顕著な特徴があることが多かった．彼らは目にみえる商売敵に対するいやがらせのために技術を利用しようとしていた．たとえば，FTCはスパム問題に対して公聴会を始めたとき，何者かが，おそらくスパム事業者が，ティモシー・ムリス議長のEメールアドレスを公表して，彼をメール攻めにする仲間を煽った．そのような妨害は主導的なスパム王に対する嫌悪を広げた．これらのスパム事業者の何人かはひっそりと生きている．

初期のスパム事業者は「自分でやる」タイプで，メッセージ送信のためのネットワーク構築に時間的余裕があった．この当時，メール送信サーバはどの送信者からのメッセージも受信する「開放信頼」型であった（それは郵便箱のようなもので，もし投函されれば，あらゆる個人に手紙を預けたり，配達されることを許容する）．実際，これらの開放信頼型は閉鎖され，メールサーバは送信者の範囲限定の認証型を組み入れるようになった．

反スパム技術対策の増加によって，スパム送信市場は成熟して次第に複雑になった．初期のスパムマーケティング担当者はカウボーイのようなインターネット上に拡散する集団だったが，次第に洗練された専門家ネットワークを発展させた．これらの専門家の一部はサイバー犯罪者で，利用者のコンピュータを感染させて莫大なスパム送信機のネットワーク（いわゆるボットネット[viii]）を作り上げる．他の者は「CAPTCHAs」の認証を破壊し，アフィリエイト販売網を構築し，または支払手続を進める．このような労働の専門化と分業化は，

---

16) BRIAN KREBS, SPAM NATION: THE INSIDE STORY OF ORGANIZED CYBERCRIME - FROM GLOBAL EPIDEMIC TO YOUR FRONT DOOR（2014）．

vii）［訳注］ホスティングとは，たとえばインターネットに情報を発信するサーバの容量の一部を間貸しすることを指す．

17) Id; Brett Forrest, The Sleazy Life and Nasty Death of Russia's Spam King, Wired（August 2006）．

送信者のスパム送信費用を低減させ，スパム送信市場を確立させた．今日，スパムの送信を希望する広告主は，自ら仕事をすることなく，極めて低コストで簡単にスパム送信サービスを購入することができる．アフィリエイトネットワークのお膳立てにより，スパムサービスの購入者は，違法なマーケティング活動から一定の距離をおくことができる．

　スパム事業者はメッセージ送信の新たな資源を必要とする．つまり，信頼できるインターネットアクセス，目標対象者のメールアドレスに送信するための犯罪と無関係のアカウント，潜在顧客を顧客に変えるための支払機能を伴うウェブページといったものである．これらの資源は法執行または反スパムサービスに狙い撃ちされうる．プロバイダはあまりに多くのスパム（ゴミ）メールを送るビジネスを厄介払いすることもある．プロバイダはスパムメッセージで言及された元のメッセージやURLを利用したIPアドレスにフィルタリングすることもある．反スパム共同体は非常に強力で，スパムの起源，メタデータまたはコンテンツを基とする数多くのEメールを自動的に消去する「ブラックホール」を運営する．それと同時に批判される心配のないホスティングサービスが生まれたが，これはスパム事業者にツールを販売し，秘密性を約束し，苦情やときには法執行でさえも無視する[18]．

　スパム事業者は反スパム活動家攻撃のための法的および超法規的手法を次第に用いるようになった．彼らはブラックホール運営者を撃退するために提訴し，協調的フィルタリングへの取組みを妨害する．物理的および技術的脅威のために，反スパム活動における企業家精神は危険である．たとえば，Blue Security はイスラエルの企業で，オプトアウト要求の自動化の有望な方法を開発し，送信者の行動を変えさせた．しかし，この成功はロシアのスパム事業者の怒りを買い，当該企業を攻撃したため，反スパム活動は終焉してしまった[19]．

　スパム業界は何十億ものメッセージを販売目的で送り付けることに依拠して

---

viii）［訳注］ ボットネットとは，1）一般的に使用される分散型コンピュータシステムのことを指す．2）「CAPTHAs」の認証を破り，アフィリエイト販売ネットワーク構築か支払処理を行うものである．CAPTCHA=Completely automated public Turing test to tell computers and humans apart とは，コンピュータと人間を区別する完全に自動化された公開チューリングテストの人為的頭文字でありチャレンジ／レスポンス型テストの一種で，応答者がコンピュータでないことを確認するために使われる．

18) Brian Krebs, *Inside the Gozi Bulletproof Hosting Facility*, KrebsonSecurity, January 25, 2013.

おり、この販売のためのインフラは高度に集中するため、技術的介入がスパム削減のために大いに期待されている。カリフォルニア大学の研究者達は販売のために実際に利用されるサーバは極めて少数であることを突き止め[20]、ごく少数の企業がスパム事業者の大半の販売を処理しているとした[21]。スパム専門家のフィン・ブラントン教授は「ごくわずかの注意深く直接的に実行された介入でスパムメール製造を劇的に減退されることができる」と結論づける。フィルタリングと法令はいかなる手段でもスパムを止められない。だが、生き残るために多数のメールに依存している、ほぼ集中的に統合されたスパムビジネスという深刻なボトルネックを次第に窮地に追い込んでいる[22]。ブラントンの分析は、法律はスパム問題に対処するための技術的措置と結び付くことが可能であると提言する。

　経済制限と技術的対処こそが今日のアメリカの反スパムの取組みのすべてである。ここにはスパム送信を明示的に許容する連邦議会で法案通過したCAN-SPAM法と呼ばれる2003年制定のスパム規制法の存在がある[ix]。この条項については次節で検討する。本法の下、世界中のEメールのマーケット担当者は商業メッセージをあらゆるアメリカ人に監視や制限なしで送信可能なため、本法は「スパム可能（YOU CAN-SPAM）」法と揶揄される。その根底ではマ

---

19) BRIAN KREBS, SPAM NATION: THE INSIDE STORY OF ORGANIZED CYBERCRIME - FROM GLOBAL EPIDEMIC TO YOUR FRONT DOOR（2014）.
20) David S. Anderson et al., *Spamscatter: Characterizing Internet Scam Hosting Infrastructure*, 16th US ENIX SECURITY SYMPOSIUM（2007）.（". . . although large numbers of hosts are used to advertise Internet scams using spam campaigns, individual scams themselves are typically hosted on only one machine."）
21) Kirill Levchenko et al., *Click trajectories: End-to-end analysis of the spam value chain*, PROC. IEEE SYMP. SECURITY & PRIVACY（2011）; Altaweel et al., *Hacking Your Way to the Top: Online Pharmacies in Highly-Ranked Organic Search Results*（2015）.
22) FINN BRUNTON, SPAM: A SHADOW HISTORY OF THE INTERNET（2013）.
ix) ［訳注］CAN-SPAM法＝Controlling the Assault of Non-Solicited Pornography and Marketing Actとは米連邦政府が2003年12月に制定し、2004年1月に施行した迷惑（スパム）メールの規制を定めた法律である。広告主を隠すために発信元や送信ルートの手がかりとなるヘッダー情報偽造の禁止、受信拒否を返信できるアドレスの明記、受信拒否者への以後のメール送付の禁止などが定められている。事前許諾を得て広告メールが送信できるオプトイン方式ではなく、受信拒否意思で送信を止められるオプトアウト方式を採用する。そのほかに公的機関による「スパムお断り（Do-Not-Spam）」リストに掲載されたメールアドレスには許諾を得ずに広告メールを送ることができない。ただし、規制対象は企業のみで、政治団体、宗教団体などの広告メールは規制されず、詐欺ではない広告メールの送付に対して受信者は広告主を訴えられないことも定められている。

4.1　スパム　　145

ーケティング手法としてのEメールの力と合衆国憲法第1修正の送信者の権利を議会は意識した．議会はCAN-SPAM法制定によって適法会社の安全なEメールマーケテイング活動を期待した．議会はブランド評価のような市場圧力を通じてEメールマーケティングを安全なものにしようと試みた．

もし会社が過度のEメールを送信するなら，消費者はおそらく他で買物するだろう．

したがって，本章は，「スパム」という語を広義に解している．ブラントンは，スパムとは「人々の関心を集めることを開発するための情報技術インフラの利用」と定義する[23]．ブラントンによれば人々はあらゆる望まれないメッセージに対し「スパム」という語を用いるという．スパムは，単にEメールだけなく人々がオンライン（ブログコメント，twitter, facebookや他の人気サービスのようなもの）上で集まろうとする場所のどこにでも現れる．技術的にはCAN-SPAM法は「商業電子メールメッセージ」，つまり主目的が「商業製品またはサービスの商業目的の広告または促進」に関するものである．そのようなコミュニケーションは手動または簡潔な変換で迷惑メールとして送信される必要もなくCAN-SPAM法の範囲に含まれる．そして，企業向けメッセージも本法に含まれる．

4.1.1　CAN-SPAM法（2003）

2003年制定のCAN-SPAM法[24]は多くの問題で活性化された．先述のようにEメールマーケティングは強力な手段かもしれないが，スパム事業者やポルノ事業者は媒介手段を破壊している．企業と消費者はマーケティングや関連メッセージを必要とした．だが，大量のEメールはマーケティングツールとしてEメールの合法性に晒されたゴミと考えられた．多くの消費者は未承諾のポルノ受信に苛立ちっていた．メッセージを消すために閲覧しなくてはならなかった人もいた．

政治レベルでは，国民は議会に法制定圧力をかけた．特にダイアルアップ接続をする者にとってスパムは極めて迷惑なものだった．ユーザがインターネット利用や迷惑メッセージをゆっくりダウンロードしてしまうコンピュータを見守る間，電話をとることもできなくなった．ユーザは当時容量の少ないメール

---

23) Id.
24)　Pub. L. 108-187, §2, December 16, 2003, 117 Stat. 2699, 15 U.S.C. §§7701-13.

受信ボックスしか有していなかったため，スパムはEメールの容量に直接的な影響を与えた．

　行動はスパム規制を始めた州議会を阻止するためにも必要だった[25]．特にカリフォルニアは1000ドルの損害賠償請求要件とともに商業メッセージへのオプトイン要件を定める州法を制定した[26]．企業側は，反スパム訴訟，そしてインターネットプロバイダやスパムの長期的経済的犠牲者が迫り来る潮流を理解した．また，Eメール送り手の身元特定のために多数の反スパム訴訟原告からの証拠開示請求のような水平線上にある新種の望まないメッセージの存在を理解した．この状況は連邦スパム法案支持のための広範な連合を盛り立てるには十分苦痛であった．

　コンラッド・バーンズとロン・ワイドゥン上院議員が提唱したCAN-SPAM法は商業メッセージの伝達慣行に真実性を持ち込もうと試みた．これは個人データをコントロールする権利はほとんどない．「取引上の」メッセージは商業電子メッセージの定義から除外される．そのため取引完結のため販売者から購入者に幅広く伝達されるメッセージは許容される．ここには配達情報，契約条件や保証情報も含まれる．

　今日CAN-SPAM法アプローチの問題は明らかになっている．つまり，CAN-SPAM法はメール送信者が評判を気にする零細小売店に類似していると考えている．だが，スパムマーケティングでは大半の送信者は評判など気にしない．彼らはアフィリエイト販売に専念しており，第三者の商品販売で埋め合わせばよいと考えているからである．また，アメリカに居住していない者もいて，取締困難である．スパムは多種類のコンピュータ犯罪や初歩的な「スペインの囚人」でもある[27]．これらの変遷はEメールマーケティングを広告メールまたは他種のダイレクトマーケティングとは根本的に異なるものにした．CAN-SPAM法のアプローチはまた，ほとんどの先進工業国のものとは異な

---

25) David E. Sorkin, *Spam Legislation in the United States*, 22 J.MARSHALL J. COMPUTER INFO. L. 3 (2003).

26) Cal. Bus. & Prof. Code § 17529.

27) 「スペインの囚人」とは古典的な信用詐欺である．これは遠方にいる金持ちの想像上の囚人を解放するためと称して，カモから身代金をだまし取る手法である．一旦解放されれば，この囚人はおそらくカモに大金を支払うだろう．今日では「ナイジェリアからの手紙（Nigerian419）」詐欺か「進歩した身代金詐欺」として知られ，この古典的詐欺の現代版である．ARTHUR A. LEFF, SWINDLING AND SELLING: THE SPANISH PRISONER AND OTHER BARGAINS (1976) 参照．

る．ほぼすべての国家では商業Eメール送信者にオプトイン同意，または2重のオプトアウト同意メカニズムすら要求することもある．

4.1.2　虚偽禁止（Banning falsity）

たとえ誠実な企業でもメッセージ履歴を偽る強い動機がある．反スパム活動家が迷惑メッセージをブロックするスパムの「ブラックホール」を作動させるために，企業は自社のドメインネームを用いることで評判を棄損するメッセージを発するリスクやブラックリスト入りもありえるからである．新しいマーケティングを試すとき，ブラックリスト入りを避けるため，企業はメインアドレスと類似する異なるドメインネームを利用することはよくあることである．

メールの出所の正直さはコンプライアンス問題でもある．CAN-SPAM法の主要条項はEメールの「ヘッダー」情報の誤りや誤解を招く情報を禁止するからである．送信者は有効な返信アドレスを用いることや誤解を与えない主題を用いることが要求される[28]．そして，欺瞞のためにメッセージのヘッダーのルーティング[x]情報の改変を禁止される．

4.1.3　開示（Disclosures）

テレマーケティングとともに，CAN-SPAM法は商業Eメールメッセージに関してこれが広告であると明示することを要求する．ここでは，送信者の事業の物理的所在地開示が義務づけられている．

4.1.4　オプトアウト条項

CAN-SPAM法は商業Eメールのメッセージ送信を許容している．アメリカ国内のあらゆるマーケティング担当者はこの法律に基づきあらゆる消費者に接近するようにしている．

送信者は10日以内にオプトアウト条件の提供やオプトアウト要求の履行をしなければならない．送信者はオプトアウト費用を課すことはできない．だが，オプトアウトの取引費用は規制がないようにみえる．送信者の一部にとってワンクリック登録削除オプションとともにオプトアウトは非常に簡単である．他

---

[28]　*US v. ValueClick et al.*, CV08–0171 (C.D. Ca. March 17, 2008).

[x]［訳注］　ルーティングあるいは経路制御（routing）とは，データを目的地まで送信するために，コンピュータネットワーク上のデータ配送経路決定制御のことである．

者は受信者にEメールアドレスの再入力用ページを与えたり，Eメール登録メニューから選択させるようにしている．

オプトアウトアプローチは消費者にとってジレンマである．オプトアウトを選択すると，消費者は送信者に自己のアクティブなメールアカウントを確約することになるからである．もし送信者が登録制限を受けたとしても，送信者はオプトアウトを無視したり，他者にアクティブなEメールアドレスを販売することができてしまう．これら両方ともCAN-SPAM法違反であるが，消費者にとってはどちらの問題も表明するのは極めて難しい．

4.1.5 データに関する権利

もともとはマーケティング対策法としての性格を有しているが，CAN-SPAM法は個人のプライバシーに関する要素をもつ．たとえば，先述のように受信者が一旦オプトアウトを選ぶと，送信者は他者に対し受信者のメールアドレス情報の販売や移転ができなくなる．

マーケティング対策法でもメールアドレス収集（ウェブサイトや類似のところから有効なメールアドレスを収集すること）や「集合型違反」として知られる辞書型攻撃（メールアドレスのようなメールの一般化ツールを利用したもの）を取り扱う．

4.1.6 広告／代理責任

1960年代のFTCの広告規制に遡れば，広告代理店と広告主の両方がCAN-SPAM法違反の責任があるといえる．広告やサービスの企業はEメール送信の請負業者を管理しているからである．広告主の責任を遠隔的に負わせることはできず，実際CAN-SPAM法は代理責任を課すためにEメール送信サービスの周旋条項として起草された[29]．

広告主の付随責任として，製品が誤解や間違ったヘッダー情報のメッセージ

29）「この"調達"定義の意図は，雇用主の会社が知らなかった裏切り行為を第三者が約束していないにもかかわらず，この第三者をメール送信のために雇用する会社に当該Eメールのメッセージに責任をもたせることにある．だが，雇用主の会社は第三者の行為を意図的に無視したまま責任回避はできない．この定義の「意識的に知ることを回避」するとは，マーケット事業者がこの法の要件を遵守することを意図することとを要求しかつ確実にするためにEメールマーケット事業者を雇用する会社に責任を課すことを意味する．」S. REP. 108-102, 15, 2004 U.S.C.C.A.N. 2348, 2360.

を通じて促進されているという状況を広告主は知るべき，もしくは知っておくべきである．

　広告主は違法プロモーションから経済的利益を得ることを望んでいる．そのため，送信回避行動をしたり，直接送信を行ったりしているが，FTC への報告は行っていなかった．

4.1.7　刑事条項

　CAN-SPAM 法は第 18 章を改正して，スパム目的のいくつかのハッキング関連行為を連邦刑法違反とし，最長 5 年の懲役刑を処せるように規定した[30]．刑事責任追及のためには，これらの行為でスパム事業者には E メールの受信者に誤解や欺く意図があることの立証を政府に要求する．禁止行為には，メッセージ送信のためのコンピュータハッキング，メッセージ送信元を受信者に欺く行為，ヘッダーを偽る行為，そしてスパム送信のための E メールアカウントの乗っ取りや取得行為を含む．

　これらの行為はコンピュータ犯罪取締法（Computer Fraud and Abuse Act）[xi] の下で，議論があるものの，すでにすべて違法とされている[31]．販売に必要な E メール量を達成するために，違法スパム事業者はこれらの条項に違反するのだろう．報告される事件はあまりないが，政府はよくやっている．その理由の一部には，スパム事業者の行為はログに記録され，受信者を欺こうとする被告の意図の立証にログを使おうとする点があげられる[32]．

4.1.8　アダルトコンテンツ表示

　無作為送信される迷惑ポルノは CAN-SPAM 法の主要な立法動機である．

---

30)　15 U.S.C. § 7703; 18 U.S.C. § 1037.

xi)［訳注］ここでは，コンピュータ詐欺及び不正使用取締法（以下，「コンピュータ犯罪取締法」）とする．本法の定訳はなく，たとえば，英和生命保険用語辞典によれば，「コンピュータ犯罪取締法（コンピュータシステムの乱用や詐欺を取り締まる法律．Electronic Communications Privacy Act とともに超党派で提出された議員立法で 1986 年 6 月に下院通過）とされる．また，日本政府の訳例としては，経済産業省の報告書では「コンピュータ詐欺および濫用法」，「コンピュータ詐欺および不正利用防止法」や「コンピュータ犯罪法」といった翻訳が並列状態にある．

31)　18 U.S.C. § 1030 et seq.

32)　*United States v. Kilbride*, 584 F. 3d 1240（9th Cir. 2009）; *United States v. Twombly*, 475 F. Supp. 2d 1019（S.D. Cal. 2007）参照．

初期のEメールプログラムでは利用者はポルノ消去のためにEメール閲覧をせざるを得なかった．そのため，未承諾ポルノは非常に迷惑なものだった．CAN-SPAM法はポルノに対し「露骨な性表現」と明示することを要求し，これは利用者が「茶色の包装紙」を保持すること，つまりスクロールダウンするまでいかなる画像も表示するべきではないという意味を有する．この包装紙はアダルトメッセージ受信を受信者が一旦承諾すれば開くことができる．

このような表示は穏健で安価な規制要件である．だが，サーバレベルのフィルタリング，そして利用者はメッセージ表示とともにその自動消去を望む．

4.1.9　州法の専占

CAN-SPAM法は州法や地域法の専占を広範に認めており，「いかなるそのような条項，規制，または規則がそれに付随した商業的Eメールメッセージや情報のいかなる部分でも虚偽や詐欺を禁止する場合以外は」といったものである．したがって，州レベルの訴訟では何が虚偽なのかを確立するための事項を包囲する[xii]．

反スパム訴訟の原告は多くの事件を法廷に持ち込んでいるが，スパム事業者の行為を悪者に特徴づけることに必死になっている．というのは，州の反スパム法は強力でしばしば定額損害賠償[xiii]を認めるからである．

4.1.10　勧誘Eメール禁止登録名簿（do-not-e mail registry）

テレマーケティングの勧誘電話禁止番号登録名簿の素晴らしい成功（詳細は以下で述べる）は連邦議会にEメール用の類似制度を考えることを奨励した．議会はFTCに制度構築のための報告書作成を命じ，その実行権限を与えた．2004年6月の報告書では，FTCはEメール禁止名簿に対し反対することを推奨した[33]．というのは，そのような制度は厳格な同意を有するからである．FTCは多数のスパムを送信するマーケティング担当者によって登録名簿が利用されることを懸念した．

FTCは，Eメール送信者認証のための無断改ざんを不可能にする制度が実

---

xii）[訳注]　連邦法による定義不足分を州法の訴訟が補っていることを指す．
xiii）[訳注]　アメリカでは制定法が違反者に対して実損額を超える賠償を請求することを認める場合に，この用語を用いることがある．
33) FTC, NATIONAL DO NOT EMAIL REGISTRY: A REPORT TO CONGRESS (June 2004).

施されるまでは登録名簿作成行為を実行しないことを推奨した．それから2年経過した今日，ほぼすべての組織が送信者認証（改ざんできないものではないにしろ）を利用する．FTC がスパム登録の考え方を再評価するのではないかという噂が流れている．

4.1.11　執行

　連邦議会は州司法長官と並んで FTC が法執行の主要な担当と定めた．FTC は CAN-SPAM 法を FTC 法違反として執行する．そのため違反にはメッセージごとに1万6000ドルの課徴金を科すことができる．差止命令による救済も利用可能である．

　法律の一条文は送信者に対するプロバイダの「インターネットアクセスサービス」のために行動する私権を与える．議会はこの語を広く定義した[34]．これは潜在的にウェブサイト運営やEメールアカウント供給者に当事者適格を与えることを意味する．反スパム活動家は当事者適格を得て訴訟提起できるものと理解した．だが，裁判所は議会の立法目的を調べ，条項をより狭く解釈した．連邦巡回第9裁判所は，原告はインターネットアクセスサービスプロバイダの定義やスパムによる悪影響の要件を満たさなければならないと結論づけた[35]．この悪影響の要件は私訴の鍵となる制約である．つまり，原告は CAN-SPAM 法の損害と禁止事項との間の因果関係を立証しなければならない．そしてその損害は，商業メッセージで生じる通常損害より高額でなければならない．

　CAN-SPAM 法違反の FTC の内部法令は下記6分類に分けられ，FTC の優先順位と訴状の中で頻度の高いテーマを提示する．これには，以下のようなものがあげられている．

1）「私を削除して（remove me）[xiv]」が表示されていない，「私を削除して」

---

[34]　47 U.S.C. §231 (e) (4).
[35]　*Gordon v. Virtumundo*, 575 F.3d 1040 (9th Cir. 2009). Susuk Lim, *Death of the SPAM Wrangler: CAN-SPAM Private Plaintiffs Required to Show Actual Harm*, 6 WASH. J. L. TECH. ARTS 155 (2010).
[xiv]　［訳注］　たとえば，アプリやゲームなどのフレンドリストや Skype などの住所録から自分の情報を削除してもらうこと．

に違反する，または，「私を削除して」を無視する．
2) スパムがポルノ画像を示すもの．
3) スパムが情報収集活動の疑いにつながるもの．
4) 主題や行間から悪意や誤解を招くものであること．
5) スパム事業者がコンピュータリソースを不正利用すること．
6) その他一般的迷惑行為に該当するもの．

4.2 テレマーケティング

スパム同様にテレマーケティングでもまず帯域幅（bandwidth）の問題があげられる．これは不必要でときには危機的に電話回線を塞いでしまう．たとえば，販売勧誘で病院や緊急サービスの電話回線を鳴らすような場合である．だが，1990年代までに，問題は技術的な過剰負荷の帯域幅問題から人々の注意や認識源に対する脅威に変化した．その当時，望まない販売勧誘電話がかなりの迷惑行為になっていた．テレマーケティング事業者は電話をかけるためにより洗練された効果的手法を開発した．新技術は1社に1日数百万件の電話をかけさせることを可能にした．これらの技術は「放送の中断，沈黙」を多く招いた．つまり，これは一時期にテレマーケティングシステムが販売勧誘電話の効率性向上のためにあまりに多くの電話をかけすぎたためにテレマーケティング事業者の電話が一切鳴らなくなる状況である．ピーター・スワイヤー教授の説明によれば，これらの電話は勧誘を望まない消費者の費用を顕在化させた．だが，これは一般的な電話のもつ価値を低下させる．電話スクリーニングや電話無返答のような不本意な販売勧誘電話業者の回避防御技術で望ましい電話まで弾かれてしまうことがありうるからである[36]．

技術は中立か

ある種の逆説が現代のハイテクマニアによって提示された．彼らはより民主主義的な政治変化の作動装置として技術を推奨する一方，ほぼ同時に技術は中

---

[36] Peter P. Swire, *Efficient Confidentiality for Privacy, Security, and Confidential Business Information*, BROOKINGS-WHARTON PAPERS ON FINANCIAL SERVICES (2003).

立だと宣言する 37)．学界では多くの論者が技術は中立ではなくむしろとても
より深い「人間性の一部」であると主張する 38)．

　著書『鯨と原子炉（The Whale and the Reactor)』にてラングドン・ウィ
ナーは発電技術の政治局面を考えるよう読者に勧める．原子力発電をもつ社会
は，不正使用から原子力の使用済み核燃料棒や副産物を守るために軍事力類似
の警察力をもたなければならない．

　この社会は，テロリストの飛行機が原子炉に突っ込んだり，炉心溶解を引き
起こす攻撃を防ぐために広範な安全策をもたなければならない．原子力発電は
非常にごく少数の人々に集中して所有されている．それと同様にこれは高度に
経済的意味がある．

　他方，自家用太陽光発電を採用する社会では，強力な警察力の必要性はほと
んどないと考える．発電と所有は分散され，おそらく監視不可能である．簡単
にいえば，原子力は異なる政治的関係性を要求する．そのため，ウィナーはこ
れは本質的に政治技術だと分類する．ウィナーは，「電力，権力そして他者の
上に君臨する一部の者の特権を高める」計画における他の差別事例として，ロ
バート・モージス xv) がジョーンズビーチ xvi) を訪れるために市営バス（およ
び都市部の貧困層）を避けて低額な高架道路の橋を建築したことをあげる．

　この考え方で理解すると，「技術が中立である」という主張は，テクノロジ
ー企業の政治的動機を隠蔽するための技法にすぎない．「あらゆる技術計画で
イデオロギーや政治アジェンダを隠蔽することはあまりに多い．」39)．そのた
め，エフゲニー・モロゾフ xvii) は「技術論理とそれに適合する社会の論理の

---

37) ERIC SCHMIDT AND JARED COHEN, THE NEW DIGITAL AGE: RESHAPING THE FUTURE OF PEOPLE, NATIONS AND BUSINESS（2013). 著者たちは次のように述べる．「技術は中立だが人々は中立ではない．」そして，「テクノロジー企業は自社生産物と共に自らの価値を他に伝え，その結果，接続インフラの礎を築く絶対的に欠かせないものとなる．」．

38) LANGDONWINNER, THE WHALE AND THE REACTOR（1986). （ラングドン・ウィナー，吉岡斉・若松征男訳）『鯨と原子炉：技術の限界を求めて』（紀伊國屋書店，2000 年), Gary T. Marx, Coming to Terms and Avoiding Information Techno-Fallacies, in PRIVACY IN THE MODERN AGE: THE SEARCH FOR SOLUTIONS (Marc Rotenberg & Jermaine Scott eds., 2015) も参照．

xv) [訳注]　アメリカの著名都市計画家．

xvi) [訳注]　アメリカ NY 近郊にあるビーチが美しい州立公園で，モージスが設計を担当した．

39) EVGENY MOROZOV, THE NET DELUSION (2011); Evgeny Morozov, Don't Be Evil, THE NEW REPUBLIC（August 4, 2011).

> 両方を明確に注意深く調査する」政策を推奨する[40]．

　消費者は迷惑電話の量を減らすためにはほぼ無力である．一部の消費者は「迷惑電話撃退機」を有し，迷惑電話を切断する．だが，テレマーケティング事業者は信号認識ソフトを無効にする[41]．電話会社は紛争の両当事者から利益を得る．つまり，一方で，電話会社は販売勧誘電話無視を手助けするために消費者に高額な発信者番号通知サービスを販売した．だが，他方では発信者番号非通知のテレマーケティング事業者に特別な大容量電話線を提供し，それゆえ発信者番号通知サービスでは検知できない販売勧誘電話を可能にした．消費者は各会社を基礎とするオプトアウトだけが利用できる状況だったため，法的保護の利用は難しかった．これは消費者がオプトアウトを利用しても，異なる事業については同じテレマーケティングサービスによる1分後の電話は可能という意味である．また，テレマーケティング事業者は消費者がオプトアウトを試みようとすると電話を切るということでも悪名高い．

　FTCは電気通信事業者への規制を法律上禁じられており，テレマーケティングはテレコミュニケーション機器の技術的に高度な利用が多いため，連邦議会は2つの異なる消費者保護法で対処した．

　それは1994年テレマーケティングおよび消費者詐欺被害防止法[42][xviii]と1991年電話消費者保護法（TCPA）[43]の2つである．FTCがテレマーケティング販売規制の主たる責任をもち[44]，FCCはTCPAの責任をもつ．

---

xvii）［訳注］　ベラルーシ出身の作家．
40）　Evgeny Morozov, The Net Delusion (2011).
41）　Scott Hovanyetz, *Call Center Mailer Touts TeleZapper Immunity*, Direct Marketing News (February 18, 2003).
42）　15 U.S.C. § 6101.
xviii）［訳注］　本法の定訳はなく，たとえば，総務省の報告書によれば「テレマーケティングによる消費者詐欺・誤用防止法」，日弁連の報告では「テレマーケティング・消費者詐欺および乱用防止法」とされている．
43）　47 U.S.C. § 227.
44）　16 C.F.R. § 310.

4.2　テレマーケティング　　155

4.2.1　テレマーケティング販売規則

長年にわたるテレマーケティング迷惑行為はFTCの複雑なテレマーケティング規制を生み出した．これはテレマーケティング販売規則（TSR）[xix]に表れている．TSRはプライバシー保護のために広範で複雑に絡み合った規則要件を用いる．これらには開示要件，行動基準，セーフハーバー，データ保存要件そして特定行為の一律禁止が含まれる．

TSRの守備範囲は非常に広範である．州際電話であらゆる商品やサービスを提供しようとすると，この規制適用の端緒となる．だが，ほとんどの企業向け電話は適用除外である．一般電気通信事業者と金融機関を追跡するにはFTCには限定的能力しかないにもかかわらず，FTC当局はTSRを第三者のコールセンター（FTCの監視適用除外企業の販売勧誘電話を行っている）に適用する．

4.2.2　開示要件

TSRの開示要件は消費者にテレマーケティングや当該取引のキーワードを見分けることに役立つ．そのため，テレマーケティング事業者は電話の最初に発信者番号を通知しなくてはならない．一旦つながったら，電話販売勧誘業者は自分自身や物品やサービスを通知しなくてはならない．すべての重要条件が開示されなくてはならない．特則は，景品，販売促進そしていわゆるネガティブオプション提供（以下参照のこと）のためにおかれている．

4.2.3　予測可能自動ダイヤル装置 [xx]

テレマーケティング企業は同時に多くの人々に電話をかけるために予測可能自動ダイヤル装置を利用する．テレマーケティング企業はこれを用いて販売勧誘電話の稼動停止時間を減らすことができる．このダイヤル装置は，電話の切れるときや，どの程度聞き手が電話を維持するかを予測して販売勧誘企業と消費者を正確につなげようとする．マッチング過程の失敗は電話線上に何らの販売勧誘電話が鳴らない中断が生じる．予測可能自動ダイヤル装置技術はテレマ

---

xix）［訳注］　本法の定訳はなし．総務省の報告書においても同様の翻訳である．

xx）［訳注］　アウトバウンド業務効率化機能を搭載したデジタル交換機のこと．顧客ファイルに基づいて次々に自動発信し，相手につながったコールだけをTSRに均等に分配する．

ーケティング手法を変化させ，より効率的な販売勧誘電話を生み出した．だが，その過程で消費者には電話がより迷惑なものになった．特に中断電話は消費者を悩ませた．これをハラスメント形態としての無人電話と解釈する者もいる．

　TSR の下，予測可能自動ダイアル装置を利用する発信者は電話中断を避けるために，2秒以内で代理業者と消費者をつながなければならない．この基準に合致した失敗に対処するために，FTC は発信元を明らかにして自動メッセージを流す発信者を許容するセーフハーバーを作った．セーフハーバーに合わせるために，1日当たり3パーセント程度の電話はなくなった．

4.2.4　事前取得アカウント番号テレマーケティング

　事前取得アカウント番号利用のテレマーケティングは，ダイレクトマーケティングビジネスモデルを FTC が尊重している姿勢を端的に表す．この慣行には電話をかける前に消費者のクレジットカード番号や銀行口座番号を購入するテレマーケティングを含む．そのためテレマーケティング事業者は支払方法を消費者に提示せずに販売完了できる．

　この慣行は利己的利用を招く．テレマーケティング事業者は消費者に電話し，消費者のクレジットカード情報を事前入手しており課金が実行可能とは一切告げずに，消費者に何等かのサービスの無料トライアルを提供する．アメリカの最大手消費者金融業者の一部はこのビジネスモデルを導入し，未承認のうちに課金するテレマーケティング事業者に顧客の口座番号を提供する．消費者金融業者は販売時と逆の請求の両方の料金のうち，相当割合の手数料を受け取る．消費者金融業者が稼いだ手数料は詐欺的課金を無視する動機を金融業者に与えた．ミネソタ州司法長官が明らかにした事例では，「過去13か月間，ある国内銀行では9万5573件の会員権や消費者未承認のテレマーケティング事業者の事前取得番号で請求された他の商品キャンセル処理を行った」[45]．

　ブッシュ政権下での規制緩和の推進は FTC にテレマーケティングの事前取得事業者番号の弁護を余儀なくさせた．筆者が参加したあるフォーラムでは，FTC の弁護士は業務正当化と格闘しながらある事例を判断したとのことだった．それは消費者が運転中に販売勧誘電話を受け取ったときには，クレジットカード番号を調べずに購入可能であることは彼女にとって便利だという事例で

---

45) ミネソタ州司法長官, 州検事総長事務局補足意見, FTC File No. R411001（2002）.

ある．この形式のマーケティングに理解不足の弱者，濫用リスクや詐欺報告事例があるにもかかわらず，ブッシュ時代のFTCは事前取得事業者番号のテレマーケティングを許容した．このアプローチのリスクを認識しながら，FTC当局は，業務実行上，最も頻度が高い書面での同意を課した．課金サービスへと実を結ぶ無料サービス，すなわち「無料・課金転換（free-to-pay conversions）」は明示の同意を要求し，販売者は消費者に課金予定口座番号の最後の4桁を読み上げてもらわなければならない．販売者は全取引の音声録音をしなくてはならない．連邦議会は，最近「オンラインショッピング信頼回復法（ROSCA）」xxi)制定のために，これらの消費者保護を補足した 46)．

4.2.5　全米電話お断りリスト xxii)

「電話お断りリスト（DNCR）」は1990年代の州の電話お断りリストの採用によって生じた．これらのリストは非常に広く普及したが，その有効性は限定的であった．テレマーケティング事業者は他州から電話を掛けることもよくあるうえ，消費者の選好にうまく対応しないこともあるからである．DNCRの下，消費者は最小限の認証で電話番号登録が容易に可能である．消費者は自己所有電話番号の証明のために多大な労力をかける必要がない．テレマーケティング事業者は定期的にリストをチェックして，リストに表示された電話番号に掛けることを消去しなくてならない．DNCRの運営コストはテレマーケティング事業者によって支払われている．彼らは個別申込しなくてはならず，この料金がDNCRの運営を支えている．

　DNCRはクリントン大統領時代のリーダーシップで劇的に発展したが，提案は棚上げされた．DNCRが2002年に創設されたことは唐突だった．FTCは，その後ジョージ・W・ブッシュ大統領が指名したティモシー・ムリス議長に率いられたからである．ムリス議長は，テレマーケティングを「害悪ベース」アプローチの下で取締可能という枠組みにしつつも，DNCRも立ち上げるということで消費者擁護団体を驚かせた．DNCRは連邦レベルでの消費者

---

xxi)［訳注］ restore online shoppers confidence act. 本法の定訳はなし．
46)　15 U.S.C. §8401 et seq.
xxii)［訳注］ National Do Not Call Registry: DNCRの定訳はなし．内容については，たとえば，国土交通省の資料を参照のこと．http://www.mlit.go.jp/jutakukentiku/jutaku-kentiku.files/akushitsu/akushitsu2san.pdf

の介入として依然として最も多い．下院エネルギーおよび商業対策委員会議長がDNCRを頓挫させようとした際，ムリス議長は強力な議会の攻撃からDNCRを守った．FTCは後に合衆国憲法第1修正からの挑戦を受けた際も無事に守り切った[47]．

政治的局面として，テレマーケティング業界はDNCRの下での普遍的なオプトアウト創設に反対した．テレマーケティング業界は会社対会社のオプトアウトアプローチ維持を望んだ[48]．約2年ごとの一定期間で，DNCRの下，テレマーケティング業界側も消費者に再登録すべきことを求める．これらの政策は消費者の取引費用を増加させ，消費者の電話に一度でも電話したことのある世界中のテレマーケティング事業者を許容する．

2003年のDNCRをめぐる論争が活発だったころ，イアン・エアーズ教授とマシュー・ファンク教授は，メッセージを聴く消費者がテレマーケティング事業者（やおそらく他業種のマーケティング事業者）に金銭支払要求をするという挑発的解決策を提示した．著者たちはテレマーケティング事業者にとって些細なルール，つまり呼出時間制限や事前録音電話禁止のようなものは排除可能であると示唆する．消費者は不便もしくは事前録音電話を受けたい意思があればお金を払うことができるからである．エアーズとファンクは以下のように結論づけた，「電話は広告の主要ルートとなる現実的可能性がある．電車のために5分の待ち時間を持つべきか．携帯電話の電源を入れて，幾分かの現金を持つのはどうか．未承諾の勧誘を避けるためいくら払わなければならないのかという答えを必要としない問いかけをする代わりに，この重大な質問に対し，われわれはいくら払いたいのかと自問するのが可能であるべきである」[49]．短時間のうちにマーケティング事業者のロビイストは意見をまとめ，DNCRの代替策の推進活動を行った．だが，テレマーケティング業界はこの提案を決して

---

47) *Mainstream Mktg. Servs., Inc. v. FTC*, 358 F. 3d 1228 (10th Cir. 2004)

48) AM. TELESERVICES ASS'N, COMMENTS OF THE AMERICAN TELESERVICES ASSOCIATION ON THE REVIEW OF THE TELEMARKETING SALES RULE 10 (2000) 参照, available at www.ftc.gov/bcp/rulemaking/tsr/comments/ata.pdf．（補足すると，企業に特化した「電話お断り」リストは好調な販売のために必要な十分な情報に基づいた購入の意思決定権限を消費者に与える最善の方法である．勧誘電話が不要な消費者が，しなければならないことのすべては，電話の間，いかなる時でも掛け手にその旨を知らせることである．だが，電話を受け取りたいまたは特定種類の電話だけは受け取りたい消費者にとっては，現在の連邦法は受け取りたい電話と受け取りたくない電話を決定する自由を消費者に与えている．）

受け入れなかった．その代わりエアーズとファンクの提案がFTCや議会活動を遅延させるための便利な手段となった．

規制は技術中立であるべきか

消費者と産業界の双方の擁護団体は，規制が「技術中立」であるべきか議論する．

バート・シャープ・コープスは技術中立規制に対する要求を注意深く探究した．コープスはなぜ技術法はとりわけ技術中立であるべきなのかという問いかけから始める．コープスは交通法規の例を用いる．ここでは自転車，車そして重量トラックに関する統一技術法規に対する要求は特にない．

コープスは「技術中立」には3つの潜在的意味があり，この意味づけは争いの結果生じたものだと説明する．

第1に規制目標の観点からみると，情報通信技術（ICT）の効果は原則として規制されるべきである．だが，技術それ自体は規制されるべきではないと主張する．つまり，これはオフラインとオンライン規制の間での公平性達成手段として供されうる．第2に技術開発の観点からみると，規制は原則として技術開発に関して消極的効果をもつべきではなく，技術における不当な差別をすべきでない．第3に立法技法の観点からみると，「技術中立」は以下のようだと主張する．つまり，立法は十分持続可能性があり，同時に十分な法的確実性を担保しうる限りにおいて具体的技術から離れた抽象的なものになるべきである．

コープスは，最後の正当化事由は持続可能な法制化を促進するために最も賞賛に値するものであると主張する[50]．

アメリカの政策論争に適用するため，これら3つの技術中立規制の意味は大いに異なる結果を持つ．コープスの最初と3番目の分類を考えてみよう．これ

---

49) Ian Ayers & Matthew Funk, *Marketing Privacy: A Solution for the Blight of Telemarketing (and Spam and Junk Mail), 20 Yale J. Reg.* 77 (2003). この提案の詳細な批判については以下の文献参照．Paul M. Schwartz, *Property, Privacy, and Personal Data, 117 Harv. L. Rev.* 2055 (2004).

らは広範で予防的で原理に基づく規制である．

「公正信用報告法」（Fair Credit Reporting Act: FCRA [xxiii]）や「ビデオ・プライバシー保護法」（Video Privacy Protection Act [xxiv]）といったものは，技術の利用にもかかわらず，禁止行為を定義づけしているが，この技術中立の定義に基づき有効なものとされている．それと同時に，「通信品位法」（Communication Decency Act: CDA [xxv]）のオンラインプラットフォームに関する免責は疑わしいものかもしれない．なぜなら，それはオンラインとオフラインの媒介者責任に関して根本的に異なる結果を生み出すことがあるからである．

多くのアメリカの法規制，そして事実上すべての自己規制は，技術を差別すべきでないと命じるコープスの第2原則に違反する．アメリカの用語では，これはしばしば「規則は勝者と敗者を選別すべきではない」といわれる．

しかし，ほぼすべてのマーケティング対策規制は，多くのプライバシーの自主規制と同様に，勝者と敗者を選別するという意味で技術特定的である．これは合衆国憲法第1修正が技術特定の意味で規制を合わせることを政府に要求することを制約しているためである．結果として，規制は事前対応ではなく事後対応として技術特定に焦点を当てる傾向になる．だが，これは力のせいでもある．たとえば，自動ダイヤル装置は個人に電話をかけるテレマーケティング事業者の能力を大幅に高め，結果として何百万もの「無言の」切れる電話となった．規制はテレマーケティング事業者に力を与える技術に焦点を当てる．消費者には干渉に対峙するための何らの手段（または手段を使えなくすることでさえ）も与えない一方，テレマーケティング事業者の効率性を高めることには大きく資するという非対称性がある．事前録音音声マーケティングは個人に対す

---

50) Bert-Jaap Koops, *Should ICT Regulation Be Technology-Neutral?*, in STARTING POINTS FOR ICT REGULATION (Bert-Jaap Koops, Mariam Lips, Corien Prins, & Maurice Schellekens, eds., 2006).

xxiii)［訳注］　民間部門における個人信用情報の提供・利用等を規制するための法律として1970年制定．信用情報分野に焦点をおいた「個別法」を採ることを要求する．

xxiv)［訳注］　定訳なし．たとえば，鈴木正朝教授（新潟大学大学院）作成の資料を参照のこと．http://www.soumu.go.jp/main_content/000196107.pdf

xxv)［訳注］　米国通信品位法．1996年2月成立の米国通信改革法における主要な部分の1つで，わいせつ・暴力番組を規制する．

る類似の非対称な脅威となる．最小限の投資で電話の呼び出し側は個人の日常生活に重大な妨害を引き起こす．

　ハーバート・ビュルケルトは情報通信技術が根本的に情報の取扱いを変えたと主張する．社会の抑制と均衡の維持のため，ビュルケルトは，「権力構造内でそのような変化に対する技術特定の対応が必要」であると断言する[51]．電子データ処理業界は紙媒体ファイルシステムよりも一層危険な慣行を伴うと指摘する．そのためにより強力な規制をすることに価値がある．

　われわれは近い将来この教訓を考えなくてはならないだろう．つまり，マーケティングが現実空間で認識可能でわれわれの前に対峙するロボットもしくは自動システムによって提供されるような時代のことである．そのような広告は典型的には陰惨なSF（2002年の映画「マイノリティーレポート」や2011年の「ブラックミラー」，2013年の「ゼロの未来」）の中で描かれている．われわれはこれらの技術が迫りくる時期にあることを知っている．われわれは，予測的というよりもむしろ非中立的方法で原理に基づく中立的規制を通じて，それらの技術が生じるたびに特定して規制することで対応することになりそうである．

　エリック・ゴールドマン教授は，DNCRは「詳細で個別で著しく低コストで消費者の選好を反映すること」に失敗したと主張する[52]．それは詳細ではない．DNCRはテレマーケティングに関して2択——全部か無かの選択を要求するからである．おそらく消費者は特定企業からの販売勧誘電話は歓迎するが他は歓迎しない．それは個別的ではない．電話線の個別利用者よりもむしろ世帯に適用されるからである．それは動的ではない．登録は消費者がテレマーケティングを望む可能性を奪いながら，長期間継続されるからである．

　DNCRを提案したとき，FTCは6000回線が登録されると予想した．そのプログラムは推定より遥かに成功した．最初の稼働日に7百万の番号が登録された．2011年までに2億以上の回線が登録された[53]．DNCRは効果的でない

51）Herbert Burkert, *Four Myths about Regulating in the Information Society - A Comment*, in STARTING POINTS FOR ICT REGULATION (Bert-Jaap Koops, Mariam Lips, Corien Prins, & Maurice Schellekens, eds., 2006).

52）Eric Goldman, *A Coasean Analysis of Marketing*, 2006 WIS. L. REV. 1151 (2006).

と気づくものもいる．販売勧誘電話，慈善団体からの電話や政治家からの電話を依然として受けるからである．だが，研究では DNCR に登録した個人は販売勧誘電話を受けることが滅多になくなったという調査がある[54]．合衆国憲法第 1 修正が慈善活動や政治家からの電話に対処することを難しくする．

この話の結論として，AT&T はテレマーケティング事業者と消費者の反テレマーケティング選好の双方から多くの利益を得ている会社であるうえに，FTC の DNCR システム実行のために雇用されていた．

4.2.6 説明責任の措置

TSR は販売勧誘電話事業者に対し，広告，テレマーケティング台本，そして商品購入顧客リストの 24 か月の保管期間を課す[55]．これらの記録はテレマーケティングに対する執行の鍵となる．不誠実なテレマーケティング事業者の逮捕決定は難しく，技術は彼らに電話用の「ボイラー室[xxvi]」を立ち上げさせて，当局がそのスキームを捜索するときに素早い証拠隠滅を可能にするからである．だが，多くの従業員を使って大規模な電話プログラムを実施するには，実際には不誠実なテレマーケティング事業者は違法な電話や不正確な販売条件を伝えるための計画を書類化して配布しなくてはならない．したがって，テレマーケティングの台本を入手した当局は詐欺の故意の直接証拠にこれを使うことがよくある．

4.2.7 投資テレマーケティング詐欺

1998 年，議会はテレマーケティングに関する企業記録獲得過程を簡素化した[56]．修正「通信保全法（Stored Communications Act: SCA）」の下，いか

---

53) FED. TRADE COMM'N, BIENNIAL REPORT TO CONGRESS: UNDER THE DO NOT CALL REGISTRY FEE EXTENSION ACT OF 2007, FY 2010 AND 2011 (2011).

54) Press Release, Harris Interactive, National Do-Not-Call Registry: Seven in Ten Are Registered and All of Them Will Renew Their Registration, Large Majority Who Have Registered Report Receiving Far Fewer Telemarketing Calls 1 (October 31, 2007), *available at* www.harrisinteractive.com/vault/Harris-Interactive-Poll-Research-Do-Not-Call-2007-10.pdf.

55) 16 C.F.R. § 310.4.

xxvi) ［訳注］ここでの boiler room とは詐欺的取引の隠ぺい技術手段という意味合いで使われている．

56) Pub. L. 105-184, § 8, June 23, 1998, 112 Stat. 522.

なる政府機関（州や地方機関も含まれる）もテレマーケティングに従事する申込者の事業の名前，住所，場所を明らかにすることができる．

これらすべては「テレマーケティング詐欺の法執行調査関連の公式書面要請」の書面提出のために必要である[57]．民事調査請求（civil investigative demand: CID．第4章〔原著〕参照のこと）は申込者に関する情報をより多く獲得することが可能であるため，CIDはテレマーケティングではより好まれるようである．

4.2.8　広告主の代理責任

広告主は販売勧誘電話業者の行為の間接責任を負うことがありうる．「援助と促進」基準の下，当該会社はテレマーケティング規制を「知っているまたは意図的に知ることを避ける」とき，あらゆる販売勧誘電話の「実質的支援や支持」を与えたとして責任を負う[58]．間接責任に関する規制範囲は極めて広範で，あらゆる種類の濫用電話や販売に関する基本情報開示をしなかった場合にも及ぶ[59]．実務的事項として，広告主責任はテレマーケティング事業者を雇用する広告主が販売勧誘電話活動を監視しなければならないことを意味する．テレマーケティング台本，未承認の手数料に関する申立て，法執行機関からの照会やオプトアウト要求が守られていないという苦情に対して注意を払うことが重要である．

4.2.9　電話消費者保護法（TCPA）

テレマーケティングは消費者に嫌がられており，2つの連邦機関がその取締を行う．FTCによるTSRへの取組みに加えて，FCCがTCPAを通じてテレマーケティングやSMSマーケティングを規制する．TCPAは書面による事前の同意表明がない携帯電話へのテレマーケティングやSMSマーケティングを禁止する[60]．それは，「事前録音済の」テレマーケティングを明確に禁止し，病院や高齢者住宅や緊急電話番号へのテレマーケティングを禁止する．FCCはTCPAの同意条項を厳格に解釈しており，同意は伝達されかつ外部に表明

---

57)　18 U.S.C. § 2703 (c) (1) (D).
58)　16 C.F.R. § 310.3 (b).
59)　*FTC v. Global Marketing Group, Inc.*, 594 F.Supp. 2d 1281 (M.D. Fla. 2008) 参照.
60)　47 U.S.C. § 227 (b) (1) (A) (iii).

されなければならないとする．たとえば，SMSマーケティング送信のため，会社は個人に以下のような情報を伝える必要がある．それは，マーケティングメッセージを特定のセクターから受け取り，受け取ったメッセージ数を評価し，消費者がメッセージを受け取るかもしれない番号を特定化する情報である．

　TCPAは特に少額訴訟の正当化を保障し，違法テレマーケティングに対する500ドルの定額損害賠償を規定する．このことは私人の原告にテレマーケティング取締に対する非常に強い動機を与える．アメリカではある種のTCPA訴訟弁護士会まで存在する．これらの訴訟当事者を避けるため，ある会社はマーケティングリストから有名な原告の電話番語を除去した「訴訟当事者除去（Litigator Scrub）」リストを提供する[61]．

4.2.10　ジャンクファックス除去法

　TCPAは未承諾の営利ファクスメッセージである「ジャンクファックス（junk faxes）」も禁止する[62]．ジャンクファックスはファックス機所有者にとって疫病であった．このメッセージ送信費用が受信者に移転されるため，ジャンクファックスはマーケティングの不快な一形態であった．実際，普通紙ファックス機の普及前は紙とインクは非常に高価だった．原告が悪名高いFax.comのような50万枚以上のファックスを1週間に何度も送りつけたジャンクファックスを提訴したとき，受信者または以前の電話番号の所有者がファックス送信に同意したと被告は主張した．

　この訴訟戦略に愛想を尽かし，FCCは送信者に受信者の同意書面の保持を求めた．同意書面は中小企業にとって大きな負担だったこともあり，議会にはジャンクファックス除去法を制定するようただちに法案が送られた[63]．本法はFCCの同意書面権限を剥奪，ジャンクファックス禁止のために既存ビジネス関係の例外条項を追加した．FCCの受信者寄りの規制は，ダイレクトマーケティング事業者がFCCの権限を剥奪しファックスを許容する新たな例外を獲得するという反動結果を招いた．

---

61)　Contact Center Compliance, Contact Center Compliance Announces Litigator Scrub, February 10, 2015.
62)　47 U.S.C. §227（d）．
63)　Pub L. No. 109-21, 119 Stat. 359（2005）．

4.2.11 広告メール

FTCは郵便を通じて実行された不公正および欺瞞的慣行と取り締まることは可能である．だが，FTCは広告メール関連のプライバシーまたはマーケティング対策権についてはいかなる権限ももたない．ジャンクメールの一般論としては，アメリカの全メールの半分以上が広告メールである．アメリカ郵便公社（USPS）はダイレクトメール会社に対して卑屈な態度をとる．彼らはメール本体の広告主に住所記載を要求することなく，近隣のどの家にも配達される広告を生み出すような「集中浸透メール（saturation mail）」製品を生産しているからである．他国では，そのような配達はオプトアウト権獲得を条件としている（典型的には各自の郵便箱にステッカーを貼ることを通じて行われるものである）．だが，アメリカでは広告メールの量を減らすための法的に執行可能な方法が存在しない[64]．ダイレクトマーケティング協会（DMA）が提案する自主規制制度は会員企業によって送付される一定の広告メールのオプトアウトを個人に認めている．だが，それは全く不十分な効果しかない．なぜなら実際の取引関係をもつどの会社もメール送付が依然として可能であり，多くのマーケティング企業はDMAの会員ではないからである．

4.3 マルウェア

マルウェアとは悪意のあるソフトウェアの略語であり，これにはウイルスや自己増殖ソフト，ルートキットのようなコンピュータシステム全体に他人のアクセスを与えるソフトウェア，スパイウェアのように利用者の行動を監視するソフトウェア，アドウェアのように利用者に対し広告を提示して，誤った手続でインストールされてしまうことがよくあるソフトウェア，ランサムウェアのように利用者に課金を仕向けるソフトウェア，そして悪意目的で利用者のコンピュータを利用するその他のソフトウェアが含まれる．これらはバッドウェアとも呼ばれる．

---

64) すなわち，広告メールはポルノに迎合しているという主張はさておき，合衆国法典第39編3008条（迎合郵便の禁止）の下，各送付者に対して禁止命令が発動される．この禁止命令手続は紙ベースで労働集約的である．これは，受け手が不特定で特定の米国郵便局に郵便物を送ることが要求され，どの命令も単独送信者だけに適用される．

マルウェアは定義づけが難しい[65]．同意は定義づけのために時折用いられる．だが，同意の質は考慮のための重要な要素である．FTCはマルウェアのインストールを正当化する「建設的」同意を用いる会社に対して法執行をかける．実際，FTCの事例は，ある種類のアドウェアに対して現実の同意（明確な通知とともに肯定的同意）を提示する．

　機能に注目したマルウェアの定義づけも難しい．アンチウイルスソフトを考えてみよう．特定コンテンツのためにあらゆるファイルやコミュニケーションをスキャンして，そのようなソフトは各自のコンピュータで常時作動している．アンチウイルスソフトは危険なコンテンツの定義のアップデートや遠隔的にアップデートを行う．もし同じ行動が悪意のある行為者によって実行されると，アンチウイルスはコンピュータの盗聴と同等の大いに侵略的なプログラムである．とはいえ，アンチウイルスプログラムはプライバシーとセキュリティ保護のための鍵である．

　マルウェアに分類されたソフトウェアの共通機能は，コンピュータから情報を盗むこと，利用者が意図しないリンクにクリックするようコンピュータを仕向けること，コンピュータに購入を仕向けること，スパムを送りつけること，さらなるマルウェアを増殖させることや利用者のコンピュータをボットネット（botnet）の一部にすることを含む．ボットネットとはロボットネットワークのことであり，これは他の行為者の支配下で組織化されたコンピュータグループのことである．ボットネットの誕生は特にマルウェアの主要項目である．非常に多くのコンピュータを利用して，個人で莫大な量のスパムを送ることができる．またはコンピュータの操作をやめさせたり，オペレーターからお金をゆすりとる目的で，他のサイトを攻撃するために帯域幅（bandwidth）を利用することもある．

---

[65] Nathaniel Good, Jens Grossklags, David Thaw, Aaron Perzanowski, Deirdre K. Mulligan, & Joseph Konstan, *User Choices and Regret: Understanding Users' Decision Process about Consensually Acquired Spyware*, 2 (2) I/S: A J. L. POL'Y INFO. SOC. 283 (2006). 広域消費者産業連合の反スパイウェア作業部会は，スパイウェアを以下のように定義する．「適切な利用者の同意なく展開する技術もしくは利用者の制御を損なわせることを実行する技術を指す．これは，利用者の経験，プライバシー，またはシステムセキュリティに影響を与える物質的変化であり，ここにはコンピュータにプログラムがインストールされることを含み，個人的または他のセンシティブ情報の収集，利用，流布を含む．」ANTI-SPYWARE WORKING GROUP, ANTI-SPYWARE COALITION DEFINITIONS DOCUMENT, November 12, 2007.

このようにマルウェアはコンピュータ犯罪の主要項目で，サイバーセキュリティ上の大問題である．マルウェア捜査のため，FTC はサイバーセキュリティの中で果たすべき役割をもつが，それは限定的に実行されてきた．2009 年 6 月に FTC は訴訟を起こし，3FN [xxvii]，というカリフォルニアを基盤とするマルウェアの主要供給者で，「防弾（bulletproof）」ホストとしてスパムやコンピュータ犯罪のサークルとして知られていたものを操業停止に追い込んだ[66]．そのようなホストは違法コンテンツの許容や育成すら行い，著作権者，法執行や他者からの除去要求を無視する．FTC は，悪質コードプログラムのホストとなったり，コンピュータ侵入のために提供を行う 3FN に対し，不公正性権限を用いて罰金を課した．実際，FTC は 3FN をインターネットから切断させた．FTC は 3FN が児童ポルノ，スパイウェア，ウイルス，フィッシング，ボットネット命令やコントロールサーバー，そして暴力，獣姦，近親相姦の特徴をもつポルノサービスのホスティングをしていたと事実認定した．FTC は他の「防弾」ホストに対しては措置をとっていない．措置なしの理由として，2000 年代にそのようなサービスはアメリカから「ヨーロッパの新興国」や中国に移ったことがあげられる[67]．

上記の他者のコンピュータ利用は明確に悪質で不要なものである．だが，これはマルウェアやアドウェアの境界を明確に定義づける問題として生じる．ゴールドマン教授のコースのフィルターを思い出してみよう．ここではマルウェア事例の鍵となる不安をあらかじめ示している．つまり，最高のコンピュータマーケティングシステムはマルウェアと見分けがつかずに働くソフトウェアである．この根拠として，テクノロジー企業による意図的ロビイング活動のため，連邦議会はいくつかのスパイウェア法案を検討したが，いずれも規定できなかったことがあげられる．

利用者は複数の方法でマルウェアを入手する．たとえば，マウスポインタやスクリーンセーバーのような「無料」ユーティリティをダウンロードする場合，

[xxvii]［訳注］ 3FN の正式名称は Triple Fiber Network というインターネットサービスプロバイダ（ISP）である．マルウェアの温床となっている悪質 ISP として，2010 年に米連邦地裁が営業停止と罰金命令を課した．http://internetcom.jp/busnews/20100524/10.html
[66] *FTC v. Pricewert LLC also d/b/a 3FN.net, Triple Fiber Network, APS Communications, and APS Communication*, 09-CV-2407（N.D. Cal. 2009）．
[67] BRIAN KREBS, SPAM NATION: THE INSIDE STORY OF ORGANIZED CYBERCRIME - FROM GLOBAL EPIDEMIC TO YOUR FRONT DOOR（2014）．

マルウェアを直接インストールすることになる．単にソフトウェアをインストールさせるウェブサイト閲覧を通じて，マルウェアがドライブバイ（drive-by）ダウンロード xxviii を通じてインストールされてしまうこともある．時折，このようなドライブバイダウンロードは広告バナーを通じて拡散することもある．

第3章で言及した1つの主要指摘は，インターネットセキュリティは公衆衛生類似の公共財という考えである．マルウェアに対する保護を行わないことは，個々の利用者にとってはわずかでも，全体ではネットワークセキュリティに対して悪影響を与える．アンチウイルスソフトや他の主要ソフトウェアのアップデートをしそこなうことで，利用者はマルウェア問題やシステムの危険性に寄与してしまう．危険なシステムの作動や危険性のある広告プラットフォームの利用によって，ウェブサイトが問題に寄与してしまう．ソフトウェア会社は容易に利用可能なコードの公表を通じて問題に寄与してしまう．

4.3.1　マルウェアが違法になるとき

FTCは，不公正，欺瞞や「利用方法や手段」理論を用いて，マルウェアに関する一握りの事件を訴訟に持ち込む．FTCは被審人が欺瞞または不公正の行為を助長したり援助したりするとき，利用方法や手段理論を用いる．ほとんどの状況下では幇助の条項不足のため，FTCはこの理論で行っている（詳しくは第4章〔原著〕参照のこと）．

マルウェア事例はアプリ開発者にとって少数のブライトライン・ルールという明確に規定されたルールを明らかにする．つまり，センシティブデータ収集のための擬制同意は不適切であり，特定の侵略ソフト販売会社が自己のマーケティングや他者のソフト利用の監視をするための措置を講じなくてはならず，危険性をより高めるような利用者の設定変更を行うことは決して認められず，ソフトの欺瞞的マーケティングは違法である．

これらの問題に関するFTCの行為は，利用者にソフトウェアが追跡できることを警告するような設計義務を課し，これはソフトウェアがどのようにマーケティングされ，利用されているかに関するもっともらしい関係否認能力をソフトウェアメーカーに認めさせないものである．個人は州または連邦のコンピ

---

xxviii）〔訳注〕　ドライブバイダウンロード（Drive-by download）とは，ウェブブラウザなどを介して，ユーザーに気づかれないようにソフトウェアなどをダウンロードさせる行為のことである．

ュータ犯罪違反を伴うスパイウェアをインストールする者を起訴できる．マルウェアのベンダーには刑法上の罰金が科される．

4.3.2 擬制同意はある種のモニタリングにとっては不十分である

プライバシー法は個人情報の収集と利用を許容する消費者の同意に大きく依拠する．同意があったかどうかを十分に検討するには，利用者に同意能力があったか，取引とリスクに関する適切な情報があったか，同意は自発的なものだったか，そして同意の撤回条件が含まれる．だが，多くの取引では，同意は単に黙示的であるかもしくは擬制される．重要な用語は，長文のプライバシーポリシー，誰も読まない，もしくは無条件で与えられるエンドユーザライセンスの中に埋もれている．

FTC は SEARS [xxix] に関する事例で擬制同意の限界を明確にした [68]．SEARS は顧客がどのようにオンラインショッピングをしているかに関する理解をさらに深めるために，スパイウェアのように機能するソフトウェア導入に 10 ドルの対価を支払う機会を顧客に提供した．アメリカでは対価支払によって個人のプライバシーを売ることは許容可能な取引のようにみえる [69]．だが，FTC はその取引は欺瞞的であると事実認定した．SEARS のアプリが許容するトラッキングの程度が完全に開示されていなかったからである．SEARS は消費者に基本条件を表明していたが，オンラインブラウジングの「秘密裡の」トラッキングの対価を支払うということ，トラッキングについての完全な詳細は，（インターネット購入やバンキングのような）安全性の高いセッションのモニタリングを含むということは，単に長文のエンドユーザライセンス協定に書かれていただけである．

SEARS の同意命令は会社に対し将来のトラッキングに対し積極的同意を得ることを命じた．そして，この同意は，プライバシーポリシーからは独立して，監視の対象となるデータの種類，監視の範囲，データが第三者に共有されるかどうか，安全が確保されたセッションが監視されるかどうか，そしてデータが

---

xxix）［訳注］アメリカイリノイ州に本部がある百貨店．かつてシアーズ・ローバック社によって展開され，カタログ通信販売で有名．

68) *In re Sears Holdings Management Corporation*, FTC Matter 082 3099 (September 9, 2009).
69) ウォーレンやブランダイスが支持した個人のプライバシーの考え方でさえ，譲渡可能である．Samuel Warren & Louis Brandeis, *The Right to Privacy*, 4 HARV. L. R. 193 (1890).

どのように利用されるかについて明確ではっきりと開示されなければならなかった．

　FTC の命令の下，SEARS は明確な方法で情報開示をせざるをえなくなった．その結果，同意を得るのは実務上不可能と判明した．携帯画面は警告文を適切に表示できない．デスクトップ画面ですら警告文で完全に埋まってしまう．したがって，SEARS 事件は FTC が同意を条件とするデータ収集行為の種類をどのようにより狭めているかを事実上示した．

　SEARS の事件は一部の弁護士を当惑させた．これは理論上では欺瞞を適用するものの，あたかも不公正事例のように読める．だが，ある意味 SEARS の提案は全く不公正にはみえない．SEARS は人々にトラッキングの対価を支払っているからである．プライバシー侵害のために消費者への代償支払いは 2000 年代初期のアドウェアのスキームよりもずっと合法的にみえる．コモンローは開示情報を読んで理解する義務を課し，契約法は弁解として解読していないことを斟酌しなかった．ワシントン DC を拠点するプライバシー法の 4 人の弁護士はこの対応を次のように考える．「問題のソフトウェアがオンライントラッキングデバイスとして消費者に明確に認識されたとしても，契約法，業界慣行または"ライセンス協定"外の開示にあるトラッキングの詳細説明を求める以前の FTC の命令に関する原則は存在しないように考えられる．提案された SEARS の解決法は，消費者の選択で契約を締結するためのオプトインを認める産業と規制に関する既存の慣行とは矛盾することとなる．このことはオンライン取引の実質的不確実性を生み出す潜在的可能性があり，インターネットが経済成長と消費者の選択の強力な原動力となるのに役立ってきたという期待を台無しにしてしまう．[70]」．

　だが，実際どの程度契約でデータ開示を消費者に行うことを企業に許容するのだろうか．不公正慣行禁止の基本目的は公正慣行促進である．この観点からみると，FTC は契約規範のオンラインシステムの脆弱性を補償している．ウェブ経済の始まりからインターネットは契約の楽園をもたらした．それは，各個人が個別対応条件を獲得するようなところである[71]．その代わり，われわ

---

[70] Alan Charles Raul, Edward McNicholas, Colleen Theresa Rutledge, & Adam Rusnak, *End of the Notice Paradigm?: FTC's Proposed Sears Settlement Casts Doubt on the Sufficiency of Disclosures in Privacy Policies and User Agreements*, BNA PRIVACY SECURITY L. REP.（July 20, 2009）.

れは規格内のウェブのすべてで付随契約が無条件ベースで提供される．実際，ジェーン・ウィン教授は，契約法の要件形成に関する裁判所の不注意が不要なスパイウェアに対して効力に乏しいドクトリンとしての契約にしてしまったと主張する[72]．契約ドクトリンの些細な改革はスパイウェア問題に言及しておらず，教授はEUの不公平約款指令（unfair contract terms directive）を代替案として示唆する．

4.3.3　スパイするソフトウェア VS スパイ活動のために販売されるソフトウェア

　多くのソフトウェアツールはスパイ活動や他のコンピュータネットワークのサイバーストーキング（cyberstalk）のために使われる．たとえば，「パケットスニッファー（packet sniffers）」[xxx]は，ネットワークのあらゆるコミュニケーションを監視できる．たとえば，問題の診断やネットワーク効率化のために，技術者がスニッファーを利用するのは妥当である．FTCは違法スパイ活動の手段のようにみえる他のソフトウェアからこれを区別しなければならない．

　FTCと連邦法執行機関はソフトウェアでどのようにマーケティングがなされるかに焦点を当てながらこの問題に言及した．多くの技術で他者へのスパイ活動を示唆する広告がなされている．違法利用を可能にする通常ツールメーカーへの生産余地を与えつつ，FTCの事例はそのようなビジネスモデルに焦点を当てた．

　FTC対CyberSpy Software事件では，FTCは利用者のキー操作の記録をとるソフトウェア販売を企業に禁止させるために訴訟提起した[73]．無害のEメール附属品のようにプログラムを偽装してウィザードやチュートリアル形態をとりながら，関係当事会社の申立てによれば，ソフトウェアの購入者にどのように秘密裡に展開するかを説明した．さらに「100パーセント検知不可能」なソフトウェアという宣伝も行った．FTCは，CyberSpy社によるスパイウェア販売は不公正と主張した．CyberSpy社がスパイウェアの被害者から情報

---

71)　Esther Dyson, *Protect Internet privacy - privately,* WALL ST. J., June 17, 1997.

72)　Jane K. Winn, *Contracting Spyware by Contract,* 20 BERKELEY TECH. L. J. 1345 (2005).

xxx)　［訳注］パケットスニッフィングとは，ネットワークを流れるパケットを盗聴し，そこからIDやパスワードを拾い出すこと．「パケット盗聴」とも呼ばれ，パスワード以外にもメールの盗聴などが行われることもある．

73)　*FTC v. Cyberspy Software, LLC,* 6:08-CV-1872-ORL-316JK (M.D. Fl. 2008).

収集することは不公正であり，CyberSpy 社が他者にソフトウェアインストールと欺瞞を約束するという利用方法や手段の提供は不公正であるからである．FTC は CyberSpy 社に対して保全命令を行い，約 2 年後に CyberSpy 社は紛争解決のために命令に署名した．

解決方法として，CyberSpy 社は過度に侵入的なソフトウェアに関する FTC の考えを提示した補償金支払いに合意した．その解決方法は他者を守る一方で利用者のコンピュータを監視下におくことを認める不完全な妥協策だった．CyberSpy 社はソフトウェアの利用者に警告を与えてソフトウェアにポップアップの説明をさせる，つまりソフトウェアの起動を示すトレイアイコンを表示しなくてはならないようにした．だが，コンピュータに関する完全な管理上の特権をもつ利用者はソフトウェアをインストールしても警告やトレイを表示させないようにすることが可能である．CyberSpy 社は利用者に他者のコンピュータにソフトウェアをインストールすることは違法であると警告しなくてならないし，多数のコンピュータにソフトウェアをインストールされるのを防ぐためにライセンスを監視しなくてはならない．

FTC は CyberSpy 社を容易に操業終了させることができなかった．ソフトウェア管理の合法的利用があるからである．たとえば，子どもたちのインターネットアクセスを管理するために両親は監視ソフトウェアを利用できる．雇用主は職場でのフィルタリングやモニタリングのために相当程度利用できる．結果として，CyberSpy 社はいまだ操業中で，遠隔スパイである「高性能遠隔コンピュータ監視ソフトウェア」を提供している．秘密裡のスパイ活動に関しては前述したが，当該製品名全体のトーンは依然として他者に対するスパイ活動を示唆する．

コンピュータの所有はスパイウェアのインストール権限を与える．しかし，単に大家というだけで，借家人のアパートに盗聴器をおくことはできない．FTC の行為によってリースまたはレンタルされたコンピュータに監視ソフトウェアをインストールすることは難しくなった．

これらの取組みに関連するものとして「購入選択権付き賃貸」ビジネスがある [74]．ある事例で，FTC（北西部支部中心）は賃借人の監視プログラムをインストールする賃貸会社とソフトウェア会社双方に対する行政措置を講じ

---

74) 購入選択権付賃貸会社は実際にコンピュータを賃貸する．

た[75]．

　DesignerWare[xxxi]社は「PCレンタル代理人」というリースコンピュータの物理的位置が追跡可能なプログラムを販売してサポートした．DesignerWare社は，ソフトウェアの存在を明らかにすることをレンタル企業に推奨したものの求めなかった．それは一般的には検知不可能で利用者は消去できない．

　そのソフトウェアはコンピュータの盗難や遺失問題と同様，料金未納者問題に対応する「探知モード」を支える．これはキーログ，スクリーンキャプチャーを可能にし，ウェブカメラで写真をとることもできる．CyberSpy社をめぐり，FTCはDesignerWare社のライセンス慣行に言及して，ソフトウェアの利用方法を監視せず，これはライセンシーによる濫用を招くおそれがあるとする．FTCはソフトウェアのインストールと利用者の監視は不公正であると主張した．DesignerWare社が不公正行為をしそうなレンタル会社に利用方法や手段の提供をしたことは不公正であるからである．レンタル会社がどのように監視を通知すべきかといったレンタル会社の技術とコーチングのライセンス監視の関係性不足はDesignerWare社の責任によるところが大きい．それはまた自社サーバー上の情報を直接収集したり，利用者を騙してクレジットカードデータを開示させるための偽の登録ページ提供を招くことになる．

　DesignerWare社とレンタル会社は利用者を監視するためのソフトウェアの直接監視やライセンス供与の禁止命令に同意した．FTCはDesignerWare社に利用者のコンピュータを検索するシステム構築を許容した．ただし，それはレンタルの際にトラッキングされることの明確な通知と同意がある限りにおいてである．その通知は位置と情報を伴った発信機がアクティベートされるたびに行われる．当該会社は同意を与えた利用者に関するレンタル条件に対して自由であり続けなければならない．

　レンタル会社は，ラップトップPCの盗難や遺失を報告する賃借人比率の高さに対する警告としてソフトウェアを使った．そのため，何人かの評論家はこの事件は不合理であると批判した．なぜなら不公正分析の下，プライバシー侵

---

75)　*In the Matter of Watershed Development Corporation D/B/A Watershed and Aaron's Sales & Lease Ownership*, 155 F.T.C. 639 (2013); *In the Matter of DesignerWare, LLC*, 155 F. T.C. 421 (2013).

xxxi)［訳注］DesignerWare社はセキュリティや助言，そして端末が窃盗や盗難被害にあったときにデータ保護のためのソフトウェアの設計や販売に特化した会社である．

174　第4章　マーケティング対策活動に対する取組み——Eメール，テレマーケティング，マルウェア

害の費用に対してバランスをとらなくてはならないという商業上の重要な利点をそのソフトウェアが供給したからである．監視付でないと，レンタル契約に合致しないため，コンピュータはおそらくレンタル不可能である．しかし，レンタル代理会社が実際の同意を獲得する限り，これらの懸念はレンタルコンピュータの位置追跡ソフトウェアをFTCが許容することで軽減される．

これらの事例で，FTCは連邦法規よりもコミュニケーションプライバシーによる一層強力な保護を生み出していた．結局，盗聴法の下，もし同意が実際の同意またはその前提が公正に示されているならば，利用者は自分のコンピュータが完全に監視されていることに同意を与えることが可能である．

ここでは，しかし，GPSが利用者に与えられる明確な通知の後，GPS追跡の例外とともに，監督に関する一般的禁止をFTCが創設した．

物理的空間では，万引を捕まえるために更衣室やトイレでの監視カメラ導入のような詐欺防止措置について会社は法的に禁止されている．FTCの取組みは，コンピュータに関するものと同様に，個人や家庭で生じるものが多い．議論はあるが，FTCの規制は個人のコンピュータの新しい対象範囲に対して合理的なものでなければならない．

4.3.4 利用者のセキュリティの減少

FTCはアドウェアや利用者のプライバシーやセキュリティを実質的に減退させる他の事件を持ち込んだ[76]．ディアドラ・K・マリガン教授とアーロン・パーザナウスキーは，FTCが利用者のセキュリティを減退させた最初の事件を取り上げ，事実を注意深く調べた[77]．SonyのBMGルートキット事件は，噛み合わない複数の動機が，有名企業が悪徳ハッカーのような活動を行っているという評判を招いた，最も明確な事例である．著作権侵害から音楽CDを守るため，SONYのBMGは2つの異なるコンテンツ保護プログラム，XCPとMediaMaxを展開した．利用者がコンピュータ上でCDを再生するとき，これらのプログラムが利用者のコンピュータにインストールされた．XCPは「ルートキット」を導入した．これは利用者のオペレーティングシステムからそれ自身を隠したコンピュータプロセスであった．ルートキットは，

---

76) Benjamin Edelman, *"Spyware": Research, Testing, Legislation, and Suits*, April 9, 2014.
77) Deidre K. Mulligan & Aaron K. Perzanowski, *The Magnificence of the Disaster: Reconstructing the Sony BMG Rootkit Incident*, 22 BERKELEY TECH. L. J. 1157（2007）.

コンピュータ上での悪意の活動を隠すため，他人のコンピュータの乗っ取りのために利用できる．MediaMix は利用者のコンピュータに関するフォルダを作った．これは他人に指示され悪意目的で利用できる．これらの問題が露見して，Sony は不安を煽るような不完全なパッチのリリースで躓いた．FTC は Sony を調査し，欺瞞と不公正な慣行の双方に該当すると事実認定した．FTC は，明確な通知なく Sony がそのような侵入ソフトをインストールすることは不公正であると認定した．FTC は，消費者がこれらのプログラムを発見しアンインストールすることが難しいため，消費者は不公正の損害に苦しんでいると事実認定した [78]．

　SEARS の類似事例として，Upromise.com 社という「ブラウザツールバー」（これはウェブブラウザ―内で大学授業料に適用可能な信用情報と引き換えにウェブサイト利用者の訪問記録にアクセスするソフトウェアである）のインストールを消費者に行わせる会社を FTC は訴えた [79]．SEARS のようにデータ収集範囲の完全な開示をせずに，利用者のブラウジングから受け取るデータ保護に関する広範な約束をさせて Upromise.com 社は欺瞞的慣行を行った．

　暗号化されていないクリアテキスト [xxxii][訳注]のインターネット上の安全なセッションからのデータ中継を通じて，決定的に利用者のブラウジングのセキュリティを減退させた．したがって，利用者がクレジットカード番号を用いるときのような安全なセッションを利用した場合でも，誰でも傍受してその再現が可能であった．

　（第 3 章で言及された）HTC の事例では，FTC は Android オペレーティングシステムに組み込まれた携帯電話メーカーの「同梱ソフト」がプライバシーとセキュリティ手段を著しく損なわせたと認定した．これは携帯スパイウェアを端末内に密かに構築し，あらゆるサードパーティのアプリが電話中核機能へアクセスすることを許容した．このようなシステムの不完全性の発生は，消費者に対する不公正と欺瞞の両方を招く [80]．

---

78) *In the Matter of Sony BMG Music Entertainment*, FTC File No. 062 3019 (January 30, 2007).
79) *In the Matter of Upromise, Inc.*, FTC File No. 1023116 (January 5, 2012); *In the Matter of Compete, Inc.*, FTC File No. 1023155 (October 22, 2012) も参照．
xxxii) 暗号化されないままで，転送あるいは蓄積されるデータやメッセージ形式のもの．
80) *In the Matter of HTC America Inc.*, FTC File No. 1223049 (February 22, 2013).

4.3.5 欺瞞的慣行

FTC はマルウェアを含む新たな解釈で1世紀の歴史のある欺瞞政策を維持している．たとえば，Innovative Marketing 社は旧来の販売技術をウェブで適用し，人々を脅して商品購入させていた．その会社は利用者のコンピュータをスキャンして，「不法な」ポルノ，ウイルスやスパイウェアを検知するためであると主張した．実際は何らのスキャンも行わず，すべて販売上の策略であった[81]．FTC は会社に対する仮差止命令と損害賠償として 1.7 億ドル以上の支払いを命じた．FTC は類似の事実認定で他の事件の訴訟提起を行った[82]．

4.3.6 刑事訴追

マルウェアは特にスパイツールとして市販されると，連邦および州の刑事責任につながる．2014 年 9 月，司法省は，アプリ開発者に対し StealthGenie [xxxiii][訳注] の製造と販売は連邦盗聴法違反やそのおそれがあると起訴した．StealthGenie は利用者に知られることなく，会話や電話録音可能な携帯電話の万能スパイアプリであった[83]．開発者は購入してアプリをインストールした者に責任を押しつけようと考えた．だが，販売書類によれば，顧客の大半はアプリのインストール権限をもっておらず，「顧客を監視するために顧客を疑う人々」に権限があることを開発者が知っていたと政府は主張した．そのような企画立案が，他者へのスパイ活動を企図した少数の事例で不正利用を可能にし，手段の正当利用範囲からの逸脱を StealthGenie にさせてしまった．

4.4 結論

FTC のマーケティング対策法は技術に特化した形で非常に詳細にわたって規制する．一般論として，これらの法は個人情報の権利を創設しているわけではないが，その代わりに企業が個人にどの程度接触できるかに焦点を当てる．

---

81) *FTC v. Innovative Marketing et al.*, 08-CV-3233-RDB（D. Md. 2010）.
82) *FTC v. Seismic Entertainment et al.*, 104-CV-00377-JD（D. NH 2004）.
xxxiii)［訳注］デバイスを標的とするトロイの木馬で，侵入先のデバイスから情報を盗み取るもので，ストーカーウェアとも呼ばれる．
83) *US v. Hammad Akbar*, 1:14-cr-276（E.D. Va. 2014）.

技術中立は不可能である．というのは，技術は中立でないからである．技術は異なる種類のプライバシー侵害を可能にするが，これは多かれ少なかれ技術的，そして法的規制事項である．合衆国憲法第1修正は営利的言論活動について政府がどの程度干渉できるかを規定する．そのための規制は技術に個別対応したものでなければならない．大半のマーケティング対策規制は技術システムの限られた容量への配慮が原因となる．だが，接続速度が増し，デバイスの拡張と共に，マーケティング対策規制は継続的干渉から精神的ゆとりの保護という形で異なる部分に焦点を当てる．プライバシー規制は消費者に交渉を行う機会を失わせてしまうと主張する立場もあるが，全体的にはそのような交渉のコミュニケーションは，価値よりもむしろ一層費用がかかる．

CAN-SPAM法の評価とテレマーケティング規制は試練の時を迎えている．制定当時，ユーザは速度が遅いダイアルアップモデムでログインし，利用枠を占領するスパムのダウンロードに注意しなければならなかったが，あれから随分時が経過した．一家で1台の電話を共有していた1990年代から時が経過した．当時は1日に何十回もの販売勧誘電話が鳴り，その干渉は本当に厄介だった．今日，われわれはこれらの迷惑源から隔離され，法の厳格さは正当化されにくくなった．たとえば，テレマーケティングの事前録音禁止は合衆国憲法第1修正の問題を招くが，この禁止は支持されてきた[84]．おそらく，技術中立に関してわれわれがどのように感じるかにかかわらず，個人に電話するロボットのようなものは個人の時間と関心の価値にとって有害であるという認識があった．

スパムは小さな迷惑とされ続けている．しかも，もしスパムのすべての費用が規制分析の中で考慮されれば，スパムは主要な消費者問題であることが明らかになるだろう．スパムは依然としてサイバー攻撃の主要媒介である．

FTCのマルウェア対策への取組みにより，当局は比較的争いが少ない事件で不公正の権限を適用する道筋を作ってきた．FTC当局やビジネスコミュニティが不公正理論に慣れるに従い，この理論はより多くの事例に用いられることになるだろう．FTCは企業と消費者間の交渉力格差に対処するために，そして契約書作成の実践的自動化から生じる問題に対処するために，不公正理論を用いようとする．

---

84) *Moser v. F.C.C.*, 46 F. 3d 970 (9th Cir. 1995), *cert. denied* 515 US 1161 (1995).

第5章　金融プライバシー

　金融プライバシーは長い間，FTCの課題の1つであった．1950年代，FTCは，無料の景品の提供を約束する欺瞞的な葉書を郵送することにより債務者を騙して個人情報を開示させる企業に対して，不公正な取引行為に対する執行権限を行使した[1]．1970年代には，税金確定申告書類作成企業に対し，クライアントのデータを第三者に販売したとして，FTCが事実を公表した．1970年代には，議会がFTCに消費者報告の監視権限を与えた[2]．その後1990年代には，FTCは，銀行およびその他企業を騙して顧客の個人情報を開示させる「プレテキスティング（pre-texting）」〔第1章参照〕を使用した民間の調査員を追及した．
　近年，FTCの金融プライバシーにおける役割は，連邦法銀行の成長，これら銀行の活動の多様化および「フィンテック」，金融サービスを提供するソフトウェア，データ分析企業の台頭により変化し，より複雑になった．加えて，2011年に議会における消費者金融保護局（CFPB）創設により管轄の境界が不明確になった．
　アメリカでは信用システムに大きく依存しているために，金融プライバシーは重要事項である．アメリカ人として，われわれは，金融アクセスその他の機会を判断するのに，信用スコアという秘密性のある独自の方法を用いる民間の産業に対し重要な判断を委託してきた．また，われわれは信用性に対する客観的な評価の1つとしてスコアを扱い，スコアの使用は信用マーケットを超えて他分野に広がった[3]．次第に明らかになるが，損なわれた消費者レポートまた

---

1) *Lester Rothschild, Trading As Gen-O-Pak Co.*, 49 FTC 1673 (1952); *Rothschild v. FTC*, 200 F. 2d 39 (7th Cir. 1952).
2) *In re Beneficial Corp.*, 86 F.T.C. 119. 168 (1975), aff d in *Beneficial Corp. v FTC*, 542 611 (3rd Cir. 1976), cert. denied, 430 US 983 (1977); *In the Matter of Tax Corp. of Am (Maryland)*, *et al.*, 85 F.T.C. 512 (1975); *In the Matter of HOR Block Inc.*, 80 F.T.C. 304 (1972).

は評価の低い信用スコアにより，経済的な流動性を損い，消費者を信用上悲惨な状態に陥れる可能性がある．このような悲惨な状態においては，費用および不利な取引により経済的に失敗することになる可能性がある．

　金融プライバシーの目標はまた，FTC のその他のプライバシー上の取組みを特徴づける．FTC の現在のプライバシー上の注目点は，短期的な課題－情報の収集および行動ターゲティング広告に関する利用がある．もっとも，多くの者が理解していない点は，テクノロジー企業にとって広告は目的達成のための手段にすぎないことである．彼らの戦略は，判断を自動的に行いまたは自らの知能をもつ技術を開発する道具として広告を使うことにある．これら長期的目標が視野に入った場合，金融プライバシーに関する FTC の歴史は今まで以上に関連性あるものとなる．金融プライバシー法は，公平性および多様性の問題に対処し，個人データを公正に扱うインセンティブを与えるアプローチを明らかにする．

　FTC の管轄上の制限のため，FTC は経済的弱者が標的となっている多くのケースを扱っている．さらに広くいえば，アメリカ人にとってクレジットへのアクセスおよび合理的な条件での金融サービスは重要であるため，金融プライバシー権は，FTC の最も重要な取組みの 1 つである．結局のところ，情報により，架空債務を収集すること（個人に対し履行義務のない免除債務の支払いを求めること），略奪的な貸付募集を対象とすること，および無権限のクレジットカードによるチャージスキームを行うことが可能になる[4]．

　金融慣行は，分野別のプライバシー法が存在する分野であり，これらの法律により FTC は，FTC 法 5 条の単なる解釈の裁量に比べ，より広い権限および確実な政策に頼ることが可能になる．

5.1　消費者金融保護局の創設

　歴史的には，議会は FTC に，公正信用報告法（Fair Credit Reporting Act: FCRA），金融サービス近代化法（Gramm-Leach-Bliley Act: GLBA），

---

[3] James B. Rule, Privacy in Peril; How We Are Sacrificing a Fundamental Right in Exchange for Security and Convenience.

[4] David C. Vladeck, *Charting the Course: The Federal Trade Commission's Second Hundred Years*, 83 Geo. Wash. L. Rev. _ (2015).

および公正債務取立法（Fair Debt Collection Practices Act: FDCPA）の3つのプライバシー法を執行する権限を与えた．FTCがプライバシーおよびアイデンティティ保護局（Division of Priracy and Identity Protection: DPIP）が金融慣行局（Division of Financial Practices: DFP）の再編により創設されたため，FTCのプライバシー担当弁護士は金融プライバシー保護のダイナミクスについて熟知している．2006年にDPIPが創設された際，DFPがFDCPAの権限を維持する一方，GLBAおよびFCRAを執行する権限を与えられた．

住宅バブルおよびその後の経済崩壊のため，議会は新たな規制当局である消費者金融保護局（Consumer Financial Protection Bureau: CFPB）を2011年に創設した．これにあたり，議会はCFPBおよびFTCの間の管轄権の重複する複雑なシステムを作り上げた．また，2つの機関には本質的な違いがある．すなわち，CFPBには監督権限があり，不正の兆候がない場合においても企業を調査する権限がある．FTCは，調査権限に近い権限はあるものの，一義的にはいまだ執行当局にすぎない．FTCは不正行為を感知したときに企業の調査を始める．議会は2011年に正しく把握できたはずである．消費者報告および他の金融問題のインセンティブになるのは，監視アプローチによったほうがよりよく規制できるであろう．

CFPBはルールの作成，ガイドラインの発行，監視の実行およびFCRA, GLBAおよびFDCPA [5]を含む「消費者法」に関する研究または報告書の発行[6]について権限を有する．FTCはまた，FCRAおよびGLBAに関するこれら権限を，2つの法律の執行権限に加えて保有した．

機関間の紛争を解決するために，議会はこれら権限について何らかの合意に達するよう当該機関に命じた．2012年1月には，当該機関は少なくとも一定程度実現する方法として，基本合意書（MOU）を公表した[7]．MOUのほとんどは予測のつくものであり，取り立てるほどのことはない．両機関は，情報共有を約束し，この文脈においてはCFPBが監督する事業体についてFTCが監督報告を取得することができることを意味する．

---

[5] 12 U.S.C. §5481 (12).
[6] 12 U.S.C. §5481 (b).
[7] Memorandum of Understanding between the Consumer Financial Protection Bureau and the Federal Trade Commission. January 20, 2012.

対象事業者はダブルチームとなること，すなわち，民間調査要求（第4章〔原著〕参照のこと）を2つの機関から得ること，または矛盾する指示を得ることについて懸念した．したがって，一方が同じ対象に対し焦点を当てているまたは当てたことがないか恒常的に調査することを両機関は約束している．

今までのところ，両機関は円滑に協働してきたが，将来的には両機関の規制上の競争または機関の優先順位をめぐる衝突により一方が他方より積極的になる可能性がある．CFPBの創設によりFTCの競争局と法務省の反トラスト課の間で現在存在する緊張が再現する可能性がある．法務省が自らを上位組織だと認識していることもあって，局および課の間の関係は複雑である．FTCの消費者保護局およびCFPBの間でも同様の力学が生じる可能性があるのである．

5.2　1970年公正信用報告法（FCRA）

FCRA（1970）[8]は，アメリカ初の連邦消費者情報プライバシー法であり，世界初の情報プライバシー法の1つである[9]．消費者報告およびクレジット，雇用，賃貸，「消費者発端の」取引，その他の機会のために評価することを目的に消費者に関するファイルを分類の実務を横断的に規制に関するために議会はこの法律を成立させた．

消費者報告はアメリカ南北戦争のすぐ後に始まった[10]．当時，アメリカ人は信用に対し厳格な姿勢を示していた．しかし，この姿勢は変化し始め，消費者負債は1950年代に急激に増え始めた[11]．クレジットが安全に配分されるためには，消費者の信用性および貸付承諾を書面化する何らかの仕組みが必要だった．消費者報告により企業はクレジットおよびその他の機会を全くの他人に対し提示することが可能となる．そのようにして，消費者報告は買主および売

---

8) Pub. L. 91-508, Title VI 601, October 26, 1970, 84 Star. 1128. The FCRA is codified at 15 U.S.C 1681.
9) ほぼ間違いなく，1942年の連邦報告法は合衆国の最初のプライバシー法であった．政府による10人以上の情報の収集は行政予算管理局による検査を受けることを必要とした．
10) JAMES B. RULE, PRIVATE LIVES AND PUBLIC SURVEILLLANCE: SOCIAL CONTROL IN THE COMPUTER AGE (1974). EVAN HENDRICKS, CREDIT SCORES & CREDIT REPORTS (2007 3rd edit) も参照のこと．
11) James B. Rule, David Caplovitz, & Pierce Barker, *The Dossier in Consumer Credit, in* ON RECORD: FILES AND DOSSIERS IN AMERICAN LIFE (Stanton Wheeler. Ed. 1969).

主にとって効果的な機能を作り出した．消費者報告は現代経済の重要な要素である．それにより地域から次の地域に移動してクレジット評価を維持することができるため，社会的な流動性および物理的な流動性も可能になった．

1973年の歴史的な業績として，ジェイムズ・B・ルールが消費者報告の発展を図表化した．ルール教授は消費者報告をアメリカにおける公的監視（public surveillance）の表れとして紹介した．消費者報告機関（Consumer reporting agercies: CRAs）は，最初は地元で運営され，その後1950年代および1960年代には地域単位で運営された．多くのCRAは「特定」事業であり，「調査」報告をはじめとする特定の機能のため情報を収集するものであった．調査報告は，習慣および個人のモラルをテーマとし，隣人や友人のインタビューに基づいていた．ロバート・エリス・スミスはCRAが性的指向，婚姻関係にないカップル，アルコール消費習慣および警察との接触の噂に関する情報を収集したと語る[12]．自動データ処理を検証することを課せられた健康教育福祉委員会の前で証言するにあたって，FCRAのスポンサーであるウィリアム・プロックスマイア上院議員の補佐官はCRAが頻繁に法執行機関に対し信用ファイルを提供していたことを暴露した．同補佐官は続けて自動車保険業界による消費者個人の生活への侵襲的な調査について述べた．「われわれはこれがどのように運転能力に関連するのか尋ねたところ，証人は，実際には関連しないが，これらの者の損害賠償を保証しており，そのためいつの日か訴訟において陪審員の前で守らなければならず，もし彼らがピンクのシャツを着て，または長髪で口ひげを生やしている，カール・マルクスを読むといった，何らかの逸脱行動の特徴があれば……これが彼らの理屈である．もしその理屈を認めると，虚偽のロジックがあり，収集できるものに制限はない．書斎に入り読む本，購読している雑誌をみることができる」．この証言および他の証言により，消費者報告機関は，ライフスタイルの選択を含め，個人についての事実を収集することを正当化できることが示された[13]．

アメリカの消費者報告制度にはいくつかの特徴がある．第1に，アメリカの

---

12) Robert Ellis Smith, Ben Franklin's Web Site, Privacy and Curiosity From Plymouth Rock to the Internet (2004).

13) Department of Health, Education, and Welfare (HEW). Secretary's Advisory Committee on Automated Personal Data Systems (SACAPDS) (testimony of Kenneth A McLean, May 18, 1972).

消費者報告制度はポジティブとネガティブな情報に依存している[14]．ネガティブな情報は「侮蔑的な（derogatory）」情報として知られている．他の国においては，侮蔑的な情報のみが報告される．よって，他の国においては，報告がないことはよい信用があることを示唆し，ファイルの存在は消費者についての収集アイテムがあることを示す．侮蔑的な情報のみのシステムは，不払いのあった場合のみ監視を受けるため，プライベートなものとなったかもしれない．信用機会や活気のある消費者文化を否定するわけではない．ルール教授は，フランスやオーストラリアのような国においては消費者が消費者報告なく現代市場を享受できると考察している．一方でアメリカの制度においては，完全に監視に依存している．監視によりポジティブな情報のみの報告になるよう，期限どおりに請求書を払い，CRA による監視を受けるインセンティブが個人に与えられる．

　第 2 に，消費者報告制度は請求書および負債を支払う強いインセンティブを与える．消費者報告が債務者に負債を支払わせるのに効果的であるため，企業は古い負債を大幅な割引率で購入し，消費者報告に載せ，法律上の義務がないにもかかわらず，多くの消費者が古い負債を支払うことを信じる．負債を集める者には，支払いがあった後でも報告書に載せる者がおり，結果として消費者が繰り返し収集者からプレッシャーを受けることになる．消費者は，報告に掲載された侮蔑的な情報によって，新しい車，仕事，住む場所を手に入れる機会を損なう可能性があることを知っている．したがって，消費者報告に傷つけられるのは深刻な脅威である．結果として，FCRA と FDCPA は両方とも，下記で議論されるように，報告書に侮蔑的な情報を載せるために嘘をつきまたは債務に異議を唱えられた事実を除外した債権者に対応することを禁じる．

　第 3 に，クレジットはもはや授与するかしないかの二択で提示されるものではない．今日では，ほとんどすべての者が，将来性がなかったとしてもクレジットを得ることができる．この問題はクレジットへのアクセスからアクセスの条件に変わった．要約すると，消費者報告および信用スコアがクレジットのコストを決定づける．

　よい報告およびスコアがある者は，ある種の消費者ユートピアに住んでおり，クレジットカードによって購入したいものすべてについて，自由でオンデマン

---

[14] JAMES B. RULE, PRIVACY IN PERIL: HOW WE ARE SACRIFICING A FUNDAMENTAL RIGHT IN EXCHANGE FOR SECURITY AND CONVENIENCE（2009）．

ドのアクセスが与えられている．クレジットユートピアにいる多くの消費者は，クレジットカードの利用によって「キャッシュバック」のインセンティブまたは航空会社のロイヤリティポイントを得ている．消費者がクレジットの「都合のよい」利用者である限り，すなわち，消費者が毎月負債全額を支払う限り，クレジットへのアクセスには何もコストがかからない[15]．クレジットの「リボルバー (revolver)」，残高を繰り越し，利子および手数料を払う者は，結果として都合のよい消費者を支援するものの，悪循環に至る可能性があるかもしれない．徐々に，信用スコアが下落し，クレジットユートピアに参入する能力が制限される．このユートピアに留まるためには，信用スコアをチェックし，できるだけ自分のスコアを高く維持する消費者もいる．

　消費者報告は，ネガティブな情報が低いスコアに転換され，消費者を信用暗黒郷に陥らせうることを示す．ある者の正確な信用スコアは，「最上の (prime)」範囲に留まる限り，それほど問題ではない．スコアが1度一定範囲に入れば，結果は深刻なものとなる．サブプライムマーケットにはコストのかかるクレジットがあり，ときには単なる不経済な取引であることもある．サブプライム商品は単にコストがよりかかるだけでなく，提供者はクレジットユートピアでは経験されないような不本意なルール，費用および制限をもって消費者を食い物にする．

　多くの，おそらくほとんどのアメリカの消費者はクレジットディストピアに存在する．2015年の研究により，アメリカ人の過半数にサブプライム信用スコアがあることがわかった[16]．この話には2つの明るい兆候がある．第1に，100万人もの消費者が消費者報告上のエラーのために低い信用スコアをつけられている[17]．もし修正されれば，スコアが最上の範囲にまで上がる可能性がある．第2に，経済的に不利な消費者でも金融サービス製品を見つけられる者

---

[15] 現代の決済システムが2〜3パーセントの税金をすべての取引に課していることを見逃しているが，これは現金利用者については下がる．クレジットカード手数料は消費者経済に対する格好の税金であり，逆累進の分布効果がある．SCOTT SCHUH, OZ SHY, & JOHANNA STAVINS, FEDERAL RESERVE BOARD ON BOSTON, GAINS AND WHO LOSES FROM CREDIT CARD PAYMENTS? THEORY AND CALIBRATIONS (2010) 参照．

[16] JENNIFER BROOKS, KASEY WIEDRICH, LEBANON SIMS, JR. & SOLANA RICE, CORPORATION FOR ENTERPRISE DEVELOPMENT, EXCLUDED FROM THE FINANCIAL MAINSTREAM (2015).

[17] 消費者報告の13パーセントに深刻な間違いがあり，信用スコアを変更するほどの重大な間違いがあるとするFTC法319条報告に関する下記議論を参照のこと．

もいる．大手銀行には悪い評価がある一方，公的監視が原因で多くの大手金融機関が冒険的なサービスを提案することになった．たとえば，バンクオブアメリカおよびその他多くの大手銀行は不法移民に口座の設定を認め，これにより主要機関へのアクセスを可能にした．残念なことに文化的障害，クレジットカードの魅力的な便利さおよびその他の要素により，代替する取引が手近にあるにもかかわらず，ノンバンクおよび「店頭型」経済サービスを利用する多くの低社会経済的地位にある消費者が減らない．FTC はノンバンク機関に焦点を当ててきた．

第4に，信用スコアは重要であるものの，十分に理解されているわけではない．Fair Isaac 社のスコアは最も広く利用されているものの1つであるが，決定的な信用スコアがあるわけではない．ある貸付者は，CRA その他のビジネスにより提案された多数の異なるスコア制度の中から選択するかもしれない．消費者は現在では自らのスコアにアクセスすることができるが，スコアの下にある意思決定は秘密のままである．このようにスコアづけの秘密性が高いが，専門家はスコアを上げる重要な要素についてよくわかっている[18]．

第5に，ほとんどの消費者および規制当局による焦点は，「三大」全国 CRA, Experian Information Solutions 社，Equifax Information Services, LLC および Trans Union LLC. である．歴史的に FTC および消費者訴訟は，この大手 CRA の独占的なグループに焦点を当ててきた．しかし，フィンテック企業が個人情報を利用するにつれて，規制の焦点はより小規模な企業に変わるかもしれない．

第6に，消費者報告は現代経済にとって中心的であるだけでなく，自由主義的な規範のサポートにもなる．消費者報告により信用差別を軽減させることができる．消費者報告は貸付者の注意も倫理的考慮または人種バイアスから，より客観的なリスク要素に焦点を変えることができる．消費者報告により，消費者は潜在的債権者それぞれと深い関係を築くことなくクレジットを比べることができるため，取引コストを軽減できる．また，クレジットはアメリカにおいて社会的流動性の主要な役割を果たしている．国家報告制度があるため，もはや消費者報告は1つの地域または町に制限されるものではない．

同時に，消費者報告はすべての者がクレジットの利益を享受できるよう公正

---

18) EVAN HENDRICKS, CREDIT SCORES & CREDIT REPORTS (2007 3rd edn).

になされなければならない．FCRA が成立する前は，消費者との直接の関係がないと，通常の市場によるプレッシャーがあっても CRA の活動は適正化されない旨を議会は認識していた．CRA は，企業間取引の機関である．したがって，CRA はブランドネームのある企業が受ける消費者による評判のプレッシャーをいつも受けずにいた．また，議会によって要求される適正手続はコストがかかるものであり，CRA はこれを行うインセンティブがほとんどなかった．CRA は個人を公正に扱うインセンティブがほとんどなかった．

ロバート・エリス・スミスは，FCRA の立法報告が CRA 調査官の虚偽情報の主張によって興味深いものになっていると報告した[19]．ルールが説明したように，CRA にとってポジティブな情報よりも侮辱的情報のほうが重要で，CRA はファイルを消去したり，情報を期限切れにすることは仮にあったとしても，ほとんどない．ルールの研究の時点では，個人はファイルにアクセスする権限がなく，CRA の取引連合会にあたる信用調査連合会（Associated Credit Bureaus）は，メンバーに対し報告が「報告した本人に公表もすべきではない」と言っていた[20]．最初の FCRA が通過した後も，消費者は自らの報告へのアクセスにお金を支払わなければならなかった．

FCRA の企業対消費者間の要件を遵守させるため，FTC は多くのケースを CRA に渡さなければならなかった．たとえば，FTC は 2000 年に大手 CRA3 社に対し，電話に応じず，応じた場合でも消費者が不合理に長い時間保留されていたことを理由に訴訟を提起した．FTC の申立てによると，Experian および Trans Union に対する 100 万以上もの電話が応答されなかった．Equifax は「何十万もの電話」を無視した[21]．これらの企業は罰金を支払い，十分な電話応対能力を確保するため監視を受けることに合意した．1 年後，Equifax は電話に応じないことを理由に追加罰金を支払った．他の事件では，TRW 社の従業員が納税者リストを税金滞納者リストと間違って説明したため，ある町の多数の住民がクレジットを得ることができなかった[22]．

---

19) ROBERT ELLIS SMITH, BEN FRANCLIN'S WEBSITE, PRIVACY AND CURIOSITY FROM PLYMOUTH ROCK TO THE INTERNET 317 (Privacy Journal 2004).
20) JAMES B. RULE, PRIVATE LIVES AND PUBLIC SURVEILLANCE, SOCIAL CONTROL IN THE COMPUTER AGE (1974).
21) *US vs Experian Information Solutions*, Inc, 3-00CV0056-L (N.D. Tx. 2000)（申立引用），www.ftc/gov/os/caselist/ca300cv00561.shtm; *US v. Equifax Credit Information Inc.*, 1:00-cv-0087 (N.D. Ga 2000)（申立引用）; *US v. TransUnion LLC*, 00-C-0235 (ND II 2000)（申立引用）.

消費者報告はあまりに複雑であるため，信用できる情報を戦略的に利用することでさえ，制度にバイアスをかけ，消費者に不利にすることがありうる．たとえば，消費者報告の目的の1つは，消費者に「信用リスク」がどれだけあるのか評価することにある．それぞれ1万ドルの信用限度のあるクレジットカードを10枚所有する消費者は，数時間で10万ドルの債務をつける潜在的な可能性がある．しかし，同じ消費者が毎月請求書を全額支払うような質素で「都合のよい」クレジットカードの利用者であるかもしれない．そのような消費者は，もしカード会社が消費者の貯金残高ではなく，信用限度で報告すれば，不利な状況に陥れられる．上限を報告することにより，消費者は債務ゼロではなく10万ドルの債務を負う潜在的可能性があるとして，返済能力を超えているように債務者にみえ，そのために条件のよい信用供与（credit offer）を受けることができない．何十ものその他の「事実」が，戦略的に消費者を不利にし，または消費者報告制度を消費者から金銭を引き出すために利用されるかもしれない[23]．

FCRAの制定前，法律は消費者報告への無料アクセスを防止する必要があった．1969年のこの産業に関する研究では，消費者報告業界について十分な知識をもつ者であれば誰でも他人の報告を入手することができることが判明した[24]．加えて，法執行機関は頻繁に報告を取得していたため，そのようなアクセスが手続的に適正で実質的に適法であることを確保する必要があった．

次の節でFCRAを要約し明確にするが，消費者報告業界は議会によって課せられたプライバシーおよび公正さについてのさまざまな要求を決して採用しなかった．多くの方法により，FCRAの消費者権利を台無しにする役割を果たしてきた．CRAは，政府によって運営された無料の消費者報告サイトに競争するため，わかりづらい有料のサービスの創設から，虚偽の紛争手続の創設まで，あらゆることを行った．業界が技術的，組織的に複雑であるため，CRAは狡猾になることが可能である．たとえば，不正行動を隠すため，議会

---

22) DAVID DYER, TRW: PIORNEERING TECHNOLOGY AND INNOVATION SINCE 1900 (1988).
23) *US v. Performance Capital Management, Inc.*, FTC File No. 982 3542 (C.D. Cal. 2000).（当該訴訟においては，FTCは被告が「組織的に実際の不履行の日よりも早い日を報告し，その結果ネガティブな情報がFCRAによって義務づけられた7年間を超えて消費者報告に残すことになった」と批判した．）
24) James B. Rule, David Caplovitz, & Pierce Barker. The Dossier in Consumer Credit, in ON RECORD FILES AND DOSSIERS IN AMERICAN LIFE (Stanton Wheeler, ed., 1969).

は，CRA が開示義務を回避することを防ぐため，「企業および技術的迂回」を禁ずる広範な禁止を FCRA に導入した．しかし，CFPB が企業の FCRA 遵守を監視し調査することができるため，現在事情が変わるかもしれない．CFPB は，事後執行権限の FTC の方式を利用する場合よりも多くの違反を探知し，より早く停止させることができるかもしれない．

5.2.1 FCRA の実質的な要素

FCRA は複雑な法律で複数回改正されている．初めに成立したときから，規制上の焦点は CRA および「ユーザ」，すなわち消費者報告の購入者にあった．1996 年の主要な改正は，消費者ファイルへのポジティブまたは侮蔑的な情報を提出する企業のための義務を作り出すことであった．FCRA の業界用語でいうと，消費者報告制度に情報を提供するため，「提供者（furnishers）」と呼ばれる．

2003 年まで 1996 年の改正が州法を優先しており，この間，なりすまし犯罪（Identity theft）は主要な消費者問題となり，州の立法のトピックとなった．州が衝突する義務を作り上げることにより国家の消費者報告制度を損ねる可能性があるとの理論をもとに，金融サービス業界は，議会に対しこの優先権を永久に延長することを要求した．

最も基本的なレベルにおいて，FCRA は消費者報告に従事する企業に対して取引を行う．「可能な限りの正確性の最大化」[25] を促進し，開示を制限するため，CRA が特定のものも特定されていないものも含む広範囲のセーフガードに従えば，CRA は州の名誉棄損，プライバシーおよび過失について責任の免除を享受することができる[26]．しかし，この取引は失敗し始めている．CRA および他の企業は，FCRA 下の義務について合衆国憲法第 1 修正を使って追及した[27]．もし成功すれば，合衆国憲法第 1 修正による課題により，CRA は透明性，正確性および公正性の義務から解放され，かつ州の不法行為訴訟から法令上免除を受けることができる．

---

25) 15 U.S.C. §1681e（b）.
26) 15 U.S.C. §1681h（e）.
27) 例として *Spokeo, Inc. v. Robin*, 135 S. Ct. 1892, 191 L. Ed. 2d 762（2015）参照．

5.2.1.1　範囲——消費者報告および消費者報告機関

　FCRA の主要な焦点の定義，——消費者報告および消費者報告機関——は相互依存関係にある．さらに，これらの定義は，情報が利用される方法と利用目的に焦点をおく．消費者報告とは，「消費者信用度，信用上の立場，信用能力，特徴，一般的な評価，個人的特徴または生活態様の一部または全部をを利用し，または利用する可能性をもって，信用，保険または雇用の目的のための消費者適性を判断する要素とするための消費者機関による」あらゆるやり取りを指す[28]．

　CRA は「消費者報告を第三者に提供する目的で日常的に消費者信用情報またはその他の情報の査定または評価を行い，および消費者報告を準備または提供する目的で州際通商（interstate commerce）の方法または施設を利用する」すべての機関を指す．

　FCRA の焦点が収集[29]および利用の目的にあるため，ある人の評判に関する情報が，たとえ雇用のような該当しうる状況にあっても，「消費者報告」とはいえない．たとえば，推薦状を書くことは，雇用のために利用される一般的な性格の記載であるが，FCRA によって規制されていない（また規制されるべきでもない）．

　同時に，相互依存する定義により，CRA 企業は，別の方法であれば CRA に該当する企業が FCRA の適用を回避し，法律の目的および関連性を弱体化させることを可能にする．たとえば，CRA は同じデータを2度収集し，1つのコピーを FCRA で規制される目的で利用し，もう一方のコピーを非 FCRA 目的のために利用することができる．データブローカーは CRA のように働くが，マーケティングまたは本人確認のように規制されていない目的のためにデータを販売する．これらの企業については第1章で議論されている．これらの企業が非 FCRA 情報を FCRA のデータと統合させれば，すべての情報は法律に服することになる．

　データを販売する企業で販売したデータが信用，保険，雇用またはテナント審査に利用されていることを認識している企業は，たとえデータ販売者を非

---

28)　15 U.S.C. §1681a (d) (1).
29)　*Ippolito v. WNS, Inc.*, 864 F 2d 440 (7th Cir. 1988). (「報告が非消費者目的で利用または利用される予定であっても，消費者目的に利用されるとの期待で消費者報告機関によって一時的に収集された情報を含む場合には，なお消費者報告の定義に入る可能性がある．」)

FCRA 利用と合わせたとしても，CRA に該当する．データの FCRA 利用を宣伝する企業は明らかに CRA に該当する．たとえば，携帯アプリの作成者は，ソフトウェアを雇用目的で宣伝したためサービス利用規約において FCRA の使用を禁止したにもかかわらず，CRA に該当した[30]．加えて，消費者報告から対象マーケティングリストを抽出することは制限されており，これらのリストは許可された目的または（下記で議論される）事前スクリーニングのためにのみ利用することができる[31]．

　CRA の立場はまたデータ販売者が特定の事業慣行に従事する場合に適用されうる．たとえば，公的記録の収集会社（aggregator）である Spokeo 社は，FTC が CRA のステータスを構成すると考えるような行動を行った．これらの活動は，バックグラウンドチェックおよび人材育成産業にあたって企業に対し大量のアクセスを販売すること，雇用前のバックグラウンドスクリーニングに関する検索エンジン広告キーワードの購入およびリクルーターのためのウェブサイトのセクション全部を作成することを含む[32]．Spokeo は本件を 80 万ドルで和解した．

　信用ヘッダー情報は消費者報告の重要な一部分である．信用「ヘッダー」は，消費者を識別および認証の双方のために利用される情報で，氏名，電話番号，母の旧姓，住所，郵便番号，生年，年齢，世襲の称号，社会保障番号，または「実質的に類似の識別子またはそれらのあらゆる組み合わせ」を指す．おそらく，ヘッダー情報は FCRA の法域すべてに適用されるが，1993 年の CRA との和解において，FTC は，ヘッダー情報が信用価値を知らせるものではないことを理由に，この情報をターゲットマーケティング，消費者の信用プロフィールに基づく特定の消費者への郵送への利用を認めた[33]．ヘッダー情報は「境界の上」，すなわち信用報告の一部ではなかったのである．

　ヘッダーの区別を作っている表現は，和解合意の最終段落にある．根拠のないもので，消費者報告情報のマーケティング利用に関する訴訟を解決するには根拠もなく必要でないようにみえた．それにもかかわらず，ヘッダー区別の作

---

30) *In the Matter of Filiquarian Publishing, LLC; Choice Level, LLC; and Joshua Linsk*, FTC File No. 112 3195（2013）．
31) *US v Teletrack, Inc.*, 111-CV-2060（N.D. Ga. 2011）．
32) *US v Spokeo, Inc.*, CV12–05001（C.D. Cal. 2012）．
33) *In the Matter of Trans Union Corp.*, 116 F.T.C. 1334（1993）．

成は，FCRA の法域から完全にヘッダーを除外し，誰にでも販売することが可能となったことにより，プライバシーにとって大惨事となることが判明した．他の CRA はヘッダー区別を入手しヘッダー情報を好き勝手に販売し始めた．信用ヘッダーは銀行，債権回収事業者，およびマーケターにとって多大な実用性があったが，1990 年半ばから GLBA の成立まで，全く知らない人の信用ヘッダーは誰でも取得することができ，そのためストーカー行為や家庭内暴力の予測できた問題につながった．

5.2.1.2 消費者調査報告

FCRA は，調査面接を通して収集された個人の特徴についての特定の報告についてより重い義務を課した．これらの報告は典型的には将来の従業員をふるいにかけるために利用されていた．「消費者調査報告」が命じられると，報告を入手した者は個人に通知を出さなければならない[34]．調査情報が次の報告に利用される場合には，再度確認が必要である[35]．

5.2.1.3 透明性義務

消費者は自らの消費者報告——より重要な信用スコアではなく——を年に一度「全国規模の」CRA それぞれから無料コピーを受ける権利を有する．主要な CRA は報告を要求するサイトを〈www.annualcreditreport.com〉で運用している．

しかし，CRA およびその他の機関は無料のサイトが作られた当初はサイトからそらすためにいくつか方策を立てた．サイトが最初に作られたときは，CRA は消費者およびその他の団体が直接ウェブサイトに接続することを防ぐために特別なコードを使った．無料のサイトを利益創出するものに変えるためにアップセリング（upselling）を行った．CRA は消費者報告のための多くの「無料の」サイトを作った（多くの場合，freeannualreport.com のような酷似する名称を使った）が，これらの多くは実際には有料の購読サービスであった．CTA はまた，消費者が Google でサイトを検索した場合，10 個の広告が有料サイトとして現れ，上位 10 個の検索結果に無料サイトが出ないよう，「無料信用報告」の言葉に関する検索広告を購入した．これら一連の技術的方策は消費

---

[34] 15 U.S.C. 1681d.
[35] 15 U.S.C. 1681l.

者の気をそらし，行動を都合のよいように変えさせることを意図しており，CRA がどれだけ狡猾でありうるのかを示している．

　消費者はまた，消費者報告にある情報および報告を提供した CRA による一致を元に消費者にとって不利な行為がなされた場合，通知を受領する．このルールは，消費者報告が少しでも不利な判断の根拠になった場合，消費者はそれを伝えられなければならないことを意味する．雇用の場面においては，雇用者は決定に利用された消費者報告および申込者の FCRA の下での権利に関する宣誓書を提供することが求められる．不利な行為を耳にするということは，消費者にとって自分の報告を確認し間違いにより機会が失われていないか確認するきっかけである．

5.2.1.4　ファイル

　消費者は自らの「ファイル」について，アクセスおよび修正の権利を有する．FCRA はこの用語について「情報がどのように保存されるかにかかわらず，消費者報告機関により記録し保存される消費者についての情報」と広く定義する．公開にあたっては情報源および消費者報告を要求した団体の身元をも含むべきである．

　ファイルの概念は，CRA が文字どおり個人に関する紙のフォルダおよびカードを保有していた 1970 年には明確であった．しかし，産業が標準データベース技術を発展させるにつれ，「ファイル」の定義が問題となった．要するに，「ファイル」というものはない．今日においては，消費者報告システムにおける情報は，名前および社会保障番号のようなさまざまな識別子と結び付けられている．「ファイル」はデータベース自体が検索される場合に作られ，検索がファイルの定義において枢要であることを意味する．John Smith，社会保障番号 123-12-1234 での検索結果は，John Smith のみ，Johnny Smith または社会保障番号のみでの検索とは異なる．事実，社会保障番号のみによる検索は John の社会保障番号を使った全く別の人を示すかもしれない．言い換えれば，「ファイル」は動的にまたはプロセスとして理解されるべきものである．

　消費者報告の専門家は長い間「ファイル」の用語が時代に追いついていないせいで消費者が企業に提供されるものと同じ情報を受領しない結果となったと議論してきた．たとえば，企業が氏名のみで報告を入手することができる場合，氏名，社会保障番号および住所を提供することを求められた消費者よりも広い

「ファイル」を企業は受けとることができる．信用保証者は，消費者が「ファイル」を求める場合に必要とされる情報より少ない情報で信用システムを検索することができることの証拠がある．たとえば，FTCのプレミア資本貸与（Premier Capital Lending）の問題においては，金融機関のCRAのアカウントへのアクセスをハッカーが入手した．ハッカーは連番の社会保障番号を作成したが，氏名や住所は実在のものを利用した．社会保障番号と氏名の不一致にもかかわらず，そのハッカーは全部で300もの信用ファイルを入手した[36]．

5.2.1.5　消費者報告および事前審査の許容できる利用

　FCRAは，雇用目的，保険審査目的，専門家ライセンス付与，児童支援義務評価目的での新しい信用取引および既存アカウントの見直しを，消費者報告の許容できる利用方法を列挙している[37]．FCRAはまた，消費者報告を関係機関の間で共有することを認めている．

　マーケティングが消費者報告の許容できる利用ではない一方，「事前スクリーニング」という1つの例外により債権者が消費者報告に基づくマーケティングリストを購入することが認められている．事前スクリーニングは信用の「厳格なオファー（firm offers）」を作成するためにのみ利用することが認められる[38]．マーケッターはアメリカの消費者に対し年間何十億ものオファーを送っている．プライバシー研究者のダニエル・ソロブは自らのオファーをすべて保存し，10か月で69のオファーを収集した．そのうち20は，Capital Oneというカードマーケティング事業からきていた．下記で説明するように，このマーケティングは消費者のなりすまし犯罪のリスクを増大させている．

5.2.1.6　データ正確性の義務

　消費者報告を準備するにあたり，CRAは「報告が関連する個人についての情報について最大限正確性を図るための合理的手続」を経なければならない[39]．データ収集および報告システムが改善するにつれ，この基準はやがて，より厳格なものとなる．CRAは自らのシステム上の既知の問題に対処しなけ

---

36) *In the Matter of Premier Capital Lending*, Inc., FTC File No. 072 3004（2008年11月6日）．
37) 15 U.S.C. §1681b.
38) 15 U.S.C. §1681b (c) (1).
39) 15 U.S.C. 1681e (2013).

ればならない．「可能な限り最大限の正確性」の義務は，疑念のある情報を検証し，「不正確または不完全または検証できない」データがある場合には即時に疑念のある事項を削除する CRA の義務によっても補足される[40]．

評論家は長い間，CRA の検証調査が形式的であると批判してきた．彼らは CRA が電子コードを債権者に送り戻し，代わりに即時に義務が検証されているにすぎないと主張した．正確性について苦情をいう消費者は検証を全く得ることができない．2015 年 3 月，ニューヨーク州司法長官エリック・シュナイダーマンは全国の CRA に対し自動検証システムから実際に問題を調査するものに変えることを合意した[41]．おそらく 2003 年の FCRA 改正以来の最も重要な発展だが，この合意は CRA 最大手三社に対し，検証の自動化ではなく，問題の審査に人間を使うことを要求したのである．

効果として，可能な限りの最大限の正確性および検証および削除の義務の間の相互関係は，FCRA の中に収集制限ルールを課すことが意図されている．上記のように，FCRA の成立前は，調査者は知られたくないかつ無関係で侮辱的な情報をねつ造した．たとえば同性愛者，婚姻関係なく生活している者，または不清潔な家に住んでいる消費者がいると報告する調査者がいた．FCRA 通過後は，消費者報告機関は本質的に検証ができない無関係な情報について，より制限された．この条件により，消費者報告機関の焦点は検証可能な信用関連情報に変わっていった[42]．

透明性および検証についての法律上の要件にもかかわらず，消費者報告のシステム上の不正確性について証拠が存在する．問題の一部は CRA システムの曖昧なマッチングの論理に関連する．クレジットの申込にあたって消費者が間違いをし（社会保障番号の移転など），またときには異なる名前（ニックネーム，呼び名，旧姓など）を使用するため，CRA は信用データを消費者に合致させるため複雑な意思決定システムを利用する．その結果，異なる 2 人からのデータが融合した「混合ファイル（mixed files）」ができるという奇妙な状

---

40) 15 U.S.C. 1681 (a) (5) (A) (2013).
41) In the Matter of the Investigation by Eric T. Schneiderman, Attorney General of the State of New York, of Experian Information Solutions, Inc.; Equifax Information Services, LLC; and TransUnion LLC, March 2015.
42) Mark Furletti, *An Overview and History of Credit Reporting*, Federal Reserve Bank of Philadelphia Payment Cards Discussion Paper No. 02-07, June 2002.

況が起きる．よく知られている話として，Judy Thomas が TransUnion に対して恒常的に Judith Upton とファイルを混同させていたとして訴訟を起こした．FCRA 専門家であるエバン・ヘンドリックの説明によると，「Upton の社会保障番号は Thomas の社会保障番号と 1 桁しか変わらなかった．名前の共通する 3 つの文字と合わさって，2 人の女性の信用履歴が恒常的に統合されるには十分な事情だった．」[43]．どうやって Judy Thomas が Judith Upton と間違われるのであろうか．1 つの仮説として，CRA が結婚による苗字の変更に対応するため，女性を名前で追跡していたことが考えられる．

しかし，エラーに関する問題は逸話的ではなく，構造的であることが判明した．重大かつ労働集約的な研究によれば，FTC と協力する学者が 1000 人の消費者に由来する 3000 近くもの消費者報告を研究し，26 パーセントが報告にエラーがあることがわかった[44]．13 パーセントが修正の結果，信用スコアが変更された．研究に参加したもののうち，5 パーセントは修正すれば信用スコアを改善し，より低い値段でクレジットを得られるようなエラーがあった．この報告は 1000 万以上の消費者が報告の不正確性の結果，クレジットに対し高いレート支払っていることを提示している[45]．

5.2.1.7　医療記録プライバシー

多くのアメリカ人は医療により負債を抱えており，消費者報告にその負債が発現すればその人の特定の状況が識別され，消費者の信用および雇用機会を害してしまうリスクがある．このため，FCRA では医療負債について消費者の医療状況をみえなくするようにコード化することが求められている．

5.2.1.8　不利な情報の報告の時間的制限

司法判断および逮捕の記録といった最も「不利な」情報は，CRA によってその事象が起きた後 7 年以上経てば報告することができない．破産の記録は，事象の 10 年後は報告することができない．刑事上の有罪判決は，単なる逮捕

---

43) Evan Hendricks, *Oregon Jury, D.C. Circuit Continue Trans Union's Losing Streak*, 22 Privacy Times 15（August 5, 2012), privacytimes.com/buttons/b3_FCRA.htm にて参照可能．
44) FTC, REPORT TO CONGRESS UNDER SECTION 319 OF THE FAIR AND ACCURATE CREDIT TRANSACTIONS ACT OF 2003（December 2012),〈www.ftc.gov/os/2013/02/130211factareport.pdf〉にて参照可能．
45) 15 U.S.C. §1681c.

の記録と異なり，時間的制限がなくいつでも報告することができる．これらの権利は米国法における忘れられる権利の例である．

FCRA の時の経過の要件には重要な例外がある．CRA はこれらの期限切れの情報を報告できないが，データベースに保存することができる．さらに，原金融取引が 15 万ドル以上または 7 万 5000 ドル以上の給与で雇用されることが検討されている者がいる場合には時間的制限を無視することが認められている．これは，ほとんどの住宅ローンおよび高額な仕事のバックグラウンドチェックについては，すべての不利な情報を報告に含めることができることを意味する．

不利なデータの販売についての 7 年および 10 年の制限を管理するため，CRA は適切に不利な情報が最初に現れたのか判断しなければならない．FCRA の下，不利な信用事象は口座が初めに滞納となった時点で始まる．債権者は時間的制限を操作し不良債務が報告される時点を延長することを，消費者が支払いを滞納した日を偽ることで試みてきた．たとえば，FTC は 2000 年に債権回収者に対して虚偽の日付の情報を設け，7 年の期限をすぎた消費者報告の義務を維持したとして，訴訟を提起した[46]．

5.2.1.9 オプトアウトの権利

FCRA は消費者に対し 2 つのオプトアウトの権利を与えている．第 1 に，企業は消費者報告を自由に関連会社と共有することができるが，消費者に対し関連会社によるマーケティング勧誘からオプトアウトする権利を与えなければならない[47]．第 2 に，消費者は信用の事前スクリーニングされたオファーからオプトアウトすることができる[48]．1-888-5OPTOUT に電話または〈www.optoutprescreen.com〉にアクセスすることによりオプトアウトすることができる．書面化された事前スクリーニングされたオファーには，このオプトアウトの権利についての通知が含まれていなければならない．なりすまし犯罪の専門家は，事前スクリーニングオファーが簡単に郵便ボックスから盗難され，ク

---

46) *US v. Performance Capital Management, Inc.*, FTC File No. 9823542（C.D. Cal. 2000）. 偽情報の提供に対する責任を追加した 1996 年改正前，FTC は先日付債務の問題に対応するために不公正に対する権限を利用した．*In the Matter of The May Department Stores Company*, 122 F.T.C. 1（1996）参照．
47) 15 U.S.C. §1681s-3.
48) 15 U.S.C. §1681e.

レジットカードの申込に利用されるため，消費者に対しそのように行動するよう長期間主張してきた．

　事前スクリーニングによりその他の詐欺が可能となりうる．2013年，FTCは，Equifax に対し，事前スクリーニングされたリストを，「ローンの変更（loan modification），債務免除（debt relief）および担保執行免除サービス（foreclosure relief services）のために金銭的に困窮している消費者」を対象とする会社である Direct Lending に販売したことを問題とした[49]．

　システム上オファーを止めるには消費者に対し社会保障番号の提出が求められるため，オプトアウトしない者もいる．社会保障番号の要求は明らかに適切な人がオプトアウトされることを確認するためにある．しかし，上記に議論されるように，報告を販売する際，CRA は法人ユーザに対し名前のみで検索することを認めている．この流れはオプトアウトスキームにとって典型的である．オプトアウトすることには，消費者報告すべてを事業者に提供するというリスクの高い行為より高度のセキュリティ要件が課せられている（債務不履行およびインセンティブについて第1章参照）．

　2004年連邦準備の研究によれば信用ファイルをもつ消費者の6パーセントが事前スクリーニングからオプトアウトした．「オプトアウトしてきた多くの消費者は，選択肢があることを知っていればオプトアウトすることは特に難しくないと勧める．消費者調査によれば消費者の5分の1は，事前スクリーニングされた提案を受領しないという自らの連邦法上の権利を知っている．もし，この権利についての認識がより広く普及していたら，より多くの消費者がオプトアウトする可能性がある」．[50]

5.2.1.10　なりすまし犯罪防止規定

　CRA はなりすまし犯罪の問題において重要な媒体である．一般的に，詐欺師が被害者の名前で新しいクレジット，銀行または公共料金口座を開くには，詐欺師は対象となる事業者を欺いて被害者の名前で消費者報告を入手しなければならない．このため，事業者および CRA が新しい消費者認証に設けた審査

---

49)　*In the Matter of Equifax Information Services LLC*, FTC File No. 1023252（October 10, 2012）.
50)　Board of Governors of Federal Reserve system, Report to the Congress on Further Restrictions on Unsolicited Written Offers of Credit and Insurance（2004）.

は詐欺を阻む難所を形成することが可能となる．

　問題はこのような難所が正当なクレジット申込に支障を来してしまうことである．クレジットの新規申込の大多数は不正ではない．詐欺を補足することを意図して導入された手続は遅延を引き起こし，迅速にクレジットを得ようとしている正直な消費者負担を強いる傾向がある．債権者が申込を迅速に進め，しばらく経った後に詐欺が生じた場合に詐欺に対処するインセンティブがあることを知っているため，なりすまし犯罪を起こす者はこの流れに漬け込む．

　消費者は信用付与過程を遅らせるために異なる種類の障害を作ることができる．最も基本的なものでは，FCRA は消費者に対し電話番号に電話をかけることでおくことのできる 90 日詐欺警告を消費者に認めた．一度設定すれば，債権者は「合理的なポリシーおよび手続」を，申込者の身元を確定するために設けなければならない．この表現は残念ながら詐欺警告がなければ，債権者は口座を設置するのに合理的に行動する必要さえないことを示す．たしかに，詐欺師に対しクレジットを延長した銀行は，被害者とやり取りしているという事実にもかかわらず，被害者に対し何ら責任を負わないと反論した[51]．

　また，消費者が「延長された」詐欺警告を要求した場合に課されるという障害もある．これは 7 年間続くもので，事前スクリーニングを 5 年延期させる効果がある．延長された警告は消費者に対しなりすまし犯罪報告の提出を求めるが，債権者が貸与の決定を下す際に利用する連絡先情報が特定される機会を消費者に与える．

　消費者が州法に基づいて求めることのできる消費者報告が出されることを完全に止める「セキュリティ凍結」により，実質的なゲートが課される．セキュリティ凍結はクレジットを頻繁に必要とする者にとっては不便なものである．しかし，消費者報告の引き金となる取引の必要を見出さない者にとって，凍結はなりすまし犯罪のほぼすべてのリスクを止め，クレジット購入の誘惑のリスクを軽減させる．

　一度なりすまし犯罪が起これば，被害者は CRA に対し詐欺であると言われる口座から情報を遮断するよう指示することができる[52]．加えて，なりすまし犯罪のあった事業者にアプローチし，詐欺師が口座を開設するのに利用した資料を求めることができる．これにより被害者は自ら事件を調べることができ

---

51) *Wolfe v. MBNA America Bank.* 485 F. Supp. 2d 874（2007）.
52) 15 U.S.C. §1681c-2.

ることになる[53]．

　2003年改正によりFTCは金融機関および多くの債権者にとっての「危険信号（red flag）」を特定する権限を与えた[54]．この危険信号のルールにより，対象事業者はなりすまし犯罪を防ぐためのプログラムをもたなければならない．なりすまし犯罪を示唆する状況を特定し，これらの状況が生じた場合には詐欺を防ぎまたは軽減するために適切に対応しなければならない．

5.2.1.11　消費者報告のセキュリティ

　FCRA成立前は，消費者報告システムの機能について知識をもつ者なら誰もが他者の報告を得ることができた．今日，説得的な理由のない報告の取得は，民事上および刑事上の責任につながる可能性がある．加えて，CRAは十分に物理的および技術的なセキュリティを消費者報告のために具備することが求められている．セキュリティの義務には，消費者報告の購入者の身元を検査すること，消費者報告を許可された目的でのみ利用していることを確認すること，および購入者が報告を他者と共有しまたは許可できない目的のために利用している兆候がある場合に行動を起こすことが含まれる[55]．

　セキュリティの義務は消費者報告のユーザにまで及ぶ．消費者報告を利用する事業者はより安全に処理しなければならず[56]，FTCは通常のごみ箱に報告書を捨てることを認める企業に対し訴訟を提起してきた[57]．

5.2.1.12　消費者報告への法執行アクセス

　法執行機関は消費者報告を得るためいくつかの選択肢がある．裁判所命令または連邦大陪審の召喚状（弁護士によって出されたまたは「監督されていない」召喚状を利用しないかもしれない）を利用することができる[58]．すべての行政機関は（おそらく地方の警察署でさえ），国際テロに関する調査のため

---

53) 15 U.S.C. §1681g.
54) 15 U.S.C. §1681m.
55) *In the Matter of Equifax Information Services LLC*, FTC File No. 1023252 (October 10, 2012); *US v. Rental Research Services, Inc.*, 0:09-cv-00524 (D. Minn. 2009).
56) 15 U.S.C. §1681w; 16 C.F.R. 682.
57) *US v. PLS Financial Services, Inc., PLS Group, Inc., and The Payday Loan Store of Illinois, Inc.*, 112-cv-08334 (N.D. Il, 2012).
58) 15 U.S.C. §1681b.

に消費者報告を取得することができる[59]．FBI は，スパイ防止活動または反テロリズムの目的で書面により必要性を特定することにより消費者報告を得る自らの根拠規定をもつ[60]．

5.2.2　FTC の現在の FCRA に関する役割

議会は 2003 年まで FTC に FCRA に関する規則制定権を与えず，その後でさえ特定分野のみしか規則制定を認めなかった．消費者および産業界をサポートするため，FTC は，通常企業からの質問および法律に対する懸念点に対応する内容の，多数のスタッフレポートを出した．FTC は 2000 年にティモシー・ムリス委員長の際にこの慣行を止めた．2011 年 7 月，FTC はこれまでの助言をまとめ，FCRA の活動を要約する報告を作成した[61]．

CFPB は FCRA 下の一般的な規則制定権を与えられ，FTC の規則制定権のほとんどは CFPB に移行された[62]．FTC は，なりすまし犯罪の危険信号に関する 1681 条 m (e)，および消費者報告情報の処分を扱う 1681 条 w の権限を保持する[63]．FTC は FCRA 下におけるこれら執行権限を保持した．

5.2.3　FCRA の基礎および潜在能力

FCRA は「ビッグデータ」を初めに規制した法律である．1970 年，最大規模の最先端企業のみが「ビッグ」なデータセットを扱うことができた．今日，個人ユーザは非常に大きなデータを組み立てることができ，自動意思決定のために利用することができる．これらの流れは FCRA の規制枠組みを複数の方法で弱体化させた．

第 1 に，検索エンジンのようにデータバンクをもつ仲介者は，自動決定を CRA による決定と類似のものを作成することができる．たとえば，信用オファーは消費者報告なく作成できる企業がいる．人が頻繁に訪れるウェブサイトを決定することでこれを行うかもしれない．高級品のサイトを訪れる者は他者

---

[59] 15 U.S.C. §1681v.
[60] 15 U.S.C. §1681u.
[61] FTC. 40 YEARS OF EXPERIENCE WITH THE FAIR CREDIT REPORTING ACT (2011).
[62] アフィリエイトマーケティング，医療情報，供給者の正確性（furnisher accuracy），紛争，事前審査からのオプトアウト，リスクベースの価格，矛盾（discrepancies）への対処，無料の信用報告，権利の要約，ネガティブ情報の通知，および全国的な反脱法行為の姿勢．
[63] これらは合衆国法典第 15 編 1681 条 m (e) および 1681 条 w それぞれに規定されている．

が得ないようなクレジットの広告を得るかもしれない．純粋なターゲットマーケティングと消費者報告の境界線は混同されてきた．事前スクリーニングが一定の手続および信用の「正式な注文」を必要とする一方で，ウェブサイトは消費者に対し直接信用オファーを消費者報告またはリストをFCRAから離れて事前スクリーニングすることなく可能である．この過程において，消費者は債権者が報告およびスコアを有していた場合に得られる条件よりよい条件または悪い条件での広告を目にするかもしれない．

第2に，FCRAの範囲外の消費者報告とほぼ同じ目的でスコアリングまたは識別サービスを多くの企業が提案する（データブローカーの議論については第1章を参照）．ときには，これらのスコアは与信または雇用と同じくらい重要な目的に利用されるが，FCRAの透明性および説明責任の仕組みが適用されない[64]．FCRAは一般的にマーケティングに適用されないが，同時にマーケティングと信用オファーの境界線は完全に明確というわけではない．あるウェブサイトは，マーケティング活動の中で消費者をスクリーニングし，異なる金融商品のために広告を見せるかもしれない．マーケティングプロセスの中で不十分であると評定された消費者にとっての悩みは，ファイルがマーケティング選別より信頼できる支払履歴を示したとしても，その消費者はより経済的でないクレジットの広告を受け取り，クレジットにより多くを支払うことになるかもしれないことである．

同時に，FCRAはビッグデータの新しい世界に対処する法律のモデルとしてみることが可能である．FCRAは，事業者にほぼすべてのタイプのデータを収集することを認め，その代わり公正な判断および透明性に焦点を当てている．FCRAの枠組みが拡大すれば，新しいデータモデルにまつわる緊急状態に対処する枠組みとして有用なものとなるかもしれない．

最後に，テクノロジーはFCRAを時代遅れのものとするかもしれない．FCRAは，データ収集，分析およびモデリングがほとんどの企業にとって扱うには複雑すぎるという仮定に基づいている．よって，これらの過程は第三者に外部委託されなければならない．これら第三者が情報を他者のために情報を統合する場合，CRAの定義に合致し規制を受ける．

しかし，テクノロジーが発展し当事者が同種のデータ分析を行うことができ

---

64) Pam Dixon & Robert Gellman, WORLD PRIVACY FORUM, THE SCORING OF AMERICA: HOW SECRET CONSUMER SCORES THREATEN YOUR PRIVACY AND YOUR FURTURE, April 2, 2014.

る程度になったらどうか．広く公的記録で個人情報を入手できること，および企業の消費者とのやり取りによる豊富な取引データをもって，企業はデータ収集をおよび分析を自ら行うことが可能となるかもしれない．すでに，雇用者が検索エンジンを被用者を選別するために利用している証拠がある[65]．このような活動は FCRA の適用から外れ，透明性および公正の義務に服しないことになる．

5.2.4　FCRA および合衆国憲法第 1 修正

　1970 年代において表現の自由が広く拡大する前に執行され，FCRA は近代の合衆国憲法第 1 修正法体系と緊張感がある．たとえば，第 1 修正では，ほとんど無制限の権利を公的記録事由について認めている．憲法上の権限にもかかわらず，FCRA は公的記録情報の利用について加重された要件を課している．たとえば，合衆国法典第 15 編 1681k 条によれば CRA は「厳格な手続」を公的記録情報が完全で最新であることを確保するために利用しなければならない．

　消費者保護法のほとんどと同じく，FCRA の規定は言論活動を強要または禁止している．たとえば，FCRA は CRA に対し消費者が特定の口座を処分または閉鎖したことを示すことを求める．他の規定はどれだけの期間真実の公的記録情報を報告できるのか命じている．消費者に関するデータの報告が言論である場合，元来 FCRA はデータが誰によって開示されることができるのか，および開示の目的，が制限されるため，FCRA 枠組み全体が疑われる[66]．

　これらさまざまなルールの論拠は複雑であり，法的な交渉に由来する多くの和解を反映している．裁判所から寄せられる FCRA に迫るもう 1 つの問題は，公正手続の課題を分析するにあたり，より大きな法律の枠組みにおいて目的および内容の理解に失敗する点にある．FCRA のどの 1 つの要件をとってみても根拠のないものとなりうる，公的記録情報の高度化された手続を例にとってみよう．その要件は公的記録が個人の識別子を欠くため，同じ名前の者が混乱してしまうという問題に由来する．アメリカにおける刑事記録政策の徹底した研究において，ジェイムズ・ジェイコブス教授はデータ企業がときに逮捕記録

---

65)　Alessandro Acquisti & Christina M. Fong, *An Experiment in Hiring Discrimination via Online Social Networks*, NBER SUMMER SYMPOSIUM ON THE ECONOMICS OF DIGITIZATION（2013）．

66)　*Trans Union LLC v. Federal Trade Commission*, 536 US 915（2002）（J. ケネディは証明書拒否に反対）．

およびその他の名誉棄損となる情報を氏名のみで合致させると述べた[67]．公的記録は最終処分が事案に加えられるため，時間の経過に伴い変化する．最終的に，公的記録が間違っているときがある．消費者が公的記録を修正するトラブルを経る場合，CRA が古いバージョンを報告することができるのであれば，その努力は無価値となる．これらの手続をみる裁判所は，議会により作成された公的記録情報の利用における問題を示すバランスのとれた法律に代わり，単純で間違った方向に向かった活動禁止とみるかもしれない．

5.2.5 FCRA 専占

FCRA の 1996 年改正は，より強い州法を 7 つの消費者報告活動において 7 年間専占した．これらには，事前スクリーニング，消費者報告情報の関連会社との共有，CRA への情報提供する者の義務，および不正確情報への対応に関する時間的制限についての州の制限を含む．よって，2003 年改正は専占の維持という産業界の希望に大きく動機づけられたのである．CRA は，州および地方政府でさえも CRA の全国的な業務に干渉し，原告の弁護士が州のプライバシー法に基づく重大なクラスアクションをもたらすかもしれないことをおそれた．

議会は下限，上限および「行動により要求された」専占を 2003 年改正で用いた．下限専占においては，議会は州法により強化することのできる保護の最小限の下限を設け，これらの保護が連邦法の目的を軽減し干渉しないようにした[68]．

上限専占は保護について上限を設け，これにより州の立法者らが新たな規定を作るのを禁止した．たとえば，2003 年改正は，アメリカ人が現在と同程度にクレジットカードのオファーを得なければ「公益」と衝突してしまうため，州が事前スクリーニングの提供をいかなる方法によっても制限することを禁じた．アメリカ銀行協会（American Bankers Association）は，2003 年改正に基づいて訴えを起こし，情報共有のための保護のためオプトインを義務づけた

---

67) JAMES B. JACOBS, THE ETERNAL CRIMINAL RECORD (2015); *Guy Stuart, Databases, Felons, and Voting: Bias and Partisanship of the Florida Felons List in the 2000 Elections*, 119 (3) POLIT. SCI. QUART. 453 (Fall 2004) も参照．

68) プライバシー法における専占のさらなる議論については，Paul M. Schwartz, *Preemption and Privacy*, 118 YALE L.J. 902 (2008) を参照．

カリフォルニア州法の一部分を無効にすることに成功した[69].

「行動により要求された」専占は2つの間に位置し，法律上特定の行為を命じる範囲において上限として機能する．なりすまし犯罪の多くは，行動により要求された専占に服し，州が口座凍結およびその他の詐欺に対するプライバシー保護のような法律を制定できることを意味する．

5.2.6　FCRAの2003年改正での多くの機会損失

産業界の法改正要求は，消費者問題のよく知られた問題を解決する素晴らしい機会を作った．しかし，この期間中，FTCの首脳陣は恒久的に州法の専占となるようロビー活動に奔走した．首脳陣は2003年改正を「再認証」（実際にはそうではなく，FCRAは議会が何ら行動をとらなければ継続する）と位置づけた．議会への証言において，なりすまし犯罪規定および消費者報告の権利の自由の前に議論された最初の提案は，恒久的に規定を改めることであった．

FTCが産業界に打撃を与え，調査に関するルールの改善，なりすまし犯罪の防止および改善のための一連の権利の追加，および消費者報告の無料複写の権利の確立を含めたFCRAの改善を首尾よく勧告する一方で[70]，あまりに多くの逸失機会があった――FTCが時限的ではなく恒久的な専占を支持したため，二度と取り上げられないものである．FTCは下記の点についてロビイングを行うことができたはずである．

・FCRAの範囲を信用，保険，雇用および賃貸から拡大する．企業は今日オートメーション化された決定方式を人に対する重要な判断を下すために用いている．FTCは，FCRA成立の数十年後に，新たな種類の決定が法律の公正に関するガイドラインに服するべきか試みることができたはずである．いくつかの重要な候補として，価格比較をどれだけ希望しているのかを評定するシステム（ダイナミックプライシングを可能とするスコアを付与するため），衝動性を評定するシステム[71]，身元を検証または反詐欺の措置を行うシステム，選挙適格性の検証システム[72]，または大学入

---

69) *Am. Bankers Ass'n v. Lockyer*, 541 F. 3d 1214 (9th Cir. 2008).
70) FTCは従業員不正調査をFCRAによる保護の全範囲に従う "Vail letter" 問題を解決した．
71) Andrew Thompson, *Engineering of Addition, Slot Machines Perfected Addictive Gaming, Now, Tech Wants Their Tricks*, THE VERGE, May 6, 2015.

学に利用するアルゴリズムを含む．もっと一般的にいえば，FCRA で制限されたシステムによる決定が透明性ある一方で，方法はそうではなかった．FTC がもっと慎重に，たとえば信用スコアおよび他の同様の意思決定の方法が「ブラックボックス」に残るべきかどうかなどについて検討しなかったのは見立てが甘かった．
- 「ファイル」の問題の概念を明確にし，消費者が自らと関連し事業者に報告されるすべての情報の開示を受ける．
- なりすまし犯罪の被害者が犯罪を発見するのに何年もかかる問題に対処するため，時効を延長する．
- 形式的，自動化された紛争調査の問題を是正する．
- 無限責任を避け，民事訴訟当事者による責任ある行為を奨励するため，法律の下における民事上の責任を理論づける．
- FCRA の種々の法律で定められた賞与および法律の発動条件を，インフレにあわせて更新する[73]．
- 有罪判決およびその他の処分がない建設の記録も，7年間消費者報告に掲載される問題に対処する．貧困層および少数者に逮捕が集中し，逮捕情報が有罪であることを示唆するわけではないことは知られている[74]．
- 消費者報告の価格をインフレ指標から切り離す．消費者報告の費用は，消費者物価指数に基づいている．結果として，FCRA は報告書の価格を構造的に引き上げる一方，報告書の提供費用はほぼゼロにまで低下した．
- CRA により不法行為訴訟の免除を FCRA の主要な権利の保存につなげることによって合衆国憲法第 1 修正に立ち向かう．CRA が FCRA の負担を取り除くことに成功するならば，州のプライバシー法の免除の利益を享受すべきではない．

---

72) Guy Stuart, *Databases, Felons, and Voting: Bias and Partnership of the Florida Felons List in the 2000 Elections*, 119 (3) POLIT. SCI. QUART. 453 (Fall 2004).

73) たとえば，1970 年の FCRA では，従業員採用候補者 2 万ドルの給料，および 5 万ドルの貸付を求めるクレジット応募者のバックグラウンドをより詳細に調べることを債権者に認めた．2003 年のインフレと歩調を合わせ，これらの金額は 9 万 4000 ドルおよび 23 万ドルにそれぞれ上げられたかもしれない（2015 年には，12 万ドルおよび 30 万 2000 ドルになるべきである）．

74) JAMES B. JACOBS, THE ETERNAL CRIMINAL RECORD (2015).

5.3 金融サービス近代化法 (GLBA)

1929年の株式市場の暴落，大恐慌を受けて，議会は銀行と投資会社の統合方法について制限した．1933年の，グラス・スティーガル法 (Glass-Steagall Act) は，預金保険を作り，商業銀行が証券について扱うことにできる量を限定し，連邦準備金を強化した．しかし，1980年代までには，銀行は投資銀行業を子会社として再統合する方法を見つけた．1990年代までには，統合された金融機関は心地よく，需要があった．

GLBAにおいて，議会は正式に，銀行業，投資，および保険業の統合をより可能とするためにグラス・スティーガル法および銀行持株会社法 (Bank Holding Company Act) の制限を撤回した．GLBAが議会に進むにつれ，巨大金融サービス企業のプライバシー保護に関する懸念があげられた．これらの企業には1000以上の子会社をもつ企業もあり，支払いに関する取引データが保険または貸付業務にたどり着くリスクが上がってしまう．さらに，これらの子会社はしばしば異なるブランドの名前を使用し，そのため，消費者は銀行と情報を共有することが不安定で聞いたことのない企業に情報を移転する権限を与えることは想定しない．議会は，これらの懸念に対処するため，第5章として知られるプライバシー規定をGLBAに追加した．

マーケティングの悪影響とGLBA

GLBAを通過させた1999年6月下院委員会の法案審議では，金融サービス業界のロビイストは，民主党がプライバシー問題を取り上げるものの，共和党がプライバシー規定を法案に追加することをうまく阻止するだろうと期待していた．民主党マサチューセッツ州選出のエド・マーキー下院議員による5月における企ては19対8の投票で失敗した[75]．

しかし，5月から6月までの間の出来事により事情が変わった．6月の審議の直前に，ミネソタ州の司法長官であるマイク・ハッチがUS Bancorpに対

---

75) Dean Anason, In Focus: All of a Sudden, Customer Privacy Is Reform Bill Thorn, AMERICAN BANKER, June 14, 1999.

し，消費者の記録をテレマーケティング会社に販売したとして訴訟を提起した．この訴訟により，銀行が顧客情報を第三者のテレマーケティング業者に販売し，利益の何パーセントかを受け取るという醜いダイレクトマーケティングの実態について垣間みられた．こうした慣行は，販売および反対取引に関連する費用からお金を生み出すため，銀行が詐欺的な販売目をつむることを促した [76]．

　6月の審査期間の間，マーキー下院議員は再びプライバシー法改正案を提出したが，今回は共和党からの支持を得た．オハイオ州選出のポール・ギルモア下院議員は自ら作成したプライバシー規定修正案を紹介し，テクノロジーおよび情報収集の発展により「プライバシーに対し今までにない新たな脅威となる」と説明した [77]．

　プライバシー侵害を受けた個人的なストーリーを共有した者もいた．これにはテキサス州のバートン下院議員が最近 Victoria Secret のカタログをワシントンDCの自宅で受け取った話も含まれる．彼は，信用組合が Victoria Secret に住所を販売したに違いないとの苦情を述べた．バートン下院議員は配偶者がこのカタログを見て，地元にいる間に不純な思いをもっていると結論づけてしまうことをおそれた．バートン下院議員は金融機関による個人情報の第三者販売を止めることができるべきであると考え，マーキー下院議員の修正を支持した [78]．

　金融サービスのロビイストは取り乱していた．中には匿名で「砲弾ショッ

---

76) Jessica Silver-Greenberg, *Banks Seen as Aid in Fraud against Older Consumers*, New York Times, June 10, 2013; *Charles Duhigg, Bilking the Elderly, with a Corporate Assist*, New York Times, May 20, 2007. 金融機関が，詐欺が現実に起こっているのにもかかわらず目をそらすという問題には長い歴史がある．FTC は，1993年の支払拒否の高い割合を無視したことについて企業に対し行政不服申立を提出し，和解において，その企業に対し詐欺的な料金の証拠がないか業者を監視するよう義務づけた．*In the Matter of Citicorp Credit Service, Inc.*, 116 F.T.C. 87 (1993).

77) Dawn Kopecki, *US Financial Industries Face Privacy Regs in Bank Bill*, Dow Jones News Service, June 11, 1999.

78) 金融機関は通常，連絡先情報を含むデータを消費者報告機関に「提供」している．これは Barton に起きたことと予測される．ワシントンの住所はクレジットユニオンから CRA に対し提供され，「クレジットヘッダー」として住所を販売されたと予測される．FCRA の上記の章で GLBA の有効日まで，CRA はそのようなヘッダーをマーケティング目的で自由に販売したことを思い出してほしい．GLBA はヘッダーを，少なくとも金融機関に由来する場合には，非公開の個人情報として扱った．

ク」であると呼んだ者がいた．修正案の通過後，銀行業界の代表は GLBA に反対すると脅したが，プライバシー規定について反対であることを言わないよう慎重であった．代わりに，法案に「問題」があり，「ネガティブな変更」があったと言った[79]．

最終的には，GLBA はプライバシーに関する規定を含む形で通過した．

多くの消費者の頭の中では，銀行はいまだ小さな町のコミュニティに根づいたビジネスである．多くの州裁判所はこれらの組織に対し守秘義務を明確に課した[80]．しかし，現代の銀行は他の小売業と異なるところはない．実際には成功している銀行のいくつかは小売業同様のマーケティング戦略および高リスク信用供与実務を採用した．金融情報のマーケティング活動への積極的な利用は少なくとも 1990 年代の早い段階に遡る．たとえば，1992 年ニューヨーク州の司法長官の和解によると，American Express はカード情報保有者のデータベースを「ロデオドライブのセレブ（Rodeo Drive Chic）」，「5 番街の教養人（Fifth Avenue Sophisticated）」などさまざまな分類したことを公開した[81]．

より大きな連邦銀行は，規模および複数の商品提供により効率性が生まれることを前提とする．これらの効率性は，しばしば銀行取引からのデータにより同じ機関からオファーされる保険，投資およびその他の製品がわかるとの仮定に基づく．大手銀行は新たな消費者獲得によってのみ利益を増やすことができた．つまり，提供を消費者ベースに深める必要があった．

銀行は消費者に対しコモンロー上の守秘義務を負うものの，口座保有者のプライバシーについて関心がなかったことで悪名高い．金融分野にいる者は，プライバシーが侮辱的な情報を隠し，金融上の義務を避けるための単なる戦略であるというポズナー的な観点を共有している．彼らのこの観点は，銀行の従業員が現代の活動に対して持つ違和感につながる．これには消費者データの集計表を通常業務のための他者への送付，取引データの詳細なデータマイニング，

---

79) Dean Anason, *In Focus: All of a Sudden, Customer Privacy Is Reform Bill Thorn*, AMERICAN BANKER, June 14, 1999.

80) Woodrow Hartzog, *Reviving Implied Confidentiality*, 89 IND. L.J. 763（2014）.

81) Denise Gallene, *Chalk One Up for Privacy American Express Will Inform Cardholders That It Sorts Them for Sales Pitches*, LOS ANGLES TIMES, May 14, 1992.

およびあやふやな価値の金融商品のマーケティングを含む．

H. ジェフ・スミスによる 1994 年のプライバシーに関する重要な研究で，銀行が医療機関のプライバシー支持の姿勢に完全に反対していたことがわかった．インタビューを受けたある銀行の者は，「われわれはいつもプライバシーについての冗談を言っている．情報を暴露しない，最大の尊敬をもって扱うと公式に述べている．だけど自分が扱った信用報告についてエレベータの中で笑っているのを耳にするんだ．」と言った．

その後銀行が法的措置による深刻な脅威に直面した 1990 年代においても，何も変化はなかった．実際，銀行は合衆国憲法第 1 修正により顧客情報を販売する権利があり，オプトアウトを行う消費者の権利により銀行の権利が侵害されると主張した．銀行は GLBA 下のプライバシー規制から解放させるため，熱心にロビイングした．

5.3.1 GLBA の規定

合衆国法典第 15 編 68 か条以下に成文化されているが，GLBA は金融機関の情報共有活動に関する通知および選択を中心に組織されている．金融機関は，「金融活動」に「大きく従事している」事業であり，広く銀行持株会社法により定義づけられている．

5.3.1.1 範囲

GLBA は「非公開個人情報（NPI）」のみを保護する．NPI は，消費者から公的機関に対し提供され，消費者との取引により生成され，またはそうでない場合金融機関により取得された情報で，個人を識別しうる金融情報である．消費者は金融機関より金融商品を取得する者である．「顧客」とは，消費者の中でも金融機関と継続的な関係を有する者をいう．

重要なことだが，法律は「公的に入手可能な情報」を NPI から除外している．公的に入手可能な情報は広く政府により適法に入手可能なデータまたは広範に配布された媒体（電話帳，新聞，およびウェブサイトを含む）に表示される情報として定義される．さまざまな種類の NPI がオンライン上または公的記録に現れるため，GLBA の範囲を狭めることになる．しかし，FTC は，データの起源に依存させるために定義を解釈した．消費者の生年月日が公的記録のどこかに現れる場合であっても，銀行が消費者からもともと取得した限り

NPI である.

5.3.1.2 情報共有

　GLBA が銀行に対し守秘義務を課す一方で [82]，伝統的な守秘義務と GLBA の規定が抵触する場合がある．たとえば，医者や弁護士は一般的に患者やクライアントの秘密を暴露することができない．これらの専門家はこれらの秘密を自らの利益や都合のために利用することはできない．しかし，銀行業の場合においては，GLBA は，口座名義人がいくら預金しているのかおよびどこでお金を使ったのかの事実を含め，口座情報の第三者への販売を明確に認めている.
　NPI を共有する前に，金融機関は消費者に対しプライバシー通知およびデータ移転からオプトアウトできるため 30 日間与えなければならない [83]．消費者によるオプトアウトは永遠に続くものとみなされる.
　消費者は「共同マーケティング」活動からオプトアウトすることはできず，これにより GLBA のプライバシー規定に大きな抜け穴が作られている．小規模な銀行は，共同マーケティングが，小規模な機関が情報共有を利用し，大きな機関だと黙ってても効果をもたせることのできるパートナーシップを作る（機関は GLBA の下，複数市場間サービスについて子会社と情報共有をすることができるため）ことを可能にするものであると主張した．共同マーケティング活動は緩く規制されている——マーケティング目的にデータ利用を制限する金融機関間の書面による契約のみが必要である [84]．また，小さな銀行に限られず，大きな銀行も制限なく共同マーケティング合意を作り，GLBA のオプトアウトの権利を回避することができる.

5.3.1.3 プライバシー通知

　金融機関は情報収集，利用および提供実務の説明を交付しなければならない．もし機関が第三者に対しデータを移転したい場合，オプトアウトの通知も出さなければならない．通知は，「明確かつ明白」なものでなければならず，これは合理的に理解可能なものであり，通知にある情報に注意が向くように設計されなければならないことを意味する.

---

82) 15 U.S.C. §6801 (a).
83) 15 U.S.C. §6802.
84) 16 C.F.R. §313. 13.

金融機関はカテゴリー情報——収集され公表された情報のカテゴリーおよび情報を受け取る関連会社および第三者のカテゴリーを公表しなければならない．また，情報セキュリティポリシーも含まれなければならない．

　最後に，オプトアウトの通知には，選択を行う「合理的な意味」を記載しなければならない．金融機関には，消費者に対し消費者サービスで不利益を受けると警告することなどにより，オプトアウトすることを積極的に止めさせるものもあった．

　FTC および他の銀行機関は，銀行のためのオプトアウト通知ひな型を作るのに相当の労力を費やした[85]．しかし，基本的な問題として残るのは，通知が明確であったとしても，アメリカ人のほとんどは銀行が個人情報を販売できないと考えている点である．通知に注意を向ける理由がないのである．そのため，通知のひな型は「プライバシー通知」と呼ばれていない．実験により，そのように名づけた場合，データを販売できないと消費者に誤解させてしまうため，読んだ人は拒否することが判明したからである[86]．

5.3.1.4　情報セキュリティ

　GLBA のセキュリティセーフガードルールは連邦官報のうち 2 頁を占めるのみである．金融機関に主に命じているのは，管理上，技術上，および物理的なセーフガードをもった情報セキュリティをもつことである．これらのセーフガードは機関の規模に合わせることができ，(1) 顧客情報の安全確保，(2) 情報の安全性または安全性への危険から保護すること，および (3) 消費者に対し深刻な損害または不都合な結果となるようなアクセスまたは利用から保護すること目的とする．

　セキュリティセーフガードルールは GLBA のその他の保護よりわずかに狭い，議会は「消費者」ではなく「顧客」（金融機関と継続的な関係のある個人）に適用されるべきであると特定した．

---

85) 74 Fed. Reg. 62890 (2009).

86) 「私たちの調査でわかったことは，消費者が「プライバシーポリシー」から特別な意味をとっていることである．消費者はプライバシーポリシーが意味しているのは，当該機関がこのポリシーを送るということは情報を共有しないということであり，そのことのみである．もちろんこれは事実ではなく，事実ではないにしても，そのような示唆を生まない別のタイトルを考えなければならなかった．」行動経済および消費者政策に関する会議，2007 年 4 月 20 日（ジョエル・ウィンストンのコメント）．

5.3.1.5　プレテキスティングの禁止

第1章では，1999年のRappのプレテキスティングのケースを紹介した[87]．ここでは，FTCは，不正な顧客の詳細情報を得ようとFTCを騙そうとした民間調査員を告訴した．プレテキスティングは典型的には第三者の情報を同意なく取得する目的で機関に連絡をとる調査員が行う．第三者であると装うことまたはその他の策略により達成される．GLBAを制定するにあたり，議会は正式に金融機関に対するプレテキスティングを禁じた[88]．

5.3.1.6　執行

いくつかの裁判所では，GLBAが民事訴訟の権利を付与していないと述べている[89]．GLBAは州法を専占しない[90]．しかし，連邦政府により免許された銀行は，情報共有に対する州の制限が自らには適用されないことを主張する．

プライバシールールは，住宅ローンブローカー／融資会社，給料担保金融業者，金融会社，口座サービス会社，小切手現金化会社，電信送金会社，旅行代理店，取立代行業者，信用および金融アドバイザー，税金確定申告会社，連邦保証されていない信用組合，および投資アドバイザーを含む，広い範囲の会社がFTCの執行権限に服する[91]．一見して，FTCの執行業務は重要でない業務に対するもののようにみえるが，これはGLBAの銀行に対する監督が他の機関に委託されるためである．

FTCによるGLBAの執行は単純である．事案の最も驚くべき属性は被告の悪行である――FTCの管轄は金融業界の最も末端にいる当事者に関係する．もし連邦法の執行が反テロリズムの取組みに占拠されていなければ[92]，社会の最も弱い者を騙してきた人々に焦点を当てるこれらのケースを正当に提訴できたはずである．たとえば，GLBAがプレテキスティングを禁じたことを思

---

87)　*FTC v. Rapp d/b/a Touch Tone Information. Inc.*, No. 99-WM-783（D. Colo. 1999）.

88)　15 U.S.C. §6821.

89)　*Newcomb v. Cambridge Home Loans, Inc.* 861 F. Supp. 2d 1153（D. Haw. 2012）. *Enriquez v. Countrywide Home Loans, FSB*, 814 F. Supp. 2d 1042（D. Haw. 2012）; *In re Gjestvang*, 405 B. R. 316（Bankr. E.D. Ark. 2009）

90)　15 U.S.C. §6807.

91)　16 C.F.R. §313.1（b）.

92)　Barry J. Cutler, *The Criminalization of Consumer Protection - A Brave New World for Defense Counsel*, 22（1）ANTITRUST 61（Fall 2007）.

い出してほしい．FTC はプレテキスティングを行った調査員に対し一連の訴訟を提起してきた[93]．FTC はプレテキスティングに対する権限を，前払クレジットカード，すなわち絶対に届かないクレジットカードや担保付クレジットカードを勧める詐欺を取り締まるために使ってきた．これらのケースは典型的には通常のクレジットカードを取得するのに必死な消費者から何百ドルもの手数料を引き落とす[94]．

　FTC はプレテキスティング規定に大いに柔軟性を見出した．その規定を他の詐称，データを引き出すために金融データを検証すると主張する企業などを取り締まるためにも用いた[95]．企業が金融機関[96]その他の合法な企業[97]であると装うことで直接消費者を騙すフィッシング攻撃に対処するためにプレテキスティング権限を行使する．FTC は 2006 年に通話記録のプレテキスティングに対し FTC 法 5 条により一連の訴訟を提起した（なぜなら GLBA は金融記録をプレテキスティングにのみ関するからである）．

　FTC はプライバシー[98]およびオプトアウト通知[99]を出すことを怠った企業に対し訴訟を提起した．

　FTC は，企業が従業員間の NPI 入手可能性を制限するアクセス制御に失敗した場合[100]，ビジネスネットワークの脆弱性を監視することに失敗した場合，企業が従業員のトレーニングに失敗した場合，遠隔の従業員の仕事場の安全性を確保することに失敗した場合[101]，従業員がデータを暗号化することなく E

---

93)　*FTC v. Victor L. Guzzetta, d/b/a Smart Data Systems*, No. 01-2335（E.D.N.Y. 2002）; *FTC v. Paula L. Garrett, d/b/a Discreet Data Systems*, No. H01-1255（S.D. Tex. 2002）; *FTC v. Corporate Marketing Solutions, Inc. et al.*, No. CIV-02 1256 PHX RCB（D. Az. 2002）.

94)　*FTC v. Sun Spectrum Communications Organization, Inc.*, No. 03-8110（S.D. Fl. 2005）.

95)　*FTC v. Assail, Inc., et al.*, No. W03CA007（W.D. Tex. 2003）.

96)　*FTC v. Zachary Keith Hill*, No. 032-3102（S.D. Tex. 2002）; *FTC v. Global Mortgage Funding, Inc., et al.*, No. SACV 02-1026 DOC（C.D. Cal. 2002）.

97)　*FTC A Minor*, No. 03-5275（C.D. Cal. 2003）.

98)　*US v. PLS Financial Services, Inc., PLS Group, Inc., and The Payday Loan Store of Illinois, Inc.*, 112-cv-08334（N.D. Il. 2012）; *In the Matter of Sunbelt Lending Services, Inc.*, FTC File No. 042 3153（November 16, 2004）; *In the Matter of Nationwide Mortgage Group, Inc., and John D. Eubank*, FTC File No. 042-3104（November 9, 2004）.

99)　*FTC v. 30 Minute Mortgage, Inc., Gregory P. Roth, and Peter W. Soltz*, No. 03-60021（S.D. Fl. 2003）.

100)　*In the Matter of Nationwide Mortgage Group, Inc., and John D. Eubank*, FTC File No. 042-3104（November 9, 2004）.

メールで NPI を送付した場合[102]（GLBA 施行前にはありふれた慣行だった），および企業が NPI を保護されていないゴミ箱に捨てた場合などにセキュリティセーフガードの侵害があったとしている[103]．

FTC 内部の GLBA 侵害規則は次のとおりである．GLB1，企業が消費者に対し情報共有からオプトアウトする機会を与えない．GLB2，企業がオプトアウトの求めを尊重しないまたはオプトアウトの仕組みが機能しない．GLB3，企業がプライバシーポリシーを侵害している．GLB4，プライバシーポリシーが誤解を招く，不明確，または理解が難しいものである．GLB8，その他 GLB の侵害．GLB9，企業がプライバシーポリシーを全くもたない．

5.3.2　GLBA の評価

GLBA のプライバシー規定に誰も満足していなかった．銀行は，年次報告の作成の費用が何億になり，オプトアウトした人がわずかであるため，これらが無駄で的を得ていないと考えた．オプトアウトの割合を最大に見積もっても 5 パーセントであり，一方でオプトアウトの割合が 1 パーセント以下であると報告したものもある．銀行業界にとっては，消費者が自ら有している権利を行使していなかったため，オプトアウトの低い割合は消費者がプライバシーに無頓着で新しいプライバシーの法律が不必要であることを示すものであった．その間，FTC は公表要件に圧迫を加えることで低いオプトアウト割合に対応した．

消費者保護団体はオプトアウトが容認できないものと考え，その理由としてわかりにくい通知および消費者は銀行がデータを販売できないと考えたためにオプトアウトできなかった傾向があると指摘した．オプトアウトに関連した取引のコストもあり，特に GLBA が最初に成立した際には，消費者にオンラインでのオプトアウトを認めた銀行はほとんどなかった[104]．

---

101) *In the Matter of Premier Capital Lending, Inc.*, FTC File No. 0723004（November 6, 2008）; *In the Matter of Sunbelt Lending Services, Inc.*, FTC File No. 0423153（November 16, 2004）.

102) *In the Matter of Superior Mortgage Corp.*, FTC No. 0523136（September 28, 2005）.

103) *US v. PLS Financial Services, Inc., PLS Group, Inc., and The Payday Loan Store of Illinois, Inc.*, 112-cv-08334（N.D. Il. 2012）; *US v. American United Mortgage Company*, No. 07C 7064（N.D. Il. 2007）; *In the Matter of Nations Title Agency, Inc.*, FTC File No. 0523117（May 10, 2006）.

消費者擁護者は議会がGLBAを作るにあたって乏しいデフォルトルールを選択したと評価したのはおそらく正解であった．研究により証明されたところによると，遅くとも2005年には，アメリカ人のおよそ4分の3は銀行が法律により消費者情報を販売することが禁止されていると間違って信じている．ほとんどのアメリカ人はおそらく銀行にデータを販売してほしくないと思っている．このことを最もよく示す証拠は，住民投票により73パーセントがオプトインをオプトアウトに変える法律を変えることに投票したノースダコダ州にある[105]．それにもかかわらず，議会は，第三者との情報共有はアメリカ人の選好より優先する効率性をもたらすと説得した．

　GLBAにより可能となった情報共有は理解が難しい．大手銀行は何百，ときには何千もの関連会社をもつ．GLBAの簡素な要件の下においては，銀行は顧客が癌治療医院で支払いをしたという情報を1万ドル小切手でどの子会社にも提供することができ，どの共同マーケターにも，消費者の選択にかかわらず提供することができる．これらの子会社には，医療データに基づき個人に提示する条件を寄与，否定または変更する保険会社またはその他の会社が含まれうる．議会はGLBAが成立して初めてこの点を認識したようである．この問題を解決するための法律を提案するにあたり，アメリカ銀行協会は，「医療情報は共有されない」というほとんど中身のない宣言をもって即時に対応した[106]．

　GLBAの初期段階の最も洗練された評価は，プライバシー法に関する深い専門家であり，金融サービスのカウンセルであるピーター・スワイヤー教授によるものである．スワイヤーは，GLBAのプライバシー規定が比較的乏しいにもかかわらず，GLBAに予見されていなかった利益があったと主張した．具体的な例は出さなかったものの，彼は銀行との議論の中でGLBAの通知要

---

[104] デモクラシー&テクノロジーセンターによる2000年の研究によれば，100のオンライン銀行のうち，34の銀行が第三者と情報を共有したものの，オンラインの手段によってのみオプトアウトを認めた旨を述べた．CENTER FOR DEMORCRACY & TECHNOLOGY, ONLINE BANKING PRIVACY; A SLOW CONFUSING START TO GIVING CUSTOMERS CONTROL OVER THEIR INFORMATION (2000).

[105] NORTH DAKOTA SECRETARY OF STATE, STATEWIDE ELECTION RESULTS, June 11, 2002.

[106] AMERICAN BANKERS ASSOCIATION, TASK FORCE ON RESPONSIBLE. USE AND PROTECTION OF CONSUMER INFORMATION. VOLUNTARY GUIDELINES FOR RESPONSIBLE USE AND PROTECTION OF CUSTOMER INFORMATION n.d. (10のガイドラインは「信頼の維持はコアバリューである」および「情報の責任ある利用は消費者利益を与える」を含む．）

件が「プライバシー慣行のとんでもないリスクを削減」したとわかった[107]. これは通知を書くために，銀行が自らの慣行を厳しく検討したに中には，あまりにも問題があったため消費者の反感を招いてしまうと考えたからである．GLBA が広く「金融機関」を定義づけるため，慣行の改善は広く実施された．

　スワイヤーは，より小さな規模の銀行を大手銀行と同じレベルにするために例外が成立したものの，多くの大手銀行により例外が使われたと指摘することで，GLBA の「共同マーケティング」の例外について注意を喚起した．銀行は GLBA のオプトアウトの権利を回避するために利用していた．Center for Democracy & Technology は，多くの銀行が消費者に対し何ら選択仕組みを提供しなかったが，マーケティングパートナーとデータを共有する権利を保持していたことを見つけた．

　スワイヤーの評価によっても，GLBA の抜け穴は，他の文脈におけるプライバシー法の見通しにも悪影響を与えた．業界としての金融機関は，ときには失敗するには大きくなりすぎてしまっていると同時に，規制するにも大きくなりすぎている場合もある．データブローカーのようなノンバンクを規制する法律である場合でさえ GLBA より強力な新しいプライバシー法に対して攻撃的にロビイング力を利用している．言い換えると，金融機関は GLBA をプライバシー保護の上限にしたいのである．たとえば，Center for Democracy & Technology は，オンラインプライバシー法制を成立させるため真摯に努力したが，連盟に参加したものの GLBA より広範な保護に断固として反対した銀行により，断念せざるをえなかった．

5.4　1978 年公正債務取立法（FDCPA）

　一見したところ，1978 年の公正債務取立法（FDCPA）[108] はプライバシー法にみえない．この法律は，脅迫および虚偽表示など債権回収の分野における一連の不正が多く存在すると特徴づけられたものに対処するために成立したものである[109]．成立にあたり，議会は積極的な取立行為にプライバシー侵害が

---

107)　Peter P. Swire, *The Surprising Virtues of the New Financial Privacy Law*, 86 MINN. L. REV. 1263（2001）.
108)　Pub. L. 95-109. 91 Stat 874, 15 U.S.C. 1692 et seq.
109)　15 U.S.C. §1601 et seq.

あり，夫婦間の不和や就職難につながると気づいた[110]．法律の規定の多くは情報プライバシー法と同様であり，債務者への連絡に対する反マーケティングの保護を作り上げる場合もある．

議会が，多くの人が「怠け者」と同義であると考える集団である債務者を保護する法律を作る理由はなにか．第1に，1970年代半ばには，Chicago Tribuneが1面を飾る違法および不正な取立行為についての連載をした．4人の報告者は，取立者が裁判書類を偽造し，債務者に刑務所に入れると脅迫し，弁護士であるかのように装い，利益を水増しするために追加費用を加え，社会保障庁従業員または警察官になりすまし情報を取り出す，および債務者による支払いを債権者に返却する代わりに着服したことを発見した[111]．これらの慣行を暴露するため，報告者らは取立業者に就職した．債務者にとって怖いと思わせるため，一人の報告者は自分の妻に電話で怒鳴ることで練習した．「子どもたちを怖がらせたが最終的に就職面接で雇用されるくらいにはなった」[112]．

第2に，大多数の人は債務を返す計画はあり，債務者が怠け者であるというのはフィクションである．将来支払う意図もなく債務を負うのはごくわずかであり，報告者および議会により説明された戦略によりターゲットとされたのは資金難に陥った普通の人であった．彼らの資金難は家庭および仕事生活を妨害した取立行為により悪化した．

覆面の男性が債権回収戦略について証言

議会で証人が仮名を使い覆面をつけて証言する場合，業界にとってトラブルを意味するかもしれない．1976年3月の証言では，「ジェームズ・クラーク」と名乗る者が債権回収者としての活動について証言し，慣行は許されるもので

---

110) 15 U.S.C. §1692（a）.
111) Pamela Zekman, William Crawford, & William Gaines, *Bill collector's tactics: "Everyone we do here is borderline illegal"*, CHICAGO TRIBUNE, April 8, 1974: Pamela Zekman, William Crawford, William Gaines, & Robert Under, *"Push them till they break": Bill collector terror tactics. Agencies operate by their own rules*, CHICAGO TRIBUNE, April 7, 1974.
112) Hrg. On H.R. 29, the Debt Collection Practices Act, before the House Subcommittee on Consumer Affairs of the Committee on Banking, Finance and Urban Affairs, 93 Cong. 1st Sess., March 8, 1977.

はないが，業界でまん延していると証言した．以下，いくつか紹介する．

- 「債権回収の最もありふれた方法は打ちのめすことである．これは個人にしつこく電話することをいう．」
- 「債務者に電話をかけ脅迫する方法はいくらでもある．訴訟をすると脅したり，子どもたちを奪い孤児院に入れると脅したり，刑務所に行くことになると脅したり，物理的に脅すことができる．」
- 「奥様，靴のサイズはいくつですか（と債務者に質問した）．彼女は「サイズ7です」「奥様，セメントで作ったものを一足作って送ります．」
- 「小さな裁判所にいる裁判官と契約を結んでいた．この裁判官は一定の割合，一定の金額を記述して，レターヘッドを書いた白紙をくれた．責務者が債務を負っていたが，いまは裁判官に口座が移ってしまっているということを言うため，この白紙2～3枚が債務者に送るものとして渡された．」
- 「オフィスにはクローゼットいっぱいに警察および法執行関係のユニフォームがあった．法執行官のバッジがたくさんあった．」
- 「私たちには，『保安官のオフィス』と答える特別の電話回線があり，その後に，私，こと弁護士の言うことを聞かないと保安官が刑務所であれ何であれぶち囲むことになると説明できる．」
- 「適法で厳格に法に従う機関は絶対的に少数派である．効率的に機能することができない．われわれは，いかなる協会，クラブにも所属しなかった．時間の無駄である．それらの団体は理想的な行動規範を記載し，嘘だらけであった．なぜなら，彼ら自身遵守しなかったからである．なぜ遵守する必要があるだろうか．彼らは会費を収集するだけであった．」[113]

債権回収は自主規制が全く失敗した業界である．違反行為は無視または賞賛さえされた．フランク・アヌンツィオ下院議員が法律の公聴会で説明したが，最大の債権回収取引協会はFTCに訴訟を提起された2企業を監視するために何もしなかった．実際，協会の次期会長は違法な債権回収慣行に従事していた

---

113) Hrg. On H.R. 11969, the Debt Collection Practices Act, before the Subcommittee on Consumer Affairs of the Committee on Banking, Currency and Housing. House of Representatives, 9th Cong. And Sess., March 30, 1976.

> として終局的差止命令を受けていた[114]．

　根本的には，債権回収の問題は，他の情報集約型産業の問題と似ており，直接の企業－消費者の関係の欠如のために悪影響を受けている．企業－消費者の関係は，顧客を維持し評判を向上させることができるとの希望から，穏やかなものとなる．しかし，債権回収は，定義からみて，消費者との関係のない第三者に情報および金銭を個人から引き出す強いインセンティブを与えるものである．

　インターネットおよび新しいテクノロジーにより債権回収の情報共有およびコミュニケーションはより効率的なものとなったが，効率性により予測しえた問題が生じた．債務引受業界を例にとる．小売業者およびその他企業は自らの債務を，ときには通常値段よりずっと安い[115]，本来の債務のほんの一部しか回復しない値段で，債務引受業者に販売した．回収の過程において，消費者の債権者は金銭を要求する見知らぬ人[116]から電話を受ける．消費者が書類を求めたとしても，購入者は負担額および元債権者を列挙した表または類似したもの以外何もない可能性がある．消費者は債権者とサービスまたは販売された製品の質で紛争があったかもしれないが，債務引受者はこれを知らない可能性が高い[117]．債務購入者からの電話はしつこいものかもしれず，購入者が債務者から金銭を絞り出すことができなければ，購入者は債務を他の会社に販売し，プロセスを最初から始めるかもしれない[118]．回収者の中には，借用証書を更新し支払義務を再スタートさせるために，免責されまたは時効の切れた債務（州法の下では時間の経過によりもはや取立できない債務）の当初の額につい

---

114) Hrg. On H.R. 29, the Debt Collection Practices Act, before the Subcommittee on Consumer Affairs of the Committee on Banking, Finance Urban Affairs. 95 Cong. 1st Sess., March 8, 1977.
115) *US v. Whitewing Financial Group, Inc.*, 4:06-2102 (S.D. Tex. 2006).（「被告は通常債務を購入するのに額面の1ドル当たり3分の1セント未満支払っている．」）
116) ときには電話をかけてきた者は単に債権取立者であると装い，このため，FTC は「偽の債務取立者」に関するキャンペーンを開始した．
117) FTC の正当な所持人はこの問題に対処することも1つの原因として発展した．
118) ダリ・ヒメネス教授は債務引受業界およびその病理について詳細な説明を記載した．Dalie Jimenez, *Dirty Debts Sold Dirt Cheap*, 52 HARV. J. LEGIS. 41 (2014) 参照．

て消費者に認識させ，支払わせる者もいた．このような債務は「ゾンビ債務」[119]として知られている．何千万人ものアメリカ人は，第三者に取り立てられている債務を有しており，FDCPAにより規定されたさまざまな保護制度により潜在的に利益を享受できるようにしている．

その他多くの事情がFDCPAの当初の成立を動機づけた．自主規制は債権回収業界にとって機能しなかった．加えて，より安価な長距離電話のために債権回収が州を超えた事業になった時代において，すべての州で債権回収に関する法律がなく，あったとしても弱い法律しかなかった．議会は弱い規制を賞賛する回収者が他の州の住民をターゲットとしていたことを懸念していた．

包括担保権

家族が困難に遭遇し，債務を履行できないと想定してください．貸付契約書のチェックボックスで債権者に「包括担保権（Blanket security interest）」を家財道具に設定した．今，債権回収業者が玄関に立ち，所有物に目を凝らし，支払わなければそれらを取り上げると脅迫している．

1980年，FTCのスタッフレポートは，借りた金銭で購入されていなくても家財道具を押収することを債権者に認める負債契約が不公平であると着目した．貸付者へのインタビューに基づき，FTCは家庭用品に再販売価値がほとんどなく，これらの物をする主要な理由が心理的な不安を債務者に課すことにあった．債権回収者への指示には，「HHG（家財道具）を妻に対し働きかける」という命令が含まれていたが，これは債務者が家にあるさまざまな物をとられることに脅かされることを意味した．自宅に来た債権者が「50ドルを今日渡さなければ朝には玄関にトラックをつけて，家にあるものすべてをもっていく」と求められた場合の恐怖を想像してほしい．そのような脅迫は債務者により不利な支払条件に強いるかもしれない[120]．

---

119) Neil L. Sobol, Protecting Consumers from Zombie-Debt Collectors, 44 NEW MEX. L. REV. 327 (2014); US v. Whitewing Financial Group, Inc., 4:06-2102 (S.D. Tex. 2006).（「被告は非常に古い債務を購入し，これら債務の取立を試みる．ほとんどの債務は消滅時効を超えている．また，ほとんどの債務は信用機関報告で報告される時間をすぎている．多くの債務は破産の免責を受けている．」）

消費者を保護する弁護士および経済学者間の包括担保権に関する議論は，現代のプライバシーに関する議論の外郭を有していた．消費者側弁護士は一般的にこのような合意を禁止したく，包括担保権が FTC 法 5 条に基づき不公正であると主張した．消費者債務者が窮地に陥っている話（ベビーベッドおよび冷蔵庫を奪われた者もいる）はあまりにひどいもので債務者の刑務所または債務者を奴隷に売ることを連想させる．消費者は標準型契約にチェックボックスを入れることで担保権に同意した．このため，弁護士が理由を述べるには，消費者にはよりよい条件を確保する方法が市場におそらくなかった．

　レーガン大統領時代の委員会の幹部は，借主が包括担保権にサインすることが可能であるべきであり，条件が不正であるように聞こえるものの執行されることはほとんどないと考えた．包括担保権は，不払いに対処する強力な心理的道具を提供し，信用のコストを低減させた．当時連邦議会議員で GLBA の共同起草者であったフィル・グラムの配偶者であった経済局のディレクターウェンディ・グラムは，包括担保権がもしなければ全く信用をなくしてしまう可能性のある債務の支払いにコミットすることを重要な意思表示であるとの意見を述べた [121]．消費者は店を回り，そのような条件を提示しない貸主を探すことができた．最終的に，経済学者は弁護士の干渉が間違いであると考えた．包括担保権合意を制限するにあたり，全く信用を得ることができない消費者が出てくる．そのため，債務者を保護するコストは究極的に信用を得る自由を制限してしまう．

　究極的に FTC は担保権合意の範囲を制限するルールを採用し，債権者が担保を付ける能力を制限し，および債務者の裁判で自らを保護する権利を放棄させる規定を禁止した [122]．

　法律の成立する前，FTC は債権回収者に対し FTC 法 5 条の理論，FCRA

---

120) FTC, Credit Practices Final Report to the Federal Trade Commissions and Proposed Trade Regulation rule（16 CFR Part 444）Bureau of Consumer Protection（August 1980）.

121) Michael deCourcy Hinds, *The Rift over Protecting Consumers in Debt*, N.Y. Times, May 8, 1983.

122) 16 C.F.R. 444-2

および貸付真実法に基づいて訴訟を提起した.

5.4.1　FDCPA の規定

　債権回収者および消費者の対立はあまりにひどく，議会は消費者保護を取立について消費者保護措置をとった．債権回収の行為は洗練されていない[123]，または，いくつかの巡回裁判所で適用された「最も」洗練されていない消費者標準[124] のレンズを通して見なければならない．保護は個人債務および債務を他者に代わって取り立てる債権回収者にのみ適用される．このため，企業債務者は，債権者自身による回収活動と同様，対象となっていないままである.

5.4.1.1　連絡の制限

　一般的な話として，債権回収者は夜間または早朝といった非常識な時間に電話することはできない．取立者は消費者の雇用者が禁じているのであれば，職場に連絡をとってはならない[125]．一度債務者が弁護士に代理されれば，取立者は消費者債務者に連絡をとるのを止めなければならない．加えて，消費者は回収者に連絡をとることを止め[126]，書面によってのみ連絡をとるように指導することができる．消費者は回収に債務を評定し評定された債務を書面で債務者に連絡することにより債務を処分することで回収を止めることができる.

　債権回収において昔は，取立者は第三者に債務について話すことにより債務者を恥ずかしい思いをさせた．中には名前で個人のリストの告知を掲示し，債務を支払わなかったことを示唆する者もいた．FDCPA は，債務を本質的に私的事項にすることにより，これらの慣行を禁止する．債権回収者はほとんどの第三者に債務情報を伝えることはできない[127]．また彼らは葉書で連絡をとることはできない[128].

　債権回収者は消費者債務者を探すために第三者に連絡をとることができる．しかし，慎重でなければならない．回収者は自らを特定し，消費者を探すこと

---

123) *Chuway v. National Action Fin. Servs., Inc.*, 362 F. 3d 944 (7th Cir. 2004).
124) 巡回裁判所による標準の洗練化に関する議論については，*Sullivan v. Credit Control Servs. Inc.*, 745 F Supp. 2d (D. Mass. 2010) 参照.
125)　15 U.S.C. §692c.
126)　15 U.S.C. §1692c (c).
127)　15 U.S.C. §1692c (b).
128)　15 U.S.C. §1692f (7).

のみを試みていることを述べなければならない．取立者は第三者に対し債務について話したり，債権回収会社から来ていることを自ら言うことを禁じられている [129]．加えて，債権回収者は，消費者に対し小包を受領し適式に送付するために住所が必要であると，他者の場所を特定するために言うなどの策略を使ってはならない．

5.4.1.2 ハラスメントおよび虐待慣行

議会は，債務者に害を与えると脅迫するまたは下品な言葉を使うなど特にいくつかの活動を禁じた．回収者は特に債務者に継続的に電話をかけることまたは債務者を辱めるために債務を公表することを脅迫することを禁じられている [130]．法律は，誤解を招く行為（不払いについて刑期を脅迫するといったこと）[131] と 8 つの不正行為を列挙した 16 章を含む [132]．

5.4.1.3 FDCPA の執行

FDCPA は民事上の請求権を付与し，懲罰的賠償が含まれる．しかし，遅延損害金の規定はない．そのため，個人の訴訟担当者は，金銭的損害を回復するために被った損害を証明しなければならない [133]．FDCPA は「下限の」専占があり，州はより厳しいルールをつくることができることを意味する [134]．

FTC は 5 条違反として FDCPA を執行することができる [135]．それにはいくつかの特徴がある．第 1 に，1970 年代の訴訟のように，執行は虐待的な回収実務を制限する主要な要素となる．多くの委員会の案件は何百もの消費者の苦情が機関に届いて初めて提起され，これらの苦情は，1970 年代に Chicago Tribune が指摘したものと同様の方法が今日も行われていることを示している．法律違反常習者による取立実務の中で，脅迫および虚偽情報は人から金銭を引き出す効果的な方法である．

違法な債務取立の取締については 1970 年代より今日の方が課題が多い．

---

129) 15 U.S.C. §1682b.
130) 15 U.S.C. §1692d.
131) 15 U.S.C. §1692e.
132) 15 U.S.C. §1692f.
133) 15 U.S.C. §1692k.
134) 15 U.S.C. §1692n.
135) 15 U.S.C. §1692l.

FTCの回収活動の把握は何十もの企業が何等かの方法で同じ回収行為に関係している特徴がある．最近の多くのケースでは，貸主は口座が落ちるかもしれないと思っているため，自らの取立機関を運営している．契約書に例外規定をおいて債権者が直接債務者の給与を裁判所命令なく差し押さえることができるようにした．部族の裁判所を債務を執行するために使った機関もあった．

　第2に，FDCPAの執行機関は，FTCと一緒に，スペイン語を話す消費者および経済的困難にある消費者を保護するための訴訟を提起した．いくつかの訴訟は法執行機関に付託され，特に詐欺者が人から金銭を引き出すために債権回収者に装う場合にそうである．

　第3に，FTCはFDCPA請求に加えて，消費者報告と債権回収が関連するために想定されるFCRA違反を訴える．

　第4に，1986年には，FTCは6桁の額の違約金をFDCPAの下において確保し[136]，今は通常7桁の違約金が債権回収訴訟について存在する．しかし，これらの違約金は，支払能力の欠如し，支払能力があっても罰金が足りないようにみえるためにしばしば延期される．たとえば，3200万ドルの違約金は取立者に対し10億ドルの年間利益と相殺されてきた[137]．罰金が新しいケースについても以前のケースと比例することを維持することは違約金のレベルに障害を作り上げた．

　第5に，FTCは，債権回収に従事することを生涯禁止し[138]，CRAに連絡をとりおよび虚偽情報を修正することを要求し，査定できない債務の再販売を禁止し[139]，および／または回収活動をコンプライアンスを確保するために電話を記録することにより書面化する義務などのように救済命令の方法を確保する．「ゾンビ債務」に対する重要な勝利では，FTCは取立者に対し債務者に時効の債務について「ミランダ」警告を出すように要求した．その企業は債務者に対し時効切れの債務を回復するため訴訟を提起されることはなく，消費者がもし時効切れの債務を少しでも支払うのであれば，その債務は二度と回収可能にならない[140]．この合意をもって，機関は，法律上を負わない消費者を少額

---

[136] *US v. Cent. Adjustment Bureau, Inc.*, 667 F Supp. 370（N.D. Tes. 1986）*aff d as modified*. 823 F 2d 860（5th Cir. 1987）.

[137] *US v. Expert Global Solutions, Inc.*, 3-13 CV 2611-M（N.D. Tex. 2013）.

[138] *US v. DC Credit Services, Inc., and David Cohen*, 02-5115 MMM（C.D. Cal. 2002）

[139] *US v. Allied Interstate, Inc.*, 0:10-cv-04295-PJS（D. Minn. 2010）

の支払いをするように出す債務を支払わせる何十年もの実務を終わらせることを望んでいる．

FTC が FDCPA 違反を分類するために用いる 21 のコード，プライバシー問題の 9 つの案件，すなわち，職場にいる債務者で電話を取れないことを知っていて，雇用主に電話し，債務者に午前 8 時前または午後 9 時以降または不都合な時間に電話をかけること，何度も電話をかけること，第三者に知らせ，債務者の場所を知るために誰かに何度も電話をかけること，「停止連絡」通知を得た後に債務者に電話，債務者以外の者に債務のことを話すこと，何度もまたは継続して誰かに電話をかけることである．

5.5 結論

金融プライバシーの高度に規制されている分野は FTC に起業家精神の余地をほとんど残さず，複雑な定義および詳述は法律がより無関係になることに寄与した．データブローカーやスコアリング企業，ウェブサイトでさえ信用オファーを作る程度に信頼できる予想を立てることができるが，この意思決定は FCRA の範囲外である．

GLBA の分野では，FTC の管轄上の制限は，対象が多い環境で通常の警察により監督するのが最適なノンバンクの監督に追いやった．機関のセキュリティセーフガードへの監督は第 3 章で議論された他のセキュリティケースより比較的直接的で一貫している．

FDCPA の分野では，FTC は法律の成立を動機づけたのと同様の訴訟を提起している．FTC は 8 桁のレベルにまで罰金を引き上げ，しかし今日のスキームは時効切れの債務および人を支払いに強制することは FDCPA の成立に導いた不正と変わりない．FDCPA の分野では，FTC は将来の違反を回避する救済方法を発展させ，それには債権回収に対する永久禁止および消費者に対し時効切れの債務を支払う必要がないとの「ミランダ」債務取立警告が含まれる．

同時に情報実務は金融業界の消費者に対する破壊に密接にかかわっている．部分的にはマーケティングが弱者を対象としている場合，FTC は自らの不公

---

140) *US v. Asset Acceptance, LLC*, 812-cv-182-T-27EAJ（M.D. Fl. 2012）

正な取引に対する権限を使う権限を有すると考える．すでに，FTC は情報を収集し他者に販売する場合について問題視している．これはデータがどのように利用され収集されているかの一般的な責任を予見させる．

第6章　プライバシーの国際的取組み

　FTC は約1世紀にわたり国際的な競争問題に積極的に取り組み[1]，国際的な消費者保護の取組みに大きな力を注いできた．FTC の活動はいくつかの形態をなしている．詐欺に対処するため国際的な法執行機関を援助し，同時にその機関から支援も受けている．競争および消費者保護の体制を進展させるため他国を先導してきている．アメリカが個人データの安全な場所であることを特にヨーロッパの政策立案者に確約する目的をもって，アメリカのプライバシー保護のアプローチを伝道してきている．そして，この最後の機能において，「セーフハーバー（Safe Harbor）」協定に基づき限定的な範囲でヨーロッパのプライバシー権を管理している．

　アメリカのアプローチの伝道という挑戦は困難なものである．「データ保護」法として知られるヨーロッパのプライバシー法が異なる価値と情報取集の権限に関する歴史の教訓によって生命を吹き込まれたためである．ホロコーストの時代に起きた残虐は情報技術が支えとなり，民間企業がナチスの活動に共謀した[2]．さらに，情報収集活動が少ない近隣諸国ではユダヤ人の生存率が高かったが，信頼されていた戸口調査活動の浸透が，多くのオランダにいたユダヤ人がホロコーストで殺害された理由の1つとなっている[3]．秘密警察や共産党に

---

[1]　1915年に組織が仕事を開始した最初の任務の1つは，アメリカ企業が他国の輸出企業と競争的であるか否かに関係するものであった．連邦議会は合衆国以外で生じる行為に関する競争の不公正な方法を監視する権限を拡大した．15 U.S.C. § 61 参照，一般に Marc Winerman, *International Issues in the FTC's First Decade*（1915–1925）参照 - *And Before*, in WILLIAM E. KOVACIC LIBER AMERICORUM: AN ANTITRUST TRIBUTE, VOL. II（Nicolas Charbit & Elisa Ramundo, eds., 2014）.

[2]　EDWIN BLACK, IBM AND THE HOLOCAUST: THE STRATEGIC ALLIANCE BETWEEN NAZI GERMANY AND AMERICA'S MOST POWERFUL CORPORATION（2000）（IBM がドイツの個人識別とホロコースト被害者の分類を促進するためパンチカード技術をあえて設計し，効率的に利用したと論じている）．

[3]　William Seltzer & Margo Anderson, *The Dark Side of Numbers: The Role of Population Data Systems in Human Rights Abuses*, 68（2）SOC. RES. 481（Summer 2001）.

よる個人や社会ネットワークの追跡，また市民による他者の「密告」は，情報が抑圧の道具となりうるという教訓を強固なものとした．

しかし，国際的なプライバシーの規則の基盤として恐怖のみを喚起することは安易すぎる．個人の尊重の高い水準を促進するため，私生活とデータ保護の尊重はヨーロッパにおける基本的人権となっている[4]．プライバシーは個人の生活の一定の質の条件として認識されている．ヨーロッパの人々はこの地域の強力なプライバシー保護が通商の促進にもなるという．

アメリカのアプローチの伝道は，その他の国がヨーロッパのプライバシー規制のモデルを採択していることからも挑戦となっている[5]．西ヨーロッパは歴史的にみて高い生活水準を享受し，北米よりも地域としては豊かである．これらの他国がヨーロッパの人々のデータへアクセスするための適格，別の言い方をすれば「十分（adequate）」な体制となることができるため，このことがヨーロッパ型の保護を他国が採択する強力な動機を与えている．アメリカの分野別のモデルよりもヨーロッパのアプローチの方が採用しやすいとみる国もある．

本章はFTCのプライバシーの国際的取組みに焦点を当てる．これらの取組みを議論するために，関係するヨーロッパのプライバシー制度の背景が必要となる．この背景がFTCのプライバシーの最も重要な国際的活動の状況をもたらすこととなる．すなわち，セーフハーバー協定の執行，技術的支援を通じた競争と消費者保護の法の発展，国際的な消費者保護における調査や問題の高まる協力および関与である．

ヨーロッパのプライバシー関係機関

第29条作業部会	データ保護監督機関の構成員，欧州データ保護監督官および欧州委員会の職員から成る，独立した諮問機関である．欧州委員会に対しデータ保護の課題について助言し，統一性を推進し，EU以外の国が「十分な」プライバシー保護を確保しているか否かに関する意見を含む多くのプライバシーの問題に関する意見を提供する．本作業部会の意見は法的拘束力がないものの影響力がある．

---

[4] Joel R. Reidenberg, *E-Commerce and Trans-Atlantic Privacy*, 38 HOUS. L. REV. 717 (2001).
[5] Graham Greenleaf, *The Influence of European Data Privacy Standards outside Europe: Implications for Globalisation of Convention* 108, 2 (2) INT'L DATA PRIV. L. (2012).

欧州評議会 (CoE)	47加盟国により，欧州評議会は大陸の最も重要な人権の機関である．欧州連合からは独立している．欧州人権裁判所を通じて欧州人権条約の執行を行っている．1981年，個人データの自動処理に係る個人の保護に関する条約を提案した．ストラスブールに拠点を置く．
欧州連合理事会	欧州連合理事会の主催により，各加盟国の閣僚が法と政策について審議し決議するための会合である．理事会は欧州議会と並んでEUの主要な意思決定機関である．
欧州理事会	欧州理事会は欧州連合の国々の元首から構成される．正式な権限はないものの，政策のアジェンダ設定の役割を果たしている．欧州委員会の委員長を指名している．
欧州委員会	欧州委員会は欧州連合の28加盟国の行政機関である．各加盟国から1名の委員とともに，委員会は立法の提案を任務とし，またEU全体の予算に関する事項を処理している．
欧州人権裁判所	欧州人権裁判所は，最も長期間にわたる国際人権裁判所として，欧州人権条約における人権の違反について裁定を下す．裁判所の判決は関係する締約国を拘束し，締約国はその判決に従い国内法を適合させてきた．個人が裁判所に提訴することができる．判決は，欧州評議会により監視され執行される．
欧州連合司法裁判所 (CJEU)	欧州司法裁判所として知られており，CJEUはEUの最高位の裁判所であり，EU法の解釈を提供し，加盟国にEU法の平等適用を提供する．最近，CJEUは，データ保全指令を無効とし，US—EUセーフハーバー協定を無効にする判決，また一定の条件下で検索結果から自らの氏名をリスト化されない権利を容認する判決を含む多くの重要でプライバシーに好意的な判決を下している．
欧州データ保護監督官 (EDPS)	2001年に設立されたEDPSは「特にプライバシー権に関する自然人の基本的権利および自由が共同体の機関と組織により尊重されることを保証」されるよう任務を遂行する．EDPSはEUの機関における不公正なデータの取扱いについて，データ処理の禁止やデータの削除の権限を含む，調査し救済する広範な権限を有している．
経済開発協力機構 (OECD)	OECDは，民主主義と市場経済への参加を行う，先進国の経済フォーラムである．条約過程に影響を及ぼす政策表明を採択し，慣行への基準を形成している．1980年OECDプライバシーガイドラインはプライバシーの制定法の多くの基盤をなしている．パリに拠点をおき，アメリカを含む34か国から成る．情報セキュリティプライバシー作業部会（WPISP）が政策形成のための事業者や市民団体を会合に招集している．

6.1　ヨーロッパのプライバシー法の基本

　企業のウェブの取組みは国際的な存在をもつようになっている．初期設定において，町の境界を越えて発信する意図がない地元のビジネスであっても他国の規制当局にはより広範な範囲で運用しているようにみられることもある．規制当局は，製品の安全からプライバシーの基準に至るまで多くのトピックに関心を有している．多くの事業者は，外国の顧客に対してアカウントを作らない，クレジットカードに課金しない，あるいは郵送しないということで，国際的な規制のリスクに対処している．

　しかし，このような「地理的な囲い込み」は，検索エンジンやソーシャルネットワークなどの情報化サービスではしばしば不可能となる．これらの企業は，利用者がどこにいたとしてもできるだけ多くのアカウント承認する強力な動機を有している．しかし，このような企業は，自国の法律を遵守することを要求する外国の規制当局と長引く争いの危険を冒すこととなる．ウェブサービスは，ある種の規制逃れを通じてしばしばこれらの要求に対処している．サービス側は，アメリカ法に従うだけである，あるいはアメリカに好意的な外国規制当局による管理された制度を支持すると主張する．現在好意的であるのはアイルランドである．その理由は，企業の他の側面に訴えかける税制優遇，言語の共通性，そして管理の取組みが大陸の規制当局とは異なるというアイルランドからのシグナルがある．

　ヨーロッパの企業は，プライバシーに関連する規則と同時に異なる消費者保護の環境で運用を行っている．基本権憲章は，「［欧州］連合の政策が消費者保護の高い水準を確保しなければならない」[6]ことを明記している．欧州連合消費者権利指令は事業者が製品またはサービスについて消費者に課金する方法を明示することなどの詳細を規定し，また取引コストを追加する追加的サービスの事前チェック済みのボックスを禁止している．購読支払いやデジタル著作権管理の技術によりデジタルダウンロードが制限されているか否かを明示する要件に関するEU全域の規則もある．さらに，遠距離販売については14日間の返品期間も規定している[7]．

---

[6]　Article 38, EU Charter on Human Rights (2000).

不公正な商慣行に関する別の指令は，不公正と類型化された31の慣行を列挙している．その中には，消費者が「商慣行に対応し，商品の収集また配達に係る不可避な費用以外の支払いをしなければならない」とすれば，「無料」と表示されたその物の広告が含まれる[8]．しかし，より一般的には，アメリカで日常的に用いられてきている契約はヨーロッパでは執行されえないであろう．消費者契約に関する別の指令は，当事者の権利と義務に重大な不均衡が原因となり，個別の交渉ができない契約条項は不公正であると規定されている[9]．したがって，保証の免責事項と責任の制限は，交渉できないため不公正であるとみなされ，消費者を害することになるであろう．アメリカ企業は通常いつでも取引条件をいつでも変更しうるとされている一方で，消費者契約指令はかかる免責事項が「売主または供給業者が契約に明記された正当な理由なしに一方的に契約の条件を変更する［ことができる］」場合，不公正であるとみなしている．EUの消費者法がプライバシー問題に適用されるか否かは明らかではないが，法学者のフレデレック・ボージェシウスはそのような事案には適用するべきであると主張してきた[10]．いずれにしても，力の不均衡に着目したヨーロッパの消費者法は，ヨーロッパのプライバシーの規制においても見出すことができる．

　多国籍企業はすべての消費者に対して消費者保護の最も高い基準に従うのが便利であるとみていることから，多くのヨーロッパの規則はアメリカにおいて事実上の慣行となっている．

　しかし，すべての利用者に対しヨーロッパの水準に従うことはプライバシーについては容易なことではない．その理由はヨーロッパのプライバシー法はアメリカのプライバシー法と根本的に異なるためであり，また国際的なプライバシー規範のいくつかの特徴はアメリカの法文化と緊張関係に立たされているためである[11]．

---

7) Directive 2011/83/EU of the European Parliament and the Council on Consumer Rights, October 25, 2011.
8) Directive 2005/29/EC of the European Parliament and of the Council of May 11, 2005 concerning unfair business-to-consumer commercial practices in the internal market.
9) Council Directive 93/13/EEC of April 5, 1993 on unfair terms in consumer contracts.
10) FREDERIK J. ZUIDERVEEN BORGESIUS, IMPROVING PRIVACY PROTECTION IN THE AREA OF BEHAVIOURAL TARGETING (2015).

6.1.1 分野別アプローチ対包括的アプローチ

　アメリカは，データの収集または利用の特定の類型が規制されるという分野別のモデルを採用している．たとえば，アメリカは信用情報報告のための特別法や金融サービスのための特別法を有している．ヨーロッパ（増加しつつある残りの多くの世界）は，個人情報のいかなる取扱いもプライバシー規則が関係してくる包括的アプローチに従っている．ヨーロッパの規則は公的部門と民間部門のいずれにも適用されるが，アメリカでは，プライバシー規則が典型的には公的部門の主体か民間部門の主体のいずれかであって，両部門に着目されることはほとんどない．

　アメリカのアプローチは，特定の規則が禁止しない限り，データの取扱いが適法とされるのに対し，ヨーロッパではデータの取扱いが適法とされるためには，いくつかの原則に適合しなければならない．高い次元では，データの正確性のガイドラインを満たす必要がある．すなわち，公正で，適法で，必要な限りであって，かつ過度であってはならない．公正さとは概ね透明性と理解され，アメリカでも取り入れられた規範である．しかし，必要性と過度な処理に関する規則は，ごくわずかな制定法においてみられるにすぎない．特に過度な処理とデータの取扱いの「比例性（proportionality）」の強調は，ヨーロッパの規則を実体から手続へと変えるものとなっている．

　データの正確性に関する規則のほかに，ヨーロッパのデータ保護法は企業が処理の適法な根拠を有している場合にのみ個人データ処理を認めている．民間部門では，契約の履行にとって必要な場合，データ主体のプライバシー権を上回る管理者の正当な利益にとって必要な場合，そしてデータ主体の明確な同意がある場合が関連するほとんどの法的根拠となっている．

　データ保護指令はさまざまな義務も課している．個人情報を保有し，個人データ処理の目的と手段を決定する企業であるデータ管理者は，データの取扱いの方法について詳細な情報を提供しなければならない．この情報には，保有するデータの類型やどのように処理されるかの目的を含むものとしなければならない．

---

11) 本章はアメリカとヨーロッパとのプライバシー規制の規範の差異に関する高次の概要を説明することである．ヨーロッパの規則のさらに深い議論については，LEE ANDREW BYGRAVE, DATA PRIVACY LAW: AN INTERNATIONAL PERSPECTIVE (2014) 参照．

データ主体はデータへアクセスする権利と一定の状況の下でそれを訂正する権利を有している．データ主体は第三者へデータを移転することに異議申立てすることもできる．理論的には，全面的な自動処理決定は一定の文脈では禁止されているが，ほぼすべての場合で利用される前に規制当局に開示される必要がある．しかし，この最後の規則はほとんど適用されてこなかった．

6.1.2 特別法対高次の原則

緊張感のある2つ目の分野は法令遵守の文化に関係する．アメリカの法律家は，クライアントが全面的に法令遵守するように助長する規則を求めている．しかし，国際的な規則はデータの取扱いについてしばしば一般的で高次の原則を述べている．文字どおり解釈すれば，これらの規則は個人的で重要でない事柄を規制することから運用するのが不可能であろう．法律の広範さと原則が慣行の継続的な再審査を要求していることが理由となって，全面的な遵守は不可能であろう．「データ最小限化」の法的要件を考えてみよう．この基準は，正当な目的を実現するためにどの程度データが必要とされるかの検討を必要とし，管理者は一定期間後にデータの削除が要求される．アメリカ法では，COPPA（第2章参照）が同様の要件を設けている．この種の規定は本質的に解釈を求めることとなり，「すべてを収集し，後でそれを儲ける方法を見つける」というシリコンバレーのビジネスモデルと直接的に矛盾することとなる．

全面的な法令遵守は欧州連合の加盟国によるデータ保護指令の運用の違いにより困難である．欧州連合データ保護指令は加盟国に高次の原則を国内法として「変換する」ことを要求している．しかし，他の加盟国よりも特定の規定をより強力に擁護することを選択している加盟国もある．アメリカでは，休眠通商条項がインターネット通商を規制する州法の多くを封じ込めさせてきた．

本書執筆時では，官僚が1995年指令を「規則」に変更する主要な取組みを行っている最中であるi)．指令は加盟国に国内法として保護を「変換する」ことを要求している．規則は，EU加盟国を拘束し，直接適用されるため，変換を必要としない．変換は統一的な規則からの逸脱を引き起こすため，規則は統一化の効果を有していると考えられ，ビジネスにとって多くの負担削減となりうる[12]．

---

i) 一般データ保護規則（個人データ取扱いに係る個人の保護および当該データの自由な移動に関する欧州議会および理事会の規則）は，2016年5月4日に公布され，2018年5月25日に適用された．

ヨーロッパのプライバシー権の法源

世界人権宣言（1948）	第12条は「いかなる者も自らのプライバシー，家族，家庭もしくは通信に対して，恣意的に干渉され，または名誉および名声に対して攻撃を受けることはない．すべての者が，このような干渉または攻撃に対して法の保護を受ける権利を有する．」と規定している．
人権と基本的自由の保護のための条約(1950)	欧州人権条約（ECHR）として知られており，ECHR第8条は1950年に「すべての者が自らの私生活ならびに家庭生活，および通信への尊重の権利を有する」ことを確立させた．個人は，国家がプライバシー保護を十分に保障していない，または国会外の主体によるプライバシー侵害を防止していないことに対処するため裁判所に申立をすることができる．
経済開発協力機構プライバシー原則（1980）	このガイドラインは，ヨーロッパの国々とアメリカの間でのデータプライバシー法の輪郭に関する合意を形成した．プライバシーガイドラインは多くのデータ保護法を反映している．そのほとんどが手続的なものであり，すなわち，データ慣行に関する包括的禁止ではなく慣行が公にされ合意形成される必要があるという思想に基づいている．ガイドラインは2013年に実質的な更新が行われた．
個人データの自動処理に関する個人の保護のための条約（1981）	欧州評議会条約第108号は「各締約国の領土において，国籍または居所にかかわらず，すべての個人が，特に自らの個人データの自動処理に係るプライバシー権に関する権利と基本的自由への尊重をすることを確保する」ことを目的としていた．
個人データ処理に係る個人の保護および当該データの自由な流通に関する欧州議会および理事会の95/46/EC指令(1995)	本指令は，加盟国間におけるデータを移転させることを可能とさせることを保証すること，さらに「個人データの処理に係る特にプライバシー権に関する自然人の基本的権利および自由を保護する」ことを目的としていた．指令はヨーロッパにおけるプライバシーの基本的立法枠組みをなしている．本規則をすべてのEU加盟国に拘束的で直接適用されることになる規則へと変更させる取組みが2012年に始まった．
欧州連合基本権憲章（2000）	欧州連合の政治的，社会的，経済的権利の統合的表明である．2000年に公布され，2009年リスボン条約とともに発効された．7条は「すべての者が自らの私生活ならびに家族生活，家庭および通信への尊重の権利を有する」ことを宣言し，8条はデータ保護を基本的権利として確立させた．

電子通信分野における個人データ処理およびプライバシー保護に関する欧州議会および理事会の2002/58/EC指令（2002）	電子プライバシー指令として知られており，本指令は，多くの種類のダイレクトマーケティングに対してオプトインの保護を行い，通信の秘密に関する規範を設定することを加盟国に要求した．2009年に修正され，Cookieの設定についてもオプトインの同意が必要とされた．
データの保全および2002/58/EC修正に関する欧州議会および理事会の2006/24/EC指令（2006）	「データ保全指令」は，「各加盟国の国内法によって定義される，重大犯罪の捜査，探知，訴追を目的としてデータを入手できることを保証するため」，一般的に，通信サービス事業者に利用者の（内容を含まない）トラフィックデータが保全されることを要求している．2014年，EU司法裁判所は，プライバシーとデータ保護の権利を大きく干渉していることを理由に，本指令が無効であると判断した．

　アメリカのアプローチとEUのアプローチのいずれがより強力にプライバシー保護に資するかという点について大きな不一致がみられる．プライバシー擁護者はヨーロッパ型の包括的プライバシー法を制定することを企図するのが一般的である．あまり行われてはいないが，重要な評価によれば，狭い範囲の立法[13]やアメリカのアプローチに長所があることが示されている．たとえば，2011年の影響力のある論文で，ケネス・バンバーガー教授とディアドラ・マリガン教授は，プライバシーの統治における革命はここ十年でアメリカ企業内部で起きていると論じた[14]．2人の教授は1994年のジェフ・スミス教授によ

---

12) Paul M. Schwartz, *The EU-US Privacy Collision: A Turn to Institutions and Procedures*, 126 HARV. L. REV. 1966 (2013).

13) Robert Gellman, *Does Privacy Law Work?*, in TECHNOLOGY AND PRIVACY: THE NEW LANDSCAPE (Philip E. Agre & Marc Rotenberg, eds.) (1997).

14) KENNETH A. BAMBERGER & DEIRDRE K. MULLIGAN, PRIVACY ON THE GROUND: DRIVING CORPORATE BEHAVIOR IN THE UNITED STATES AND EUROPE (2015); Kenneth A. Bamberger & Deirdre K. Mulligan, *Privacy on the Books and on the Ground*, 63 STAN. L. REV. 247 (2011).

る企業におけるプライバシーの取組みの調査の質問を参考にした．スミスは義務が不明確で負担となることから企業がプライバシーの指導者を避けており，プライバシーはより包括的な管理を必要としていると結論づけた[15]．

　スミスのように，バンバーガーとマリガンは企業の主要なプライバシー担当者にインタビューを行った．スミスの質問以降，インタビューにおいて，バンバーガーとマリガンは次のことを発見した．（1）プライバシー担当者は単に通知と選択の法令遵守や他の法的に課された形式的行為よりもむしろプライバシーに消費者の期待の満足度が含まれていること，（2）セキュリティ侵害通知法とともにFTCの活発で広範な権限（2000年代から実施された，第3章参照），そして（3）プライバシーを取り巻く消費者の規範の設定とを手助けしてきた擁護者からの圧力とプライバシー担当者の専門化が企業の責任ある行動への期待を構築してきたこと，すなわち「会社法」の必要性を理解していた．

　特に，最後の要因がプライバシーに関する企業の態度を変化させたように思われる．チーフプライバシーオフィサー（CPOs）は「経営層」に仲間入りし，専門家集団になり，そしてプライバシーの問題を解決するための企業間でネットワークを結び情報共有してきた．成功したCPOsはプライバシーの責任を異なる部署に課し，組織内にある種のプライバシー意識を普及させる要因となってきた．インタビューでは，これらのCPOsはヨーロッパのアプローチはプライバシー法令遵守の体制を課してきたが，一方でアメリカの制度はプライバシーの先導者へのより多くの機会を与えてきたと述べた．特にアメリカにおける法的要件のあいまいさはCPOsに義務を自ら解釈することを可能とし，プライバシー保護に働く方法で義務を解釈することを導いてきた．あいまいさが，産業界全体を悪く見せてしまいかねないため，アメリカのCPOsにプライバシーに対処するための戦略を共有し（このことは企業間の激しい競争をもたらすことになった），競争相手の無責任な行為を是正する責任を感じさせるために強力な動機を与えていった．

　これらの考察には限界もある．CPOsは自らの活動に好意的な見方をしがちである．CPOsは自らの慣行のためにある種のチアリーディングのチームとなり，問題あるプライバシー活動をごまかそうとすることができる．たとえば，プライバシー問題を完全なものにしたと説得させられた技術系大企業の経営者

---

[15] H. Jeff Smith, Managing Privacy: Information Technology and Corporate America (1994).

もいる．しかし，この結論に至るために，たとえば，プラットフォームでは依然としてデータを保存し利用しているという問題を無視して，プライバシーは友人の間でデータを明らかにするための決定に関するものにすぎないと主張することによって，経営者たちは概してプライバシーを不自然な形で定義する．

にもかかわらず，バンバーガーとマリガンの論文はプライバシーの規制に重大な含意をもたらした．彼らは，包括的なヨーロッパ型の規制体制の代わりに，FTC の個別事案ごとの発展と特定の情報に適用される法によって可能とされたプライバシーの名声を擁護する強力な市場がプライバシーのよりよい管理になりうると提案した．同時に，バンバーガーとマリガンの証拠からは，産業界でプライバシーの名声に向けられた圧力が不十分なときには介入が作用することとなる．たとえば，消費者報告機関（第 5 章参照）や行動ターゲティング広告企業（第 1 章）は消費者との直接の関係がなく，しばしば最大限にプライバシー侵害の方法で行動する動機を有している．

6.1.3 センシティブデータと公的記録

緊張関係の第 3 の原因は，ヨーロッパのデータ保護法における「センシティブデータ」とも呼ばれる「データの特別類型」の取扱いから生じるものである．指令はセンシティブな個人情報の広範な類型を保護している．指令に基づくデータの特別な類型には人種・民族出自のデータ，政治的見解や労働組合における組合員に関する情報，医療データ，性的指向に関する情報および犯罪記録が含まれている．このようなデータは他の立法によって要求されるか，または個人の明示の同意がない限り，処理が禁止されている．

アメリカでは，企業がこれらの属性の多くをダイレクトマーケティングや他の営利行為に自由に利用することができる．実際，これらのデータはしばしば公的記録においてみられ，その取扱いは他の分野と緊張関係にある．アメリカの裁判所は，性犯罪の被害者の氏名などの非常にセンシティブな情報が公的記録に残されているのであれば報告することができるとさえ判示した．この規則はヨーロッパでは異なり，公的記録（「公的登録者」）は特定の指令により統制されている[16]．ヨーロッパのアプローチの下では，公的情報さえ一定のプライバシー保護を受けている．

---

16) Directive 2013/37/EU of the European Parliament and of the Council of 26 June 2013 amending Directive 2003/98/EC on the reuse of public-sector information.

6.1.4　監督機関

緊張関係の第4の原因は規制監督から生じるものである．データ保護監督機関は，国際的なプライバシー規則を監督し，これらの規制当局がプライバシーに関する高官の声明により残された多くのギャップに対処する権限を有している．このことにより，規制当局が法律家から多くの注意を引き付け，クライアントとの継続的な相談をすることを十分に可能とさせている．データ保護監督機関は個別の事案を調査し，救済を与える権限も有しており，この権限はFTCが有しているものの現実には決して使われるものではない．

6.1.5　自由な言論の権利対利益

第5に，自由な表現の価値はヨーロッパの制度ではより小さな重きがおかれている．このことは，ヨーロッパ人が自由な言論の権利を有していない，といわれるようなものを意味しているわけではない[17]．その代わりに，ヨーロッパの人々はプライバシーと自由な表現の権利を快く衡量したがるのである．アメリカでは，合衆国憲法第1修正がプライバシーや他の消費者保護[18]の規則に対するある種の企業の鉄球となっている．

ヨーロッパでは，私生活への個人の権利は，データ保護の権利と区別されているが，アメリカでは違憲とされるにすぎないような保護にも好意的に作用している．たとえば，欧州司法裁判所は，ヨーロッパの人々が一定の条件の下でウェブ上から情報が削除またはリンクが外される権利を有していることを認定した（処理された目的との関係において，もしもデータが適切でなく，関連性がなくもしくはもはや関連性が失われ，あるいは過度である場合）[19]．削除権はデータ保護規則において正式なものとされるかもしれない．アメリカでは，限定された状況の下でかつ一定の主体に対し個人は情報を削除する同様の権利

---

17) たとえば Article 11 of the Charter of Fundamental Rights of the European Union (2010/C83/02); Article 10 of the European Convention on Human Rights (1950); Article 19 of the Universal Declaration of Human Rights (1948) 参照．

18) Tim Wu, *The Right to Evade Regulation: How Corporations Hijacked the First Amendment*, New Republic, June 3, 2013; Tamara R. Piety, Brandeishing the First Amendment (2012).

19) *Google Spain SL, Google Inc. v. Agencia Española de Protección de Datos, Mario Costeja González*, C-131/12 (Court of Justice of the European Union 2014).

を有しているにすぎない（第5章における公正信用報告法の議論を参照）．これらの限定的な削除でさえ，自由な商業言論の法理の開発以前に制定されたものであったとしても，第1修正の異議申立てには弱いように思われる．

6.1.6 「同意」の限界

第6に，アメリカの法律は消費者から「同意」を得ることまたは消費者の権利の放棄によりことで多くの消費者保護の問題に対処している[20]．このことは，利用者が「私は同意します」というボタンをクリックすることから，執行が伴う契約を通じてしばしばなされる[21]．ヨーロッパのプライバシー法は，このように単純な形でデータ管理者が義務という手を清めることを認めていない．その代わりに，同意は自由になされ，特定され，情報を受け，かつ明確なものでなければならず，収集されたデータのさらなる処理が停止される効果を伴う同意の撤回をすることができなければならない．これらの要件のいずれも，少なくとも第29条作業部会の意見において，現実の刺激をもたらす[22]．作業部会は沈黙や不作為は「同意」とみなしていない．さらに，同意があった場合でも，データ最小限化，安全管理，目的制限等の多くのデータ保護の命令が強制的なままである．

6.1.7 「個人」データ

最後に，データ保護指令は「識別されたまたは識別することができる自然人に関する」いかなる情報に対しても適用される．このため，氏名や社会保障番号等の特定の識別子に関する個人情報の定義に限定される多くのアメリカのプライバシー法とは異なり，広範なデータが「個人」となりうる[23]．実際，対象となるデータを広く解釈することによって，ヨーロッパのプライバシー規制当局は自らの権限を注意深く維持してきた．このアプローチはアメリカでも同様に反映されている．FTCはプライバシーの同意の法令において個人情報を定義する同様のアプローチを用いてきた．10年以上にわたり，FTCの命令に

---

20) Lee A. Bygrave, Internet Governance by Contract（2015）．
21) Margaret Jane Radin, Boilerplate（2013）．
22) Article 29 Working Party, Opinion 15/ 2011 on the definition of consent, July 13, 2011.
23) Paul M. Schwarz & Daniel J. Solove, *Reconciling Personal Information in the United States and European Union*, 102 Cal. L. Rev. 877（2014）．

おいて個人情報を広く定義してきた．

6.1.8 尊厳と自由

アメリカとヨーロッパの衝突は，いずれかの地域におけるプライバシーの取組みが国家からの尊厳を保障するか，あるいは国家からの自由を保障するかといった広い文化の一般化をもたらす．ヨーロッパの人々は情報の商業的収集についてより憂慮しているが，国家の活動には寛容であるといわれる．他方で，アメリカの人々は逆であるといわれる．現実はより明確ではない．大衆受けのよい自由放任主義的な物語とは対照的に，多くのアメリカのプライバシー法は民間部門に憂慮しており，厳重な連邦プライバシー法はおそらくケーブル通信政策法である[24]．同法は，ケーブルテレビ提供者がテレビ番組をみるアメリカ人を監視する方法を規制する法である．調査のメタレビューによれば，アメリカ人は政府によるプライバシー侵害と同じくらい民間部門の侵害に憂慮していることがわかる[25]．

国家から市民を保護するためにプライバシーに話を変えれば，アメリカは政府の情報収集をわずかに規制しているにすぎず，また多くの州はどのようにデータが扱われているかに関する統制の制定法の枠組みがない．アメリカの裁判所は，政府が民間企業から市民の大量のデータを取得することを可能とする合衆国憲法第 4 修正の抜け道をいくつも解釈で認めてきた．連邦議会は実質的に国の識別カードを採用してきたため，アメリカ人は，徒歩による場合を除いて，旅行をする際は携帯を義務づけられた．スノーデンによる告発はアメリカにおける強力かつ巧みな監視国家を明らかにし，それを止めるためにほとんど何もなされてこなかった．アメリカ人は政府の監視問題に対しての目立った抵抗の運動や手段を進展させてこなかった．

The D-word——尊厳

デイビッド・バルデックが消費者保護局長として委員会に就任した数か月後

---

[24] 47 U.S.C. § 551.
[25] 一般に，Samuel J. Brest et al., *Privacy in the Information Age*, 70 PUB. OPINION. Q., 375 (2006); James E. Katz & Annette R. Tassone, *Public Opinion Trends: Privacy and Information Technology*, 54 PUB. OPINION Q. 125（1990）参照．

にニューヨークタイムズのインタビューに応じた．そのインタビューで「尊厳 (dignity)」という d-word を 4 回も訴えた．委員会での彼の役割を説明する際，「私は誰かが用もないのに金融記録を覗くときには大きな尊厳の利益が関係していると思う．あなたがオンラインで処方箋薬を購入しようとしているところを誰かが覗き見していれば尊厳の利益が保護されるべきであると考える．委員会がかつて何度も用いてきた害悪のモデルがこれらの損害を正確に捉えているとは思わない」と彼は述べた[26]．

　害悪に基づくアプローチの支持者は FTC が事案の選定要因に尊厳を用いるという考えによって大いに脅威にさらされると感じていた．害悪の支持者はブレーデックの見解が感情的で，問題があり，あいまいで，伝統に反し，主観的であると呼び，異常に興奮して反応した．支持者たちは責任の拡大，外国の法的利益の影響といったものを警戒した．ブレーデックを批判する際に，害悪に基づく支持者はあたかもドイツ主義であるかのようにほぼ常に尊厳を引用した．委員会の高官ですらブレーデックの「尊厳」という言葉の使用の解釈を弱めようとしてきた[27]．

　尊厳の維持は，プライバシーを求める人々の主要な理由となっている．裸の体を覗き見から守るための非経済的利益の保護の構造としての風呂や寝室のカギをかけることを考えてみればわかる．委員会はビジネス慣行が自宅内部のスパイ活動を可能とし，自宅内の人々の画像を入手できる事案に対して対策を講じてきた．このようなスパイ活動は人々に対し明確な経済的害悪をもたらすものではないが，そのような侵害に対し政府は保護をするべきことを支持する人々がほとんどである．

　尊厳という思想はなぜこれほどまでにプライバシーと相容れないのだろうか．もしも尊厳が人の名誉や価値を保護するという思想を意味するならば，ビジネス共同体はそれによってそれほど脅威にさらされるのだろうか．

他方で，ヨーロッパ法は政府の監視に対して市民をより強力に保護すること

---

26) NEW YORK TIMES, AN INTERVIEW WITH DAVID VLADECK, AUGUST 5, 2009.
27) *Thumbs Down to Notice-and-Choice at FTC, But Firm Rules Not Planned*, 11 (76) WARREN'S WASHINGTON INTERNET DAILY, April 11, 2010.

ができた[28]．法執行活動はヨーロッパの制度の下ではより多くの制限が課されてきたことに疑いはない．ヨーロッパでは，国勢調査等のアメリカでは日常的であるとみなされている政府のデータ収集に関して抵抗運動も起きてきた．

6.2　セーフハーバー

プライバシーを強力に擁護することは，ヨーロッパの人々が規制の取引とデータ保護法を迂回するために利用される弱いプライバシールールの国々としてのデータヘブンの創造を管理しなければならないことを意味する．課税回避や現金の「海外移転」を防止するためマネーフローを管理しようとする政府に類似して，ヨーロッパの国々はヨーロッパの保護の領域からお金よりも遥かに流通が容易な個人データが回避されることを防止する方法を見出さなければならなかった．このことは，指令において移転が「十分な保護の水準」を有する国に対してのみ行うことを条件とすることで可能となった．

欧州委員会によって十分であると認定されたわずかな国々には，アンドラ，アルゼンチン，カナダ，マン島，イスラエル，ニュージーランド，そしてウルグアイといった国が含まれる．十分性は同等性を意味するわけではないが，1990年代にアメリカは指令に匹敵するほどの措置は欠いていた．アメリカは1998年まで児童プライバシー法さえ有していなかったし，2000年まで連邦の医療プライバシー保護法も有していなかった．

アメリカのビジネスや政策立案者は，指令の施行が迫る1998年にほぼパニック状態に陥っていた．『None of Your Business』というブルッキング研究所刊行の書籍には2つの意味が含まれていた．すなわち，ヨーロッパでは個人データがビジネス目的の処理に影響を及ぼすことはないと考えられていたが，どんなビジネスも指令の条件に基づき運用できるものはなかった．著者はもう1つの意味で，指令に基づき個人の連絡帳は規制されうると指摘した．著者はヨーロッパが他国に対し「データの禁制」を命じることができると予測していた[29]．

---

28) Paul M. Schwartz, *German and US Telecommunications Privacy Law: Legal Regulation of Domestic Law Enforcement Surveillance*, 54 HASTINGS L. REV. 751 (2003); Francesca Bignami, *European versus American Liberty: A Comparative Privacy Analysis of Antiterrorism Data Mining*, 48 B. C. L. REV. 609 (2007).

合衆国商務省は「アメリカとEUのセーフハーバー原則」の交渉を行うことで救済を行ってきた．これらの原則は企業が遵守するべき自主的なものである．すべての加盟国がセーフハーバーの企業を「十分」であると扱うこととなる．この協定は原則を遵守しない企業にFTC法に基づき責任を負わせることもできる．その代わりに企業は外国のDPAの摘発を限定している．重要なこととして，セーフハーバーは自己認証である．自己認証の組織の点検はないようにみられる．

　商務省は7つのセーフハーバーの義務を次のようにまとめている．

　通知：組織は個人に関する情報を収集し利用する目的について個人に通知しなければならない．組織は，個人が問い合わせや苦情についての連絡方法，情報を開示する第三者の類型および利用と開示を制限するために組織がとる選択と手段に関する情報を提供しなければならない．

　選択：組織は個人情報が第三者に開示されるか否か，また個人情報が収集された当初の目的と両立しえない目的のために利用されるか否か，もしくは個人によって事後に承認されるか目的で利用される否かについて個人に選択する（オプトアウトする）機会を与えなければならない．機微情報については，その情報が第三者に開示され，または当初の目的以外の目的で利用されもしくは個人に事後的に承認される目的で利用される場合，積極的または明示の（オプトインによる）選択が与えられなければならない．

　再移転（第三者への移転）：第三者に情報が開示されるためには，組織は通知と選択の原則を適用しなければならない．組織が情報を代理人として機能する第三者に移転することを希望している場合，当該第三者がセーフハーバープライバシー原則に同意している，または指令の適用または別の十分性認定を受けていることが保証されていれば，移転することができる．代替策として，組織は当該第三者がプライバシー保護の水準が関連する原則により要求されるものと同等であることを条件とすることを当該第三者との間で書面による協定を締結することができる．

　アクセス：個人は組織が保有する自らの情報にアクセスし，情報が不正確である場合，当該情報を訂正，修正，または消去することができなければな

---

29) Peter P. Swire & Robert E. Litan, None of Your Business (1998).

らない．ただし，アクセスするための負担や費用が問題となった事案における個人のプライバシーへのリスクと不均衡である場合，または当該個人以外の人の権利を侵害する場合はこの限りではない．
セキュリティ：組織は紛失，誤用，不法なアクセス，開示，改変，破壊から個人情報を保護するための合理的な措置を講じなければならない．
データの完全性：個人情報は利用されるための目的と関連性を有しなければならない．組織はデータが意図された利用にとって信頼でき，正確で，完全で，かつ最新のものとなるよう合理的な措置を講ずるものとする．
執行：セーフハーバー原則の遵守を確保するため，(a) 個人の苦情や紛争が調査・解決され，損害が補償されるよう，適用法または民間部門の指針が提供する，容易に利用できかつ安価で独立した救済の構造，(b) 企業がセーフハーバー原則に遵守する関与が運用されていることを証明する手続，そして (c) 原則を遵守できないことから生じた問題への救済の義務が存在しなければならない．組織によって遵守が確保されるため，制裁は十分に厳格でなければならない．毎年の自己認証状を提供できない企業は認証一覧にはもはや表示されず，セーフハーバーの恩恵をもはや受けることができない[30]．

　セーフハーバープライバシー原則は欧州議会では冷ややかな受け止めがされた．議会の多数派がこの原則があまりに貧弱であるとして拒否することを勧告する象徴的な採決を行った．しかし，2000年7月，欧州委員会は加盟国の採択なしにこの協定を発効できることから協定を承認した．
　セーフハーバーは，ヨーロッパの規制当局を満足させるため，おそらく唯一機能する形で，プラグマティックなアプローチであった．さまざまな要因により，EUの目からアメリカが「十分」であるとはみられてこなかった．第1に，議会は包括型のプライバシー立法を成立させることに消極的であり，この時期に議会が制定させた分野別の法案（第5章の金融サービス近代化法（GLBA））は金融サービス法におけるプライバシーの規範を間違いなく薄めたものとなった．第2に，政治経済的理由として，議会は「十分な」枠組みを成立させてこようとしなかった．議会の構造により，包括型プライバシー法案はいくつもの

---

30) DEPARTMENT OF COMMERCE, US-EU SAFE HARBOR OVERVIEW, December 18, 2013.

委員会に付されることになるであろう．それぞれの委員会はこの取組みを封じる機会を有しているだろうし，プライバシー法は多くの産業界に影響を及ぼすため，立法者は法案を通過させることを阻止する大きな圧力を受けることになるであろう．第3に，仮に制定されたとしても，包括型プライバシー法は合衆国憲法第1修正を根拠に十分に異議申立てがなされることになろう．セーフハーバーのような自主的な認証は，強制力がないものとみなされていることから政府による強制ではないからこそ，商業的言論の自由の論争を回避している．セーフハーバーは，第1修正や他の実体的デュープロセスの権利をうまく回避し，立法の行き詰まりを避けることができる唯一のアプローチであった．

本書執筆時点で，5000以上の組織がセーフハーバーを遵守した認証を受けている．しかし，900以上の認証が「現在は有効ではない」とされている．

6.2.1　セーフハーバーの執行

セーフハーバーは生誕時に温かい受け止めをされなかったし，年を重ねても称賛を受けるわけでもなかった．当初，ごく数社のみがセーフハーバーに参加していると批判する者もいた．しかし，すぐに何千もの企業が参加し，別の問題が浮上した．すなわち，自己認証企業を点検していなかった．2002年の欧州委員会の報告書によれば，セーフハーバーに必要な要件は規定がされ，データ移転を簡素化することができていたが，多くの企業は十分なプライバシーポリシーを公表していなかったことが明らかにされたのである[31]．2004年の詳細なフォローアップ報告書においても，プライバシーポリシーのすべてにおける欠陥が審査されたと認定された．その報告書では，プライバシーポリシー上でなされた約束に対しFTCによる執行が予定されていたため，セーフハーバーの企業は執行を回避するため曖昧なまたは不完全な表示を行っていた[32]．

クリス・コノリーによる2008年報告書では，遵守に関する主要な問題点が指摘された．認証リストの何百社もの企業がすでに認証を執行しているか，もはや存在していなかった．当時リストされていた1597社のうち348社のみが

---

[31] EUROPEAN COMMISSION, STAFF WORKING PAPER ON THE APPLICATION OF COMMISSION DECISION 520/2000 EC OF JULY 26, 2000 ON THE ADEQUATE PROTECTION OF PERSONAL DATA PROVIDED BY THE SAFE HARBOUR PRIVACY PRINCIPLES（February 13, 2002）.

[32] Jan Dhont, María Verónica Pérez Asinari, & Prof. Dr. Yevs Poullet, *Safe Harbour Decision Implementation Study*（April 19, 2004）.

セーフハーバー枠組みの「最も基本的な」要件を満たしているにすぎなかった．コノリーによるこれらの発見は問題があるように思われたが，リストに掲載された企業のうち何社が実際にデータを移転し，セーフハーバーに違反していたかは明らかにはならなかった．弁護士は結果的に行うこととなる国際的なデータ移転の準備をするためだけにクライアントに日常的にサインをしていたかもしれない．

　コノリーの報告書ではリストに掲載されていた 73 社が認証組織の一員であることを偽っていたことが発見され，（自己認証ではなく）商務省による認証を受けたと表示していた企業もあった[33]．最後の点は，セーフハーバーが自己認証であることを意味しない認証制度を作り出した点において，商務省を悩ましている．

　しかし，どのヨーロッパの DPA もいまだかつてセーフハーバーに関して FTC に苦情申立てを行ったことはない[34]．セーフハーバーモデルはヨーロッパの当局が FTC に執行のため事案を付託することができることを保証していたため，このこと自体問題がある．

　FTC はセーフハーバーの遵守に関する事案を 2009 年に初めて訴訟を提起した．それは，イギリスで事業を展開し，そのように説明するアメリカ企業に対する事案であった．その企業はインターネットアドレスに「.co.uk」を用いており，ポンドを価格に表示するなどしていたが，アメリカに拠点があり，遠隔販売はヨーロッパの基本原則に従っていなかった．その企業はセーフハーバーに基づき自己認証していたと主張したが，実際には認証されていなかった[35]．FTC はその企業に通信販売の規則に違反していることを理由に 50 万ドルの制裁金を科したが，被告が支払うことができなかったため保留となった．条件付の協定により，その企業はプライバシープログラムにもはや誤表示して参加してはならないことを要求した．

　その後すぐに，FTC はかつて自己認証していたが有効期限が切れた企業に

---

33) Chris Connolly, The US Safe Harbor- Fact or Fiction?（2008）.

34) FTC, Privacy Enforcement and Safe Harbor: Comments of FTC Staff to European Commission Review of the US-EU Safe Harbor Framework（November 12, 2013）.

35) *FTC v. Javian Karnani, and Balls of Kryptonite, LLC, a California Limited Liability Company, all doing business as Bite Size Deals, LLC and Best Priced Brands, LLC*, 09-CV-5276（C.D. Cal. 2009）.

ついて6件の和解を行った[36]．6件は連続する訴訟番号で，FTCがセーフハーバーの登録を管理し始める主導権を示唆している．それぞれの事案は3頁ほどの苦情であり，いずれもデータの不正な利用の申立てでもなく，またいずれも制裁金も科されなかった．

　2014年，FTCは再度セーフハーバーの執行を幅広く行っていった．今回は，US-EUセーフハーバーまたはアメリカとスイスの間の同様の協定において1年以上有効期限が切れている認証を使っていた企業に焦点を絞った．一掃するために選ばれた14社は注目を集める被告であり，そのいくつかがサッカーチームであった．事業分野を横断してセーフハーバーの遵守の重要性について知らせる戦略のひとつとして，ターゲットは幅広い業種に及んだ．最初の執行とともに，事案の番号はほぼ順番どおりとなっており，FTCの調整された取組みを示している[37]．

　Google「Buzz」の問題は，セーフハーバーに基づくFTCの初めての実質的な執行であった．「Buzz」はFacebookと競争的なソーシャルネットワークサービスを立ち上げるためGoogleが必死になって立ち上げた．Googleは上品で思慮深いプラットフォームを設計したが，Facebookの巨大な会員の基盤のネットワーク効果により新たなサービスへの加入に利用者が抵抗感を示すだろうということもGoogleは理解していた．スイッチコストを下げ，すでに加

---

[36] *In the Matter of World Innovators, Inc.*, FTC File No. 092 3137 (2009); *In the Matter of ExpatEdge Partners, LLC*, FTC File No. 092 3138 (2009); *In the Matter of Onyx Graphics, Inc.*, FTC File No. 092 3139 (2009); *In the Matter of Directors Desk LLC*, FTC File No. 092 3140 (2009); *In the Matter of Progressive Gaitways LLC*, FTC File No. 092 3141 (2009); *In the Matter of Collectify LLC*, FTC File No. 092 3142 (2009).

[37] *In the Matter of Apperian, Inc.*, FTC File No. 142 3017 (2014); *In the Matter of Atlanta Falcons Football Club, LLC*, FTC File No. 142 3018 (2014); *In the Matter of Baker Tilly Virchow Krause, LLP*, FTC File No. 1423 019 (2014); *In the Matter of BitTorrent, Inc.*, FTC File No. 142 3020 (2014); *In the Matter of Charles River Laboratories, International*, FTC File No. 142 3022 (2014); *In the Matter of DataMotion, Inc.*, FTC File No. 142 3023 (2014); *In the Matter of DDC Laboratories, Inc.*, FTC File No. 142 3024 (2014); *In the Matter of PDB Sports, Ltd.*, FTC File No. 142 3025 (2014); *In the Matter of Fantage.com, Inc.*, FTC File No. 142 3026 (2014); *In the Matter of Level 3 Communications*, FTC File No. 142 3028 (2014); *In the Matter of Reynolds Consumer Products, Inc.*, FTC File No. 142 3030 (2014); *In the Matter of The Receivable Management Services Corporation*, FTC File No. 142 3031 (2014); *In the Matter of Tennessee Football, Inc.*, FTC File No. 142 3032 (2014); *In the Matter of American Apparel, Inc.*, FTC File No. 142 3036 (2014).

入している何百万人もの利用者とともにサービスを立ち上げるため，Googleは人気のEメールサービスGmailからデータを利用したソーシャルネットワークを事前設定した．

この行為がGoogleのプライバシーの災難となった．なぜなら，そうすることで，Googleは利用者の連絡帳をみえないようにすることなく，公にしてしまった．秘密の関係である者や家庭内暴力やストーカーによる被害のリスクがある者はオンライン上に掲載されたEメールの連絡先を最も頻繁に見つけ出されてしまうであろう．

FTCはGoogleの表示と加入方法が欺瞞的であることを認定するのみならず，苦情の中にはセーフハーバーの違反も含まれていた．FTCは，企業のプライバシーポリシーではGmailのデータがEメールサービスのみで用いられることを特定していたため，Googleがセーフハーバーの通知と選択の要件に違反していると認定した．サービスを公表したGoogleのダイアログボックスは利用者がどんな選択をしてもすべての利用者がBuzzシステムの要素に入ることを強制されていたため，利用者には選択することができなかった[38]．翌年，FTCはFacebook[39]とMySpace[40]に対して同様のセーフハーバーの申立てで訴訟を提起した．

2013年6月にアメリカの監視活動の範囲と権限に関するエドワード・スノーデンの暴露はヨーロッパに大きな影響を与えた．2013年7月，当時欧州委員会副委員長でデータ保護に所管を有するヴィヴィアン・レディングは，スノーデンの暴露に言及して，セーフハーバーの見直しを表明した．見直しをスノーデンと結び付けたことは，セーフハーバーにおける論争の大きな緊張関係を映し出している．なぜなら，その協定は個人情報の商業移転を管理することを想定しており，アメリカの政策立案者はスノーデンのような問題はセーフハーバーの見直しに関連していないと主張してきた．さらにヨーロッパの国々はプライバシーを通じたある種の保護主義に従事しており，アメリカと同様の監視体制を擁護しているためヨーロッパの政府は偽善的であるとも主張してきた．

しかし，ヨーロッパの国々は異なる見方をしてきた．たしかに，ヨーロッパの政府は同様の方法で市民を監視下においているが，ヨーロッパの見方ではア

---

38) *In the Matter of Google*, FTC File No. 102 3136（2011）.
39) *In the Matter of Facebook*, FTC File No. 092 3184（2011）.
40) *In the Matter of MySpace LLC*, FTC File No. 102 3058（2012）.

メリカの諜報機関の権限と広範さを伴っていない．さらに，民間部門の規制と国家の諜報活動との間の直接の関連性がある．アメリカの監視体制の権限は商業的なデータ収集に依存しており，この収集の多くがデータの最小限化というヨーロッパの規範と緊張関係に立っている．このように，アメリカのビジネスモデルが国家安全保障局の活動に餌を与え，アメリカ企業がヨーロッパの規範により管理されているならば，利用者は市民としても個人としてもプライバシーをより必要としているであろう．

　レディングの部署がセーフハーバーを見直したので不安を軽減するため，FTC は EU に対しメモの中でセーフハーバーの執行記録を擁護した[41]．その記録にはすべてのプライバシーとデータセキュリティの調査におけるセーフハーバーの分析を含むことをFTC は明らかにした．しかし，FTC にとって「調査」は特別な事件審理であることを想記することが重要である．さまざまな企業に対する法律家職員の多くの質問は調査ではなく，したがってセーフハーバーの評価を必要とするものではない（第4章参照）．FTC はセーフハーバーが「最優先」の執行順位であることを宣言した．

　全体的に，FTC の EU へのメモはそれに対して「むきになりすぎていた」．FTC はセーフハーバーの事案を 12 件以下しか指摘していない．これらのほとんどが認証の取扱いに関するものにすぎなかった．実質的なセーフハーバー違反のわずかな事例は，選択に関する問題にのみ向けられていた．何千社ものセーフハーバーで認証された企業が他の5つの原則には何の問題もないことは驚くべきことである．

　FTC はヨーロッパの憂慮の問題に率直に対処してこなかった．セーフハーバーの遵守に関するより詳細な調査は，無駄な証拠漁りを必要とするであろう．何千社ものセーフハーバーの認証を受けた企業が存在している．FTC はこれらの企業が現在認証を行っているか否か，そして十分なポリシーを有しているか否かという雑な調査をすることができるにすぎない．より多くのことをすれば，FTC に監督官として行動することを要求することになり，誰も苦情を申し立てていない違反について認証を受けた企業を抜き打ちで検査することになる．そのような活動は費用がかかり，より緊急の執行順位から注意をそらし，そしてアメリカのビジネスを遠ざけてしまうことになるであろう．

---

41) Ftc, Privacy Enforcement and Safe Harbor: Comments of FTC Staff to European Commission Review of the US-EU Safe Harbor Framework (November 12, 2013).

本書執筆時点では，セーフハーバー協定は，政治的にそして法的には依然として幸せな状態である．本書が印刷に入ろうとしたときに，欧州司法裁判所が，アメリカにおける国家の諜報活動に関する憂慮に基づきセーフハーバーを無効とした．アメリカと EU がこの衝突をどのように解決するかについては明らかではない[ii]．

6.2.2　セーフハーバーの代替手段

EU の外へのデータ移転が認められるセーフハーバーの代替措置はいくつか存在している．第 1 に，企業はデータ主体から明確な同意を得ることができる．しかし，人は同意をいつでも撤回しうるなどの理由から，企業は非現実的であるとみる傾向がある．さらに，同意は公正な方法で得なければならず，同意を自由に与えるというヨーロッパの規範は異なる．たとえば，雇用関係などの力の不均衡は同意が無効とされる原因となる．

第 2 に，企業は特別に承認されたモデル契約条項を採用することができる．

第 3 に，企業は「拘束的企業準則」について交渉することができる．この準則は，多国籍企業が組織内部で国際的にデータをどのように移転するかに関する規則で作られる．ごくわずかな大企業が拘束的企業準則の手続を完了させてきた．

最後に，指令 26 条は「必要な」移転のいくつかの例外を定めている．しかし，これらの移転は，データ主体の利益のための契約の履行などの正当な目的のために必要な場合になされなければならない．

---

ii)［訳注］　2015 年 10 月 6 日，EU 司法裁判所は，欧州委員会のセーフハーバー決定を無効と判断し，これに伴い，2000 年 7 月以降継続してきたアメリカ商務省との間のセーフハーバー合意に基づく個人データの移転が禁止されることとなった（CJEU, Case C-362/14 *Maximillian Schrems v. Data Protection Commissioner*, October 6, 2015）．その後，2016 年 2 月には，アメリカ商務省は欧州委員会司法消費者総局との間で「プライバシーシールド」の合意に至り，2016 年 8 月からプライバシーシールドに基づく EU および欧州経済地域からアメリカへの個人データの移転が認められることとなった．プライバシーシールドは，①通知，②選択，③安全管理，④データの正確性および目的制限，⑤データへのアクセス権，⑥データ移転の説明責任，⑦依頼・救済・信頼を内容とするプライバシー原則の遵守のほか，EU 市民によるアメリカ企業への直接問い合わせを可能とし，企業側は 45 日以内に回答をすることなど救済のメカニズム，さらにアメリカ国務省にはオンブズパーソンを新たに設置し，EU 市民からの苦情申立の審査状況の追跡などを行うこととされている．プライバシーシールドについては，宮下紘「EU-US プライバシーシールド」慶應法学 36 号（2016）145 頁，参照．

6.3 国際室

FTC の国際室は FTC のプライバシーと消費者保護の任務の重要な部分をなしている．デボラ・マヨラス委員長によって創設された国際室は，消費者保護局と競争局における別々の国際部局を合併した[42]．

国際室は当局の競争と消費者保護の任務のいずれにも関与している．国際室は，（消費者保護局の担当部署というよりは）委員長に報告を行っている．国際室の2つの機能はプライバシーの実務担当者にとって重要である．すなわち，消費者保護のアメリカのアプローチの普及を現実にもたらす外国に対する技術的支援と調査支援である．

6.4 技術的支援

「技術的支援」は，実際のところ，主に途上国に競争法と消費者保護法のアメリカアプローチを伝道する啓発プログラムを意味する．FTC の技術的支援の取組みの多くは競争法の分野である．しかし，多くの部分でも消費者保護にも寄与している．FTC は他国からの職員と短期の協議を行い，外国政府の消費者保護指針に意見を提出し，正式なイベントを開催し，外国の政府機関における職員を受け入れることさえしている．

技術的支援は，FTC がある国にアメリカにおいて波及効果を有する問題を援助するという点においてしばしば相互に恩恵をもたらす．一例として，FTC はインドの消費者保護期間と電話勧誘に関して協議を行ってきた．州をまたぐ電話勧誘はかつてマーケティングの大きな利害衝突であったが，IP 通話（ボイスオーバーインターネットプロトコル）の発達により，カナダやインドの外国から多くの違法な電話勧誘がきている．しかし，技術的支援は，ホスト国の国内の必要性と合致した場合に，おそらく最も効果的なものとなる．近年，FTC はさまざまなレベルのマーケティング手法について中国，信用報告について ASEAN（東南アジア諸国連合）諸国，そしてデータセキュリティについてラテンアメリカの国々を支援してきた．

---

42) Dina Kallay & Marc Winerman, *First in the World: The FTC International Program at 100*, 29 (1) ANTITRUST 39 (2014).

6.5 調査支援

　国際室は，インターネットの通商，特に問題のある通商が外国から生じていることから，頻繁にFTCの調査の取組みの相談に応じている．調査の初動において，FTCの法律家は調査のターゲットがおかれる国における情報共有や法執行協力の活動について習得するため国際室と協議を行っているようである．
　多くの要因が国際調査において考慮されなければならない．国務省等の他の連邦機関に通知を行うような事案もある．高い次元では，国際室は国際的な活動のコストが潜在的な便益を上回るか否かの検討を他の法律家職員に支援も行っている．
　国際室は，外国の法執行機関と情報を受領し共有する方法，FTCが管轄権を行使しうるか否か，効果的なサービスの提供の方法，探知の仕方，証拠に関する争点への対応の仕方，国外の資産の確認を知事の仕方，そして資産差押えのアメリカの判決が外国で認められるか否かについて勧告することを支援している．

6.6　2006年合衆国ウェブ安全法

　消費者保護はいまや国際的課題となっている．国際通信のコストを削減したボイスオーバーインターネットプロトコルと他の技術によって，貧困地域の遠方の知らない人から今日アメリカ人がターゲットとされやすくなった．経済状況により大きな労働集約的な詐欺の手法を用いるに値して，詐欺は大昔からあるがいまだに新たな被害者がみつけられている地域がある[43]．
　逆に，アメリカ人が他国の市民を詐欺で狙うこともできるため，アメリカの消費者保護機関はこの国が金をだまし取る安全な天国となることを防止する責任を有している．アメリカ企業は非常に多くのウェブサービスを管理しており，外国の消費者保護機関はこれらの企業の利用者情報にアクセスする必要がある．
　インターネット詐欺は，他者に通信を送ることが安価で便利になったため，いくつかの点で調査が困難である．かつていくらも費用がかかっていた電話は，

---

[43] いわゆる419詐欺は「スペインの囚人」という現代の類型である．Arthur A. Leff, Swindling and Selling: The Spanish Prisoner and Other Bargains（1976）参照．

インターネット接続によりいまやほぼ無料となった．そのことは，詐欺を行うものは世界中のどこにでもテレマーケティング詐欺の拠点をおくことができることを意味している．ウェブサイトは「防弾」プロバイダで国際的に接続することを可能とし，これらのプロバイダが顧客のアカウントを削除することを決定すれば，短時間で実行することができる．

　国際的な詐欺集団の追跡がますます困難になったため，FTCは連邦議会に調査権限の強化を求め，「国境を越えるスパム，スパイウェアおよびインターネット詐欺に執行機関が着手する2006年の法律」（2006年合衆国ウェブ安全法またはウェブ安全法）を承認した．

　ウェブ安全法は，連保議会のヒアリングでFTCが非難を受ける一方で，FTCの調査と執行の権限を継続的に拡大させるという物語の中で生まれた．安全ウェブ法は，共和党の大統領と議会により2006年12月に制定された．FTC法を通じて制定法となり，ウェブ安全法は4つの重要な輪郭をもつ．

　第1に，ウェブ安全法は，FTCが消費者保護に取り組む外国の機関と情報共有を行うことを認めている．FTCはこれらの機関に代わって行動することさえでき，外国の消費者保護当局のために情報を得る目的で民事調査の要請権限を用いることができる．このように，FTCはすでに保有する情報を共有ことも，また外国機関に対し提供するため新たな情報を得ることもできる．

　FTCの情報共有の権限は広範である．「民事，刑事または行政の事案における法執行または調査権限を付与された」[44]いかなる外国の機関ともデータの共有ができる．調査される事案は，FTC法またはFTCが所管する他の立法により禁止されている慣行と「実質的に同様」でなければならない[45]．

　第2に，FTCは，利用者の記録へのアクセスを統制する主要な立法（通信保全法）と金融記録を統制する立法（金融プライバシー権法）に基づき，連邦裁判所から利用者の通知を遅らせる命令を取得することが今はできる．法執行機関はこれらの立法に基づき日常的に利用者のデータを取得し，プロバイダが利用者に通知しないことを要請している．ウェブ安全法は国際的な支援活動のみならずすべての事案においてFTCにこの権限を拡大した．2009年のウェブ安全法に関する報告書では，FTCが自主的に秘密保持義務を負うことになるため，通知を遅らせるの手続を用いたことが一度もないと指摘されている[46]．

---

44)　15 U.S.C. § 44.
45)　15 U.S.C. § 46.

第3に，ウェブ安全法は，自主的に政府と情報共有を行っている多くの異なる業種（連邦以外の金融機関，キャリアサービス，商業的メール受信機関，産業界組織，支払いシステムのプロバイダ，消費者信用機関，ドメイン名登録事業者，そして裁判外紛争解決サービス）に対し免責を設けている．もしもこれらの業種のいずれかがFTC法違反に関連する情報を提供している，またはFTCによる債権回収の目的に資すると合理的に考えられれば，連邦または州の法律に基づきいかなる人に対しても責任を負わないものとされている．
　最後に，ウェブ安全法は外国の政府と職員の交流を認めるFTCの国際的取組みを強化している．
　当初これらの権限を終了させる見直し条項は，2011年に設定されていたが，オバマ大統領がウェブ安全法を2020年9月30日まで延長させた．

6.7　結論

　世界の多くの国々でヨーロッパ型の包括型データ保護の規則を採用する一方で，アメリカは分野別アプローチによって生じた大きなギャップをFTCが埋め合わせをすることで分野別モデルを維持してきた．近年，FTCは国際的会合においてアメリカモデルを明確にし，セーフハーバーの執行を増強しようと試みてきた．

　アメリカのアプローチを主張する一方で，FTCによる事例選別によってアメリカ法はヨーロッパの規範と融合しつつある．たとえば，マルウェアに関するFTCの関心（第4章参照）は，ヨーロッパの消費者保護から期待される公正原則に好意的な伝統的契約概念を拒否している．同様に，FTCのある特定の目的のために情報を収集し別の目的のためにその情報を売る企業に対する行動は，目的の特定化と目的の制限というヨーロッパの理念を反映している．最後に，アメリカとEUのセーフハーバー協定それ自体が，ヨーロッパのデータに対し法的に適用されるにすぎないものの，企業にアメリカの消費者に対し大陸型の保護を拡大させる原因となっている．

---

46)　FTC, The US Safe Web Act: The First Three Years, A Report to Congress (December 2009).

訳者解説（付録：原著 Part1 および Part3 の要旨）

（資料）FTC の主な取組みと関連する法令・判決の年表

1890年7月	シャーマン反トラスト法	取引の制限となる契約を無効とする
1911年5月	Standard Oil 判決	「合理の規則」が確立
1914年9月	連邦取引委員会法（FTC 法）	第63回会期第2会期
1914年10月	クレイトン法	特定の事業活動（有体商品の取引における抱き合わせ等）を禁止
1915年3月	第1回 FTC 委員会会議	ジョセフ・デービスが委員長に正式に就任するまでジョージラブリーが委員長を務める
1918年	FTC 食肉加工に関する報告書	産業の国営化を要求する報告が州からの批判を浴びる
1920年6月	FTC v. Gratz	最高裁が FTC のコモンローの執行を制限したとみなされた
1938年3月	FTC 法改正（Wheeler-Lea Amendments）	通商における不公正または欺瞞的行為または慣行が違法となる
1940年10月	羊毛製品の表示法	羊毛の誤認表示の禁止
1949年3月	委員長の給与が上がる	1万ドルから1万5000ドル
1950年3月	フーバー委員報告書	FTC 委員長の権限強化，給与増額を勧告
1951年8月	毛皮製品の表示法	毛皮の誤認表示に対応
1952年7月	FTC 法の公正取引に関する法改正	銀行とコモンキャリアが第5条の免除
1958年9月	食料品包装出荷業者および家畜置き場法の改正	食肉，鳥肉，マーガリンの販売についての FTC の管轄付与
1958年9月	織物繊維製品法	繊維に関する誤認表示の禁止
1959年12月	公的欺瞞に関する会議	最初の FTC 消費者保護会議
1960年12月	ランディス報告書	委員長により大きな権限の集中と一方的な通知に関する改革を勧告
1962年	アウエルバッハ報告書	国レベルの広告に関する勧告
1962年5月	取引規制のルールに関する FTC の政策公表	産業界全体へのルールは委員会の限られた財源での活動であった

1962年3月	ケネディ大統領の消費者権利章典	4つの消費者の権利，立法提案，消費者運動の再起の兆候
1964年1月	消費者利益に関する大統領委員会	消費者権利章典の具体化
1965年5月	ラルフネーダーの「どんなスピードでも安全ではない」の著書	運転手のエラーではない自動車の設計に注意を向けた著書
1965年7月	連邦たばこ表示および広告法	たばこの表示と広告に健康に関する警告を義務づけ
1966年	集団訴訟に関する規則23の改正	集団訴訟における個人のオプトアウトを認める
1966年7月	FTCが州のミニFTC法を奨励	不公正かつ欺瞞的慣行または行為に関する州法はFTC法よりも対象が広いことが多い
1968年5月	消費者信用保護法	貸付における真実法として知られる
1968年9月	Pfizer v. FTC（第6巡回控訴裁判所）	ある抗生物質の強制的免許制度についてFTCの主張を控訴裁判所が認容
1969年1月	ネーダー報告書	FTC委員長への痛烈な批判
1970年7月	1970年新聞保存法	反トラストの禁止から新聞社を免除
1970年7月	ワインベルガーの再組織化計画	消費者保護局と競争局の構造がつくられる
1970年10月	公正信用報告法	連邦における最初の情報プライバシー法
1972年	広告の実証プログラムの開始	広告業界は製品の事実に関する証明を示さなければならない
1972年3月	FTC v. Sperry & Hutchinson	消費者を保護するためのFTCによる不公正または欺瞞的活動が支持
1973年6月	National Petroleum v. FTC	FTCが取引規制に関するルールの制定権限をDC巡回裁判所が容認
1973年11月	Trans-Alaska Pipeline Act	FTCに差止権限と制裁金5000ドルから1万ドルへの引き上げを認める
1975年1月	Magnuson-Moss Warranty	消費者救済，民事制裁金，取引規制ルールの制定等のFTC権限の実質的強化
1976年8月	Spiegel v. FTC	FTCの不公正に関する権限が州法で適法とされる行為に対して適用
1980年5月	1980年FTC改善法	FTCに2年間の広告に関するルールメイキングの禁止

1989年4月	FTCに関するABAの調査	構造に関する勧告はなく，比較的穏当な内容
1994年9月	FTC v. Corzine, FTCの最初のインターネット事案	アメリカオンラインにおける信用回復システムを提供
1995年4月	FTCのインターネット消費者保護の最初のワークショップ	オンライン消費者保護について検討
1997年7月	Kidscom.comへの書簡	オンライン情報の収集に関する原則を示す
2003年10月	Do Not Callの執行開始	消費者保護に関する最も有名な取組み
2006年1月	2006年アメリカSAFE WEB法成立	外国の法執行機関との情報共有に関するルールの取決め
2006年	プライバシーおよびアイデンティティ保護課の設置	プライバシー問題に対応するための課の設置

＊原著から主な出来事のみをピックアップして作成

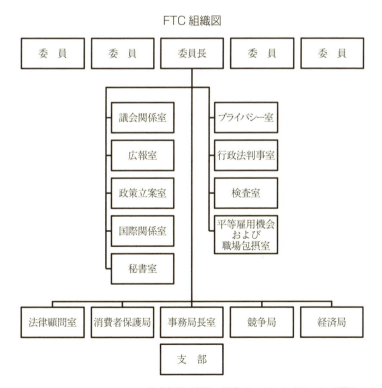

FTC組織図

訳者解説（付録：原著Part1およびPart3の要旨）　259

原著第 1 章　FTC の歴史

　FTC は，1914 年に創設された当時，独占と強力な企業集団の諸課題に対処することを目的としていた．行政国家の台頭とともに，1938 年の法改正を経て，消費者保護の権限を有することとなった．

(1) 独占とトラストの問題

　南北戦争後，ビジネスは「巨大」になっていき，19 世紀末までのレッセフェールのビジネス環境が続く中，「巨大」なる藻に関する議論が起きた．

　連邦議会は，共和民主両党がトラストに対処するべき措置について検討し，1890 年シャーマン反トラスト法を可決させた．議会は取引の制限となるような契約やトラストの形態をとる結合を禁止した．それにもかかわらず，合併は継続し，1900 年までには 10 億ドル超えの企業が登場した．

　連邦最高裁は，Standard Oil v. United States (1911) において，取引の制限において政府はすべての活動を規制することができないとする「合理の原則 (rule of reason)」[i] をシャーマン法に対して適用した．その代わりに，裁判所は文脈や契約の公平さを評価し，不合理な取引の制限はシャーマン法に違反することとなる．

　反トラストの擁護者であったルイス・ブランダイスはトラストについて「巨大企業の呪縛 (curse of bigness)」を指摘し，「非効率な支配者」と呼んだ [ii]．このような巨大さへの懐疑の精神が今日の FTC が個人情報の集積から得る権力への規制への求めを映し出している．

---

[i] 「合理の原則」については，次のように説明される．
　「競争業者間の取り決め (arrangement)，協定 (agreement) はシャーマン法 1 条（取引制限）によって規制される．シャーマン法 1 条はすべての取引制限を禁止するのでなく，非合理な (unreasonable) 取引制限を禁止する．そこで，競争業者間の取り決め，協定についても，事案ごとに，その内容，参加者の力，目的・意図（関連市場の競争に及ぼす）効果を総合評価して違法性が判断される．これが，合理の原則 (rule of reason) が適用されることの意味である」（村上政博『アメリカ独占禁止法〔第 2 版〕』（弘文堂，2002 年）38 頁）．

[ii] Louis D. Brandeis, *How the Combiners Combine*, 58 HARPER'S WEEKLY, November 13, 1913 参照．

(2) トラスト問題の解決の原動力

1938年,議会はFTCに消費者保護の使命を委ね,このことがFTCのプライバシー規制の現代の役割に適合することとなっている.

そのため,FTCには,ほぼすべての業界を規制するための専門性,ビジネスを萎縮させない不確実性の回避,不公正な行為に対処するための柔軟性,迅速かつ準司法的な役割を担う予防的行動,異なる政治アクターを調整できる妥協がそれぞれ必要である.

(3) 夫婦喧嘩の子ども

1912年の大統領選挙では,反トラスト改革が選挙の争点になった.ウィルソン大統領は当初権限の弱い委員会を好んでいたが,ブランダイスの忠告に大きく依拠し立場を変えていった.

FTC v. Gratz（1920）におけるブランダイス裁判官の意見は特定の事案における不公正な方法による競争を決めるのは,立法ではなくFTCであることを述べた[iii].巨大なビジネスは効率性を生み出し消費者に低価格を提供できるが,ブランダイスは大小問わずビジネスを同じグランドで競争させるためにFTCが必要であると考えていた.つまり,ブランダイスは,巨大なビジネスへの懐疑論を効率性ではなく政治的理由と法律の道徳主義に求めた.

(4) 初期の委員会

1914年9月26日,ウィルソン大統領はFTCを設置する法案に署名した.最初の会議は1915年3月16日に行われた.初代委員長としてジョセフ・デービスが選ばれた.

初期の課題としては,①ビジネスに対して反トラスト法について忠告を与えることができる助言機関としてのあり方,また②不公正な競争方法という執行がするのは困難な文言に基づきコモンローの執行機関の役割を果たしていくこと（1920年代の不公正な方法の例としては,たとえば購入者が純粋品だと誤認するかのような表記をした混合物の製品などを年次報告書で示したこと）があった.

[iii] *FTC v. Gratz*, 253 UD 421, 436–437 (1920).

予算は20万ドル（現在では400万ドルに相当）以下であり，今日も他の機関と比べて少ないことが問題となっている．

原著第2章　FTCと消費者運動の高揚

消費者保護の歴史をみると，1906年の食糧医薬品法から1914年のFTCの創設までの1900年初頭には第一次消費者権利の運動があり，第二次運動は1930年代に始まった．1930年代には，大統領による消費者運動の支持，有能な委員，そしてFTCを効果的にするための両政党からのコミットメントがあり，FTCの権限は強化されていった．

(1) 第二次消費者保護運動

議会は，1930年代に消費者保護立法を再び行った．製造過程と通商における危険な製品の存在に関する市民の不安に反応していった．食料，薬，化粧品によって，アメリカ人は毒がある巨大な実験室におけるテスト用の動物になっていることを論じた『100万人のモルモット』という1933年の本が非常に有名になるなど，製品の安全性に関する市場の関心が高まっていた．

FTCは，広告による消費者のコストが相対的に高くなることを指摘し，広告にも懐疑的な見方を示していた．消費者に対する税金として広告を捉え，広告の経済と恩恵がよく理解されていた．1940年代には広告業界が広告の地位を高めるためのキャンペーンを行うなど広告には「お金儲けをするためにお金を使わなければならない」といった古い格言が当てはまっていた．

(2) FTC法の1938年改正（Wheeler-Lea Amendments）の抜け道

ウィーラー上院議員は，FTCに対する制限となるRaladam判決を覆し，害悪の明確な証拠なしに公衆に対する欺瞞を取り締まりたかった．1938年FTC法改正は，「不公正な方法の競争」に加えて「不公正または欺瞞的な行為または慣行」を防止するためにFTCに権限を付与した点で重要である．当局の最終命令に違反した場合は，最大で5000ドルの制裁金も明文化された．また，これまでは裁判所に訴えるまで効力のなかった命令も，発出から60日後に最終命令となることとなった．1938年法改正後，最高裁はFTCに付与された広範な権限を認めた[iv]．反トラストの当局の使命も拡大していった．

(3) 消費者運動の高揚

　消費者主義として理解されてきた消費者保護の第3の波は，市場への懐疑と個人の消費者の権利の拡大へとつながった．1961年のエルマン委員の任命が転換期となり，エルマン委員はFTCの名誉を高めるための戦略的精神と強い希望をもっていた．

　1962年には，エルマン委員の影響により，FTCはたばこの広告をはじめとする拘束的な取引規制に関する規則を制定した．また，カミソリを紙やすりで研ぐテレビの実演について模擬表示が欺瞞的であることを論拠としたエルマン委員の欺瞞理論が最高裁にも受け入れられるようになった[v]．

　他方で，消費者擁護者からはFTCの自動車の安全性に関する報告書が批判された．また，現在は判事であり，当時教授であったリチャード・ポズナーは，エルマンの委員の前法律顧問であり，FTCの消費者保護活動が間違っており，その構造の欠陥を指摘した[vi]．

(4) 1970年代の行動と反応

　1970年代には，裁判所，議会，擁護団体，そしてFTC自身により，FTCの検眼が拡大していった．最高裁は，FTC v. Sperry & Hutchinson Co. (1972)において不公正な慣行を広く定義し，ロイヤリティのための紙クーポンの消費者間の取引について，競争に害悪をもたらさないとしても，消費者に害悪をもたらす慣行に対するFTCの権限を認めた．最高裁は，Sperry判決の脚注において，①当該慣行が，従来は違法であるとみなされてこなかったものであっても，成文法，コモンローなどにより確立されてきた公の秩序を害するか否か，②不道徳，非倫理的，抑圧的あるいは非良心的であるか否か，そして③消費者に実質的な損害を引き起こすか否か，という不公正の基準を付記した[vii]．

　議会では，1970年代にFTCが消費者志向になることを後押しし，FTCの

---

iv)　*FTC v. Raladam*, 316 US 149（1942）.
v)　*FTC v. Colgate-Palmolive Co.*, 380 US 374（1965）.
vi)　Richard A. Posner, *The Federal Trade Commission*, 37（1）U. CHI. L. REV. 47（1969）; Richard A. Posner, REGULATION OF ADVERTISING BY THE FTC（1973）.
vii)　405 US 233 at Fn. 5（1972）.

制裁金を 5000 ドルから 1 万ドルに引き上げることや銀行やコモンキャリアから文書を要求する権限を認めた法律を 1973 年に成立させた．1975 年には，州際通商に影響を及ぼす州の慣行に対処するため，通商における活動から，通商に影響を及ぼす活動に FTC の管轄を認める法律が成立した．

リベラルな消費者擁護団体は，FTC が消費者問題に介入できるよう要求し，FTC 委員長も消費者団体の介在の意義を認めるようになった．

1970 年代に FTC は，広告問題について積極的に取り組み新たな道筋をみつけた．FTC は政策の経済的正当性と広告ルールの執行に関するコミットメントを行ってきた．

(5) 子ども向け広告（KidVid）の論争と反応

1970 年代を通じて，子ども向けのテレビ広告への政策介入が 1 つの論争となった．1970 年の FTC スタッフ報告書では，子ども向けの広告が大人向けのものよりも直接的である．1972 年には，FTC が FCC に対し議論のある広告については，対抗広告を要求する公平性の原則を提供するよう勧告を行った．1973 年には，エングマン委員長が FTC に子ども向けテレビ広告のプロジェクトを立ち上げ，自主的な規範を策定するよう奨励した．FTC の取組みには賛否両論あったが，ジャンクフードを食べることなどによる児童の健康へのリスクについて憂慮するなど，子ども向けテレビ広告の先を見通していた．

原著第 3 章　現代の FTC

歴史的にみれば，FTC はこの 20 年間際立ってうまく先導してきた．2000 年代に入り，議会は予算を増額し，追加的調査権限を付与することで FTC の権限を強化し続けてきた．2006 年にはプライバシーの役割を正式に引き受けるため，組織を改革し，技術専門家を採用し始めた．FTC は国の最大のプライバシー警察となった．

(1) レーガン政権の時代

レーガン大統領はミラー委員長を任命した．ミラー委員長は，経済局に「シカゴ学派」の経済学者を送り込むなどするとともに，公共選択論の視点から政府の規制について議論する場として FTC を位置づけた．ミラー委員長の規制

緩和の熱意は，議会を説得できず多くが成功には至らなかった．

(2) 現代の FTC とプライバシー規制当局としての存在

　1989 年，ブッシュ（H・W）大統領は，スタイガーを初の女性委員長として任命した．スタイガーは法律家でも経済専門家でもなかったが，消費者保護の問題を劇的に増加させていった．1980 年代から 90 年代にかけて議会が重要な連邦プライバシー法を制定する中，スタイガー委員長は，レーガン期のトラウマから FTC を回復させていった．

　クリントン大統領は，通常であれば政権が交代すれば新たな委員長を任命するが，スタイガー委員長を継続させ，2 年後にピトフスキーを委員長に任命した．ピトフスキー委員長は，FTC にプライバシープログラムを立ち上げるなど広報啓発の仕事を広げていった．

　ブッシュ大統領の当選により，新たにムニス委員長が任命され，国レベルでの Do Not Call Registry による消費者保護を支持していった．その後，ムジュラ委員長の下では，スパム法（第 4 章）が制定され，FTC が正式に事業者から消費者保護に関する情報を入手する権限をもつこととなった．

　2009 年，オバマ大統領はレイボウィッツを委員長に任命し，2012 年に FTC 内に「モバイル技術課」を設置した．2013 年，オバマ大統領は Harvard Law Review の編集委員をともに務めたことがあるラミレスを委員長に任命し，FTC が貧困層を保護する役割が強調されるようになった．モバイル技術課は技術研究調査課に変更され，消費者保護局内に移管された．

原著第 4 章　FTC の組織と業務（手続）

　第 4 章では，FTC の組織，その権限，調査業務手順と法執行について説明をしている．FTC は，スタッフが緊密な連携をし合って成り立っている小さい組織であるが，米国において最も強い権限を持つ政府の独立した規制監督組織の 1 つである．FTC のスタッフ職は，非常に人気がありパートナーレベルの弁護士も応募をするほどであり，また離職率が低い．

(1) 組織

　FTC は，米国の独立した政府組織の中では最も古いものの 1 つである．消

費者保護局（Bureau of Consumer Protection: BCP），競争局（Bureau of Competition），経済局（Bureau of Economics: BE）の3の局と8つの地方局で構成されている．

　委員は5人で，大統領に指名され，上院で承認される．この5人が期間をずらしながら，7年間の任期を務める．委員会での決定は，委員の評決によって行われる．評決が割れてしまった場合は，評決は無効となる．また，委員は原則として罷免されることはなく，同じ政党から指名される委員は3人までと決められている．ちなみに，現在の委員の報酬は，17万ドルほどで，連邦判事などと同等である．

　委員長は，大統領によって指名される（Reorganization Plan of 1950以来）．権力は絶大で，他の委員はFTCの主要な判断に対して拒否権を持っているだけであるともいえる．また，委員長は，局長を選ぶことができ，さらに主要なスタッフも選ぶことができる．これにより，委員長はFTCの計画，基本姿勢，ケースの選択について自己の考えを反映できるのである．

　FTCの3つの局のうち，ここでは，プライバシー問題に関連する，消費者保護局と経済局について説明をする．

(2) 消費者保護局（BCP）

　消費者保護局は，消費者からの苦情の収集，企業に対する訴訟，取引規則やその他のルールメイキング，消費者教育などを通して，不公正，欺瞞的，詐欺的な商業行為の撲滅を使命としている．BCPは，8つの部（division）で構成されている．

　プライバシー法制を監督するのは，主にDivision of Privacy and Identity Protection（DPIP）で，児童オンラインプライバシー保護法（Children's Online Privacy Protection Act），データセキュリティ，一般的なプライバシーに関するFTC法5条に規定されている事項について権限を持つ．他のdivisionにも関連分野については権限がある．たとえば，Division of Advertising Practices（DAP）は子どもに対する広告，口コミ広告，Division of Marketing Practices（DMP）はスパムやテレマーケティング，ハイテク詐欺など，Division of Financial Practices（DFP）はFair Debt Collection Practices Actに基づくものなどに対して権限をもつ．また，Division of Enforcementは，すべてのプライバシー問題に関わっている．

(3) 経済局（BE）

　経済局は，FTC の活動の影響評価を行う．FTC の行う，競争と消費者保護のための調査やルールメイキングを分析し，政府の行う企業や消費者に対する規制に関する経済的影響を分析している．委員が許可をすれば，強制手続を利用して，一般的または特別な経済研究，調査，報告を行うことができる．通常，経済局を率いているのは，学者出身の者で，およそ 80 人の博士レベルの知識をもった経済学者が勤務をしている．

　消費者保護に関しては，担当している 300 人の弁護士を，22 人の経済学者と 8 人のアナリストがサポートをしている．経済学者は，強制手続の設計，そのプロセスで収集された証拠の評価，罰則に関する意見提出など，BCP から独立してケースを分析し，専門証言を行い，訴訟をサポートする．そして，FTC の政策全体に関する法執行の影響などの見通しを提供する．BE は，他局と一種距離をおいているため，FTC の全体的な政策，方向性の協調に影響力をもつとされている．

(4) 委員会の権限

　FTC は絶大な力をもっている．一企業や個人，事業団体などさまざまな対象に対して，審判などの行政的な法的措置，裁判を起こすことできる．本書では，FTC が行う調査や行為，行政的な法的措置を行う場合，案件（matters）と呼び，連邦裁判所における訴訟をケース（cases）と呼んでいる．

　不公正な競争方法（unfair methods of competition）のほか，不公正・欺瞞的な行為または慣行（unfair or deceptive acts or practices）を行っていると信じるに足る理由が存在する場合に，個人や企業などに対して，complaints（申立）を提起する法的な権利を，議会は委員会に付与している．FTC は，実際に欺く行為や損害を及ぼすつもりがなかった者に対しても，また実際に被害を受けた人がまだ存在しなくても，法的措置を行うことができる．そして，どのような案件を扱うかの選択，優先順位については，FTC にすべて委ねられている．また，どのような案件を選択するのかについて，決められた規則などもない．

　FTC 法 18 条（1975 年の Magnuson-Moss Warranty Act, 合衆国法典注釈 57 条 a（a）（1）（b））は，産業に影響を及ぼす不公正または欺瞞的取引慣行

を防止するために，FTC は取引規制規則（trade regulation rule）を制定することができるとしている（いわゆるルールメイキング）．しかし，この取引規制規則は，その制定に何年も要し，必要な手続が多すぎるため，FTC では不評であり，プライバシーに関して制定されることはほとんどない．ICT を利用したさまざまなサービスは日々進化しており，このように何年も規則の制定に要してしまうと，結局時代遅れの規則となってしまい，使いものにならないからである．そのような理由から，子どものプライバシーに関する規則などは，この Manuson-Moss Act ではなく，行政手続法（Administrative Procedures Act）に基づいて，議会が FTC に規則の制定を命令し，より早い制定が行われている．

(5) 調査

FTC の調査権限は幅広く，裁判官と検察官が一体となっている形態である．自身のイニシアチブで，何か侵害が起こる前であっても調査をすることができる．FTC 法 5 条では，不公正な競争方法（unfair methods of competition）のほか，不公正・欺瞞的な行為または慣行（unfair or deceptive acts or practices）を禁止している．

FTC の入り組んだ調査の方法については，Opening Manual が 2003 年に公開されたが，現在のプライバシー保護に関する調査は，このマニュアルとは全く違う形で行われており，すでにこのマニュアルは時代遅れになっている．強制手続は，非常に手間がかかるため，FTC のスタッフはまずは調査対象のサイトを訪れたり，プライバシーポリシーをオンラインで取得したりという，インターネットにおける調査に重きをおいている．また，FTC は記録を残すことを嫌がり，対面，口頭でのやり取りを奨励しており，FTC では 45 日経つと，スタッフが保存フォルダに移動させていない限り，E メールが消去されるようになっている．

調査は，さまざまなものを手がかりに始められる．たとえば，消費者からの苦情，企業からの公表情報，議会の議員を通して寄せられる消費者の苦情，スタッフと企業とのやり取り，新聞記事などさまざまである．最も多いのは，競争相手からの苦情といわれている．

調査の開始前にまず，FTC のスタッフは Matter Management System を参照し，他の政府機関が同じ対象を調査していないかをチェックする．また，

その対象から被害を受けた消費者がいないか，消費者から寄せられた苦情（Consumer Sentinel というデータベースに整理されている）もチェックする．そして，調査が始まると，7桁の FTC 案件番号が付与される．はじめの2桁は調査を始めた年度，次の1桁は調査の種類（1：競争，2：消費者保護，3：助言，4：特別な調査），最後の4桁は案件番号となる．

(6) アクセスレター（任意の情報提供）

　FTC スタッフから送られる，任意のアクセスレターから調査が始まることがある．これには法的な強制力はなく，企業はこれを無視することはできる．しかし，そのような企業の行為はプライバシーの分野では特に危険を伴う．無対応，対応の遅れ，抵抗をする素ぶりなどは，何かが不都合であるというように，FTC スタッフには映るからである．

　アクセスレターは一見，過度な要求，無謀なスケジュールでの対応を迫る場合があるが，FTC スタッフはとにかく電話一本をまずほしいと思っていたりする．電話一本でそのアクセスレターに記載されている要求を限定することができ，期限についても伸ばせることがほとんどである．企業の対応としてはとにかく，FTC の興味関心を満足させる情報を提供し，自己を調査対象ではないというように FTC スタッフに思わせることが重要である．

　ひと昔前までは，このアクセスレターは，調査のごく始めであることを示していたが，特にプライバシーに関する分野では，アクセスレターが送られる前にかなりの情報を FTC は得ていることが多い．FTC のスタッフ，特にプライバシー分野のスタッフは，訴訟で対象に勝つことを目的としていない．それぞれの案件がメディアや世論の関心を集め，企業にダメージを与えることを理解しており，その企業が問題を解決できればその案件を終了したいと考えているのである．

(7) 強制手続：民事調査請求，サピーナ，報告書等

　民事調査請求（Civil investigative demand: CID）は，不公正・欺瞞的な行為に関する調査で行われる中心的な方法（FTC 法20条，合衆国法典第15編57条 b-1）で，多くの場合 FTC スタッフがアクセスレターの対応で満足をしなかった際や情報が第三者から収集しなければならないものであったりする場合になされる．CID とその他の強制手続は，FTC が単独で行えるものではな

く，連邦地裁からの命令を取得しなければならない．CID は，サピーナの文書提出に関する権限（FTC 法 9 条，合衆国法典第 15 編 49 条）と組みわせることで柔軟なツールとなる．調査対象または第三者に対して報告，証言，委員会の質問への回答などを求めることができる．CID は，局レベルの承認と委員会の承認が必要であるが，たとえばテレマーケティングに関する詐欺の場合は，CID 担当委員（Compulsory Process Commissioner）が他の委員の同意を得て 1 人で承認をすることが可能である．CID によって取得された情報は，他の政府機関と共有され，合衆国ウェブ安全法（The US SAFE WEB Act）によって，他国の政府機関とも共有される．

委員会は，FTC 法 6 条 b によって企業に年次のまたは特別に報告書の提出を求めることができる．この報告書は，一般的には FTC が業界を良く知るために使われが，時間がかかるため頻繁に利用されるものではない．一番最近の FTC 法 6 条 b に基づく報告書の提出はデータブローカー業界からのものであったが，3 年ほどの月日がかかった．

(8) 連邦裁判所での訴訟と審判手続

委員会は，ケースを連邦裁判所で争うことができ，またその案件について行政審判手続を行うこともできる．どちらの手続を選択するかおいて，重要な要素となるのは，求める救済である．裁判所ではより強い救済を求めることができる．

1980 年代以来，FTC は連邦裁判所での訴訟を好む傾向がある．これは，FTC が比較的迅速に，一時的な排除措置や予備的差止めを執行することができるからである．消費者詐欺の案件では，資産凍結をさえも可能にする．プライバシーの分野では半分以上の FTC の執行は，連邦地裁での訴訟に持ち込まれている．

FTC は，一方で行政審判などの行政的な法的措置を行うこともできる．民事制裁金を課したい場合は，FTC は行政審判で勝ち，さらに連邦裁判所で勝たなければならないが，他の金銭的救済は，行政で課すことができる．FTC の命令や審決は，パブリックコメントに付されて初めて有効となる．

行政的な法的措置には，たくさんの強みがある．案件の事実関係については，委員会での判断が終局的なものになり，委員会の命令について連邦裁判所は事実関係について服従をするだけでなく，何が欺瞞・不公正であるかに関する判

断にも服従をする．

　行政審判ではFTCの弁護士（complaint counsel）が行政判事（Administrative Law Judge: ALJ）の前で案件を争う．行政判事は，事実関係の判断と法的判断を行う．どちらの当事者も，委員全員の評決にALJの判断を付することができる．委員会は，通常の裁判における控訴審と同じような働きをするのである．委員会の命令は，連邦控訴裁判所に上訴することができる．上訴がない場合は，60日で命令は終局的なものとなり，FTCは司法省に対してその執行と，その命令に違反した場合は民事制裁金を課すことを要請することができる．

　ほとんどのプライバシーに関する案件は，行政審判または裁判所における訴訟が本格的に始まる前に，和解をしてしまう．局長は，スタッフに調査対象との間で同意命令（consent agreement）について交渉する権限を与えることができる．この手続では，同意命令に調査対象が同意し，委員会で承認されると，その案件に関する詳細が発表され，業界へのガイダンスとともにプレスリリースがされる．同意命令は，パブリックコメントに付された後，正式となる．

(9) 民事制裁金と予備的差止め，差止め

　民事制裁金は，ある特定の状況で，ある特定の手続が行われた場合のみ課されることができる．FTCは，民事制裁金を求めて行く前に，司法省に対して45日間の猶予を与える必要がある．司法省が調査対象に対して訴訟を起こさない場合，FTCはFTCの名前において，民事制裁金を求める訴訟を起こすことができる．民事制裁金を課すことができるのは，委員会の最終命令に相手方が違反をして，それに対する民事制裁金を求める場合，もともと規則違反をすると民事制裁金が課されることとなっている違反，強制手続に対する違反などである．

　ほとんどの案件は，民事制裁金が課されることなく，または他の金銭的救済を要求することなく和解をする．FTCは，同意命令で企業を正し，典型的には20年間ほどの監視期間を通して，その企業に対して合理的なプライバシーとセキュリティに関する対策をとらせることを約束させるのである．

　また，1974年のFTC法改正において，消費者保護のための，予備的差止めと差止め命令，一時的な排除命令をFTCが行うことが可能であるという解釈が行われた．FTC法13条bは，調査対象がFTCによって執行される法令を

違反していると信じるに足ると認められる場合，FTCは予備的差止めを行うことができるとする．回復不能の損害の存在または，実体的事項において勝訴するということが合理的に見込まれる必要がない．その代わり，裁判所はエクイティと委員会の終局的な勝訴が合理的に見込まれるということを重視する．そして，FTCにその予備的差止めが公共の利益になることを示すことを要求する．

原著第5章　不公正かつ欺瞞的慣行

1938年のFTC法改正により，議会は「通商における不公正または欺瞞的な行為または慣行」の防止を含む広範な権限をFTCに付与した．不公正さと欺瞞の理論はFTCのプライバシー法の基礎をなしている．

議会は，ビジネス慣行や技術による新たな問題が生起する中，1914年と1938年に曖昧な文言を選択する政策決定を行ったため，FTC法5条は固定的な意味を有するものとはならない．

FTCと裁判所は第5条についてケースバイケースの進展を通じて意味を与えてきた．たとえば，FTCは1984年の欺瞞に関する政策声明[viii]および1980年の不公正に関する政策声明[ix]を出してきた．

(1) 欺瞞的表明

FTCの欺瞞に関する政策声明は，欺瞞に関する事例の次の3つの要素として示した．第1に，表示，不作為または慣行が消費者を誤解させることである．広告，取引，または交渉過程における誤解をさせる慣行の有無についてFTCは評価し，黙示の説明や不作為も考慮される．また，FTCは欺瞞の意図や現実の欺瞞を証明する必要がなく，広告制作者の意図ではなく，ミスリードをする可能性によって広告や慣行が判断される．

第2に，行為または慣行の解釈が合理的な消費者の視点から考慮されている

[viii]　Letter from James C. Miller III, FTC Chairman, to John D. Dingell, Chariman, House Comm. On Energy and Commerce 5-6 (October 14, 1984).

[ix]　Letter from Michael Perschuk, FTC Chairman, and Paul Rand Dixon, FTC Commissioner, to Wendell H. Ford, Chairman, House Commerce Subcommittee on Commerce, Science, and Transportation (December 17, 1980).

ことである．声明では合理的な消費者の基準は示されていないものの，FTC の分析に基づいて慣行の合理的解釈が示されてきた．あまりに文言にとらわれた解釈は，真正な主張としてユーモアや誇張とみられることもある．また，法律家の表示に関する解釈は，一般の人の理解とも異なるであろう．表示を構成する策略的な情報があるか否か，そして不作為情報が重要であるか否かという点から表示の明確性について FTC は重要視してきた．

第3に，表示が具体的であることである．声明によれば，具体的な表示または慣行とは，製品に関する消費者の選択または行動に影響を及ぼしそうなものを指す．欺瞞がもしもなければ，消費者は異なる選択をしたであろうということを仮定して損害が生じているか否かが重要となってくる．FTC は欺瞞的な事案において主張が認められるためには，消費者の損害，金銭上の損失，害悪，または損傷を示す必要がない．

(2) 不公正さ

不公正さは，FTC が用いる別の独立した法理論である．2003 年にインターネットのプライバシーに関する問題で FTC は個人情報を提供しないとする公約に違反した企業の事例で初めて不公正さを用いた．

1963 年に FTC は，不公正さの認定のための要素として，①当該慣行が，従来は違法であるとみなされてこなかったものであっても，成文法，コモンローなどにより確立されてきた公の秩序を害するか否か，②不道徳，非倫理的，抑圧的あるいは非良心的であるか否か，そして③消費者に実質的な損害を引き起こすか否か，ということを示した．

たばこの警告表示について FTC は強い姿勢をとり続け，以後も不公正さを用いてきた．1980 年には不公正さに関する声明を公表し，1994 年議会は公の秩序の要因を限定させたものの，正当化されない消費者への損害を不公正さの唯一の要因とし，これを成文化した．

1997 年には，児童のプライバシー違反について，FTC は児童からの不公正な慣行による個人識別情報の収集と販売，または第三者への提供について警告を出した．その後議会は，この立場により，児童オンラインプライバシー保護法を制定した．

消費者への損害は，競争や消費者への対立する恩恵を上回るものか否か，消費者への損害の慣行が実際に回避することができるか否か，そして公の秩序や

非倫理的な行為への違反となるか否かといった点を考慮して，FTC は不公正の理論を発展させてきた．

(3) 広告の実証

　1972 年，FTC は広告の実証に関するプログラムを開始し，広告業者に主張の合理的根拠を示すことを要求した．このアプローチは，広告の対象となる製品やサービスに関する事実の証明責任を企業側に転換させるものであった．

　1984 年にはこの実証の要件を修正し，6 つの要素が広告の主張に合理的根拠があるか否かの決定要素となると説明された．すなわち，主張の類型，製品，誤った主張の帰結，真実の主張の恩恵，主張に対する実証のコスト，そして主張が合理的であると信じられる実証に関する専門家の数である．

　FTC は多くの広告の主張が欺瞞的で実証に基づいていないと考えてきたが，実証の法理はプライバシーとセキュリティの問題には適用されてこなかった．しかし，スノーデンの告発と州のセキュリティ違反の通知に関するルールによって，プライバシーを高めるサービスのマーケットが作り出され，実証はプライバシーの事案における強力な法理となった．

　実証に基づいた情報を生み出すことはコストがかかること，真実に基づいた主張が科学的証拠に基づいた主張であることを示すのが困難であること，さらに広告業者は情報の多いマーケティングへのインセンティブがなく情報の少ないブランドのマーケティングに投資する傾向にあることから，実証については，論争を招く政策である．

(4) 公益の要件

　FTC は公益に適う限りにおいて行動をとることができる．公益の判断は FTC に大きな裁量があるものの，私的紛争に対して FTC は行動を起こさないであろう．

　FTC の近年の使命は，競争を阻害し，または消費者にとって欺瞞的もしくは不公正ビジネス慣行を防止すること，情報を提供されたうえでの消費者の選択と競争過程の市民の理解を高めること，そしてビジネスの正当な活動に過度な負担をかけずにこれらの使命を実現すること，であるとまとめられている[x]．

(5) 不公正かつ欺瞞的な行為および慣行の州立法

　すべての州が FTC 法の州バージョンを有しており，不公正かつ欺瞞的法および慣行法または「小さな FTC 法」として広く呼ばれてきた．FTC の決定は州の執行取組みに正式な効果を及ぶものではなく，州の司法長官は FTC の事案と同様の事案を提訴することができる．現実にはほとんどこのような事例は生じないが，FTC の決定は私人や州の申立人に対し禁反言の効果を有するものではない．

　FTC は，たとえ州法に基づいて適法であるとされてきた慣行に対して，不公正の権限を適用することができる．

原著第 12 章　FTC の強化とプライバシー保護

　本書は，FTC の消費者保護の歴史を概観し，当局がどのように 6 つの異なる文脈においてプライバシー規制を行ってきたかについて分析してきた．

　本章では，FTC が信頼を寄せられる形で効果的にプライバシーを監督し続けるために何をしなければならないかを考察する．

(1) FTC はプライバシー保護の責任を負わなければならない

　プライバシーに関する諸課題についてみると，ショザーナ・ズボフ教授の重要な論文[xi]において，「監視の資本主義」の台頭の時代であることが指摘されている．現代の情報を取り巻く慣行は，市場が完全に支配される時代に入りつつあり，私たちが予期しないような社会契約の形を変えてしまうものであり，それは欺瞞的であって，消費者の無知に付け込むことで成り立っている．ズボウ教授が上げる例としては，企業における完全な監視と取締である．契約の執行，労働者の監視，消費者が必要とするものの予測，そして利用者への継続的な実験．「プラットフォーム」としての地位を築き上げた企業がこれらの活動を行うことができる．プライバシー法は，消費者から直接データを収集する第

---

x) See William E. Kovacic, *The Federal Trade Commission at 100: Into Our 2nd Century, the Continuing Pursuit of Better Practices* (January 2009).

xi) Shoshana Zuboff, *Big Other: Surveillance Capitalism and the Prospects of an Information Civilization*, 30 J. INFO. TECH. 75 (2015).

一次プラットフォームの問題よりも第三者の問題に固執するあまり，これらの企業活動にほとんど何の対応もできない状態にある．監視の資本主義は，個人の信頼や相互尊重といった人間の姿から技術的なコンプライアンスの世界へと引き込もうとする．

プライバシーの取締と分野別のプライバシールールに関する古風な思考を前提とする現在の規制体制では，情報が集積する企業が保有する決定能力と推論の権力の問題に対処することはできない．たとえば，医療に関する記録から健康状態を推論できるように企業の推論の力を前にして，既存のプライバシーと反差別の規制ではこれらの問題を解決することができない．

FTCがプライバシーの課題に対応するためには，管轄，ルールメイキングの権限，執行権限，そして組織の問題がある．第1に，管轄についてみれば，消費者保護はアメリカ人の間で共有された利益である以上，情報化の時代の問題にも対処することができるだけの十分な管轄を有している．第2に，マグナソン・モス保証法により，FTCのルールメイキングの権限は限定されているため，ケースバイケースで執行を行っている．不公正で欺瞞的な取引慣行の防止という権限についても，まず，不公正については「消費者の実質的な損害」が必要とされるため，プライバシーの侵害は不公正を用いることは類型的に認められない可能性がある．次に，欺瞞的については企業がより長文で包括的であいまいな表現でプライバシーポリシーを公表しているため，オンラインプライバシーの問題に用いることが難しくなってきている．

連邦議会は，適正手続の観点からFTCの民事制裁金を制限してきた．FTCが不公正で欺瞞的な慣行の定義を広く解釈し，さらに民事制裁金も科すことができるとすれば，適正手続を損ねることとなると議会は考えてきた．さらに，FTCの予算は，食品医薬品局の40億ドルや新たに設置された消費者金融保護局（CFPB）の4億ドルに比べ，3億ドルと限られており，その約半分は競争問題に費やされている．プライバシー問題を扱う職員数も57名とみられている．

プライバシーは政治的にも人気のあるトピックであることから，近年他の機関が執行の分野に躍り出てきた．連邦通信委員会（FCC）はブロードバンドインターネット提供者に対する「ネットワーク中立性」を課し，通信の秘密の保護に対する規範的基準を示した．CFPBは，FTCとの管轄を共有し，住宅バブル以降のFTCの欠点を補完するため，不公正で欺瞞的で，かつ乱用的な

行為に対する規制権限を有している.

　FTC, FCC, そして CFPB によるプライバシーに関する共管は, ワシントンにおける政治の変化から消費者を保護することにも役立つであろう. FTC は FCC と CFPB によるプライバシー問題への介入に抵抗してきたが, これらの機関が担ってきた役割には適している面もある. 通信業界のロビー活動への対応や金融分野の複雑な業界の慣行もあるため, 本書は FTC の将来について楽観的ではあるものの, FTC のみがプライバシー問題を管理することができないという評価を行っている点で現実的でもある.

(2) FTC はプライバシーの問題と救済に関する経済的理解を最新のものにする必要がある

　FTC の経済局は重要かつ価値ある組織である. プライバシーの特徴について経済的市場がないとする見方は, プライバシーの誤った見方を導き, 金銭的救済がないものとする考え方につながる. サービスにおける消費者への情報提供に焦点を当ててきた経済局の考え方は, 個人情報に基づく取引において時代遅れで不十分である.

　経済局は, 民事制裁機関や他の金銭救済において「害悪」の基準を用いてきた. 昔の詐欺であれば, 宝石の本来の価値と詐欺による価格との差を容易に計算することができた. しかし, 今日の欺瞞的で不公正な慣行はより巧妙なものとなっている. Google による safari のブラウザにおける利用者の追跡により, プライバシーに関する最も高額な制裁金の1つに当たる 2250 万ドルが委員会によって科された. Google はより多額の制裁金を支払う能力があったことは明白であり, このような相対的に少額の制裁金が功利主義ないし応報的な目的にどのように資するのかは理解しがたいところがある.

　経済局の分析においては制裁金それ自体が意味のあることとなる. 消費者は検索エンジンを利用するときに金銭の支払いをしていないし, Google が用いている追跡を拒否するための金銭の支払いの仕組みもなかった. 何百万人もの消費者が Google でサファリを使っていたため影響を受けたとしても, プライバシーポリシーを読んだことのある者はごくわずかであっただろうし, 実際に抗議をした者もごくわずかであった.

　経済局のプライバシーの仕事ぶりは, 情報産業前におけるものとみられる. たとえば, 2014 年の経済局の報告書では, プライバシーポリシーが透明性を確保し, 消費者に理解されるようにすることが市場における競争力を固め, 消

費者のプライバシーの選択肢を増やすと指摘している[xii]．現実にはプライバシーポリシーが透明性で消費者にわかりやすいか否かにかかわらず，情報集積産業は継続的に取引を通じて消費者との交渉の設定を変更し，非常に侵入的な慣行をとるようになる．ネットワーク効果，ロックイン，プラットフォームの力が動態的なポリシーの変化をもたらしており，宝石の価値やテレビのスクリーンの大きさの時代に築いてきた経済局のツールではインターネットサービスがもたらす諸問題に十分に対応できない．

　プライバシーの市場の輪郭が，無償で消費者向けのサービスと有償でビジネス向けのサービスとのプライバシーの違いを前提とすれば，適正手続の問題を生じさせる民事制裁金ではなく，経済局は適切な金銭救済を検討することができる．

　さらに，経済局は行動経済学の知見を活かし，経験則に照らした任務を行うべきである．たとえば，免許証の情報を違法に売却された場合，免許証の情報と引き換えにどのような割引が行われれば免許証の更新を受け入れるかを調査するなど消費者が個人情報の価値をどのように認識しているかについて測定する方法を経済局は策定することができる．経済局はプライバシー侵害から目にみえない害悪の理論を策定するリーダーになりうる．

(3) FTCの監督の役割の調整

　FTCは，標準的な同意審決のためには外部の「評価」を実施するが，それは「監査」ではない．評価のためには，報告書の結論において合理的な根拠を提供するための十分証拠を得るだけにすぎず，わずか数十頁程度の短いものである．FTCが同意命令の決定協定を執行するためには，実質的な違反の明白かつ説得力ある証拠が要求されるためこの基準に直面する．

　プライバシーポリシーの違反をした企業をつかまえるために，評価のアプローチを用いるのは奇妙である．FTCも同意審決に基づきすべての企業を効果的に監督できないことに気づいている．

(4) FTCを多くのコモンローの制約から解放されたコモンロー型機関として理解する

　FTC法5条の文言は，コモンローの要件から離れており，また1938年の

[xii] Daniel P. O'Brien & Doug Smith, *Privacy in Online Markets: A Welfare Analysis of Demand Rotations*, FTC BUREAU OF ECONOMICS WORKING PAPER NO. 323 (July 2014).

FTCの消費者問題への範囲の拡大のための改正においても，害悪や意図などの要件を省略した．しかし，現代の委員会のワークショップでは，議論は害悪や意図に関するコモンローに関連するものである．

現代のプライバシーの問題は，私たちの関係性とお互いの義務の複雑性から生じるものである．プライバシーの問題は構造の問題である．プライバシーの問題は1人の悪人が他人を直接侵害するコモンロー上の権利に収まるものでなく，間接的な紛争ではあるものの害悪をもたらすものである．FTCはコモンロー，契約そして市場の失敗の分野においてその使命を最もよく果たしている．Searsの事例における当局の対応は，企業が利用者のコンピュータにスパイウェアを埋め込んでいたが，契約法上の紛争では対処できないものであった（4.3.2参照）．FTCは，民事裁判制度において1世紀前に存在していた動態メカニズムをFTC法5条に基づき新たな体制へと再構築することができる．

(5) 政策介入としての害悪に基づくアプローチの認識

議会はFTC法により，「損害」や「侵害」を引き起こす慣行を防止する権限を付与したが，害悪に対処する権限を認めなかった．しかし，FTCの歴史を通して，ビジネス慣行の結果として物理的および経済的侵害に焦点を当てることで害悪に基づくアプローチを用いるようになってきた．このアプローチは，スパム，テレマーケティング，消費者報告のマーケティング利用においてみられた．害悪に基づくアプローチはFTCの優先課題を正当化するために十分に柔軟なものであった．

消費者保護は契約に関する法規範を超える必要があり，特にオンライン広告については，FTCが積極的に消費者の保護を行っていくべきである．

(6) 広告目的の広告データの制限

オンライン広告が有害であるか否かというオンラインプライバシーに関する議論が支配しているが，オンライン広告の問題を理解するにはミスリーディングである．オンライン広告は大量監視の体制を可能にし，また正当化してきた．さらに，オンライン広告の論理は，個別のターゲットマーケティングの世界を想定している．広告のシステムは訓練されたアルゴリズムの決定システムであって，まさに消費者保護をむしばむシステムである．

(7) セキュリティ脅威としてのオンライン広告と第三者の追跡の再構成

　FTC はオンライン広告と分析目的の監視といった第三者追跡の問題をプライバシーの問題として扱ってきた．この問題はセキュリティの問題として広げるべきである．

　オンライン広告は，ウェブ広告は本質的には第三者が発信源となるコンテンツであり，また第三者はコンテンツを迅速に発信するインセンティブがあり常に点検するとは限らず，さらに追跡と分析はデータ収集を推奨することを理由として，セキュリティの利益と矛盾する．第三者のコンテンツは利用者が要請したものではなく，広告ネットワークは常にそれを認証しているとは限らない．その結果として，ネットワーク広告はコンピュータ攻撃を行うまさに効果的な手段となっている．悪意あるハッカーはこの広告の中にコードを埋め込み，広告のネットワークを通じて何百万台ものコンピュータにマルウェアを感染させることができる．

　これらのセキュリティ上の問題にもかかわらず，FTC はオンライン広告をプライバシーの問題として扱ってきた．もしも当局が視野を広げれば，オンライン広告のビジネスモデルがセキュリティの病理を引き起こすことを理解することができるであろう．FTC はオンライン広告のセキュリティの病理を防止するべきである．第 3 章で紹介した支払いシステムについても根本的に安全性が欠けており，FTC は構造的なセキュリティ欠如に焦点を当てるべきである．

(8) FTC 擁護の必要性

　FTC は消費者擁護団体からはわずかな賞賛を受けているが，ビジネス界からは常に攻撃にあっている．この継続的な威嚇は当局の力を弱め，消費者保護の取組みを鈍くさせてしまう．FTC を擁護し，その価値を情報産業の支持者に対する力として説明するため，FTC は外部の共同体を必要としている．

　リチャード・ポズナーは，1969 年当時，消費者と競争者が FTC の介入を必要としなくても不正に対するコモンロー上の救済を有していることを指摘し，議会は当局の権限と責任を凍結するよう勧告した．しかし，2005 年，ポズナーは FTC が重要な側面を改革し，自由市場のチャンピオンになったことを認めた[xiii]．FTC に対する批判は，若きころのポズナーの脚注にあり，今日の批判もこの欠陥から生じている．

(9) 結論

　本書は，FTC の両側に立っている像の「取引を支払する人」という描写から始まった．1つは，産業界の馬が人間の蝶から逃げ，横暴に走り回る像である．もう1つは，馬が荒々しく馬勒に縛り付けられ，人間の支配にひれ伏す像である．どちらの作品もビジネスを規制する政府の役割に関する思想を喚起している．しかし，どちらの像も異なるアプローチと FTC の行動の異なる帰結を反映している．1つの結果は同じである．馬は縛り付けられていようといまいと，馬は飼いならされていない状態である．

　消費者も消費者擁護団体もアメリカに飼いならされた産業を必要とはしまい．私たちすべてが情報産業の革新を望んでいる．しかし，同時に，強力な規制の力が情報産業を縛るために必要となっている．

　FTC はプライバシーの権利と個人情報を扱う事業者の必要性との間のバランスを図ることができる潜在力を有している．FTC は俊敏な機関であり，党派を超えてコンセンサスを構築しようと試みている．FTC はコモンロー型の機関ではあるものの，困難で新たな情報時代の問題に対処することができる機関でもある．FTC がどのように馬を縛ろうとするか，あるいは縛ることができるか否かによって，私たちが技術の主人公となるのか単なる主体となるかが決まってくるだろう．

---

xiii）［訳注］　Richard A. Posner, *The Federal Trade Commission: A Retrospective*, 72 (3) ANTITRUST L. J. 761 (2005).

あとがき

　本書『アメリカプライバシー法――連邦取引委員会の法と政策』は，アメリカにおけるプライバシー法制および連邦取引委員会の執行を概観するうえで有益であると考え，原著のPart2の日本語版を公刊した．アメリカは，プライバシー権の母国であるが，プライバシー保護の立法は複雑であり，また関連判例を網羅的に理解することは容易ではない．そこで，アメリカのプライバシー保護のための法制度および判例と連邦取引委員会による政策をまとめた専門書の需要と期待は大きなものであった．本書はまさにこのような需要と期待に応えることができる書籍であると考えられる．また，本書は，アメリカプライバシー法を体系的な理解に寄与する研究書であるとともに，豊富な実例を紹介しており，実務書としての性格も帯びているものと理解することができる．

　原著のタイトルは"Federal Trade Commission Privacy Law and Policy"であり，これをそのまま日本語にするならば，「連邦取引委員会のプライバシー法と政策」とでもなるであろう．しかし，本書の日本語タイトルを『アメリカプライバシー法――連邦取引委員会の法と政策』とした背景には，アメリカのプライバシー法について詳細な記述がある原著のPart2のみを翻訳の対象としたためである．

　原著は3部構成となっている．Part1はアメリカの連邦取引委員会の歴史的経緯を中心に記述してあるため，必ずしも多くの日本の読者の関心を引くものではないと考えられた．また，Part3は本書のまとめとなっており，概要を示すだけでも原著の意図が読者に伝わると考えられた．もっとも，原著はPart1とPart3を含め1冊の一貫性あるストーリーを描写しており，そのため翻訳の代わりに，訳者解説という形でPart1およびPart3の解説を充実させたつもりである．いずれにしても，本書の主な狙いは，アメリカのプライバシー法についての理解を深めることにある．研究者，法曹関係者，企業法務担当者，学生等において広く手にとっていただけるものと期待している．

　著者のクリス・ジェイ・フーフナグル教授は，カリフォルニア大学バークレイ校のロースクールと情報スクールで教鞭をとられ，バークレイ法および技術センターのディレクターを務められている．教授は，同大学でコンピュータ犯罪法，インターネット法，情報プライバシー法などの講義等を担当されてきた．

消費者保護や消費者プライバシーに関連する論文を数多く公表され，2016年に原著を公刊された．筆者もこれまで国際会議で何度かお会いし直接話をさせていただいたことがあるが，大変気さくな性格で，日本語版への序文にも示されているように，日本をはじめ諸外国のプライバシー法制度についても関心をおもちである．

　本書は幅広い読者層を念頭において訳を心がけたつもりである．その証左として，原著は，憲法，反トラスト法，データ保護法，さらに経済学の雑誌において幅広い読者を想定した書評が公表されている．アメリカのプライバシー法を理解するためには，このような幅広い視野が必要であることも意味しているように思われる．

　本書の特徴について，簡単にまとめてみると，第1に，アメリカのプライバシーの法規制のアプローチを理解することができる．連邦取引委員会は，アメリカのプライバシー保護のため多くの法執行を行ってきた．ある企業のプライバシー情報の取扱いが，不公正または欺瞞的な行為または慣行であると認められれば，連邦取引委員会は調査を行い，法執行を行ってきた．規制のアプローチについても，各業界による自主規制や連邦取引委員会の法規制が決して単純なものではなく，時代ごとにまた対象となる分野ごとに多様であることを理解することができる．

　第2に，アメリカのプライバシー個別立法や判例を効果的に習得することができる．本書では，このようなアメリカの複雑な規制メカニズムを類型的にまとめている．アメリカでは，プライバシー保護の為の事業分野ごとの個別立法が存在しており，テレマーケティング規制やスパム対策とも関連性を見出すことができる．また，自己情報をコントロールするプライバシーの従来の考え方への批判，行動経済学からのアプローチ，文脈に基づくアプローチ，自律としてのプライバシーなどさまざまな見解も紹介されている．

　第3に，国際的取組みからアメリカの法制度の特徴を炙り出してくれている．プライバシーの法規制については，ヨーロッパによる包括的アプローチがみられるが，アメリカでは分野別のアプローチを用いてきた．また，広告規制において触れられているとおり，アメリカでは表現の自由の伝統が強く，プライバシー保護はこれに劣後することが少なくない．EUにおける一般データ保護規則が制定され影響力を持とうとする中，EUとは異なるアメリカのプライバシー保護のアプローチを理解するには本書は導きを与えてくれる．

以上のほかにも本書の特徴はあるものの，本書は日本法への示唆を提供してくれるものと考えられる．本書では，従来日本では必ずしも十分な研究の蓄積があるとはいうことのできない分野について，たとえば子どものプライバシーをめぐる問題や金融プライバシーが解説されていて，参考になる．また，一般にプライバシーと情報セキュリティはそれぞれ区別されて研究が行われる傾向があったのに対し，本書は，セキュリティがプライバシー保護の不可欠の要素をなしていることを示してくれている．

　本書の公刊に際し，訳者たちはそれぞれの担当章を単に日本語に訳すのではなく，相互に関連する用語をできる限り統一できるよう複数回にわたり打ち合わせの機会を設け，わかりやすい訳書になるよう心がけた．必要に応じ，訳者による脚注を付けることで，本書をよりよく理解できるようにも努めた．「法と経済学」的記述部分の翻訳に万全を期すべく，関東学院大学の中泉拓也先生他，経済学専門の先生に，経済用語を中心に見ていただいた．また，株式会社KDDI総合研究所の高崎晴夫氏から校正段階でコメントをいただいた．ここに先生方の御厚意を記し，謝辞を申し上げたい．最後に，本書の公刊に際しては，勁草書房の山田政弘さんから御支援をいただき，感謝申し上げる．

2018年7月

訳者を代表して　宮　下　紘

事項索引

■英字

CAN-SPAM 法　145, 146
CDA　161
CFPB　179
COPPA　74
COPPA セーフハーバー　93
DDOS　114
DNCR　158
Do Not Call　59
EU データ保護指令　19
FCC　35
FCRA　161, 180, 182
FDCPA　181, 217
FIP　3
FTC 法 5 条　135
GLBA　86, 180, 207
SCA　163
TCPA　164
TSR　156

■ア　行

オプトアウト　4, 24, 37, 50, 55, 57–60, 135, 144, 145, 148, 149, 155, 159, 164, 166, 197, 198, 210–212, 215–217, 245, 258
オプトイン　4, 18, 35, 55, 57, 58, 60, 61, 135, 145, 147, 148, 171, 204, 216, 237, 245

■カ　行

害悪に基づくアプローチ　21
合衆国ウェブ安全法　254
合衆国憲法第 1 修正　54, 58, 136, 146, 159, 161, 163, 178, 189, 203, 206, 210, 240, 247
合衆国憲法第 4 修正　138, 139, 242
機微情報　32
欺瞞　15
欺瞞的　266
欺瞞的慣行　23, 24, 28, 29, 176, 177,
欺瞞的行為　106, 117
金融サービス近代化法　86, 180, 207
公正債務取立法　181, 217
公正情報慣行　3
公正信用報告法　161, 180, 182
行動ターゲティング　50
合理的な期待　14
国際標準化機構　34

■サ　行

自主規制　2, 4, 28, 46, 51, 53, 54
児童オンラインプライバシー保護法　74
州際通商　190
消費者金融保護局　179
消費者団体　19
自律としてのプライバシー　10
スパム　140
セーフハーバー　156, 157, 229–231, 244–251, 256
セキュリティ侵害の通知　119–121
センシティブデータ　239
全米電話お断りリスト　158

■タ　行

第三者法理　139
通信品位法　161

事項索引　287

通信保全法　163
通知と選択　3, 9, 39, 43
データブローカー　38, 43-45, 50, 76
同意命令　33
匿名　11

■ハ　行
ハッカー　115
ビッグデータ　202
ビデオ・プライバシー保護法　161
不公正　15, 266
不公正・欺瞞的な行為または慣行　16, 166, 257, 258, 262, 267-269, 272, 275-277, 284
不公正な慣行　79, 176
不公正な行為　106

プライバシーシールプログラム　51
プライバシーバイデザイン　5, 69
プライバシーポリシー　3, 28, 56, 91, 106, 215
プライバシー擁護団体　20, 55
分散サービス拒否　114
保護者の同意　87

■マ　行
マルウェア　166
モノのインターネット　70, 126

■ラ　行
連邦教育権およびプライバシー法　101
連邦通信委員会　35
連邦プライバシー法　138

著者

クリス・フーフナグル（Chris Jay Hoofnagle）
カリフォルニア州立大学バークレー校教授

訳者

第1章　板倉陽一郎（弁護士・理化学研究所 AIP 客員主管研究員）
第2章　河井理穂子（東洋大学准教授）
第3章　成原　慧（九州大学准教授）
第4章　國見真理子（田園調布学園大学人間福祉学部准教授）
第5章　前田　恵美（弁護士）
第6章　宮下　紘（中央大学准教授）
訳者解説　宮下　紘（第1章～第3章，第5章，第12章）
　　　　　河井理穂子（第4章）

アメリカプライバシー法
──連邦取引委員会の法と政策

2018年8月20日 第1版第1刷発行

著 者 クリス・フーフナグル
     宮下　紘・板倉陽一郎
訳 者 河井理穂子・國見真理子
     成原　慧・前田恵美
発行者 井　村　寿　人

発行所　株式会社　勁草書房
112-0005　東京都文京区水道 2-1-1　振替 00150-2-175253
（編集）電話 03-3815-5277／FAX 03-3814-6968
（営業）電話 03-3814-6861／FAX 03-3814-6854
理想社・牧製本

©MIYASHITA Hiroshi, ITAKURA Yoichiro, KAWAI
Rihoko, KUNIMI Mariko, NARIHARA Satoshi, MAEDA
Emi 2018

ISBN978-4-326-40356-1　　Printed in Japan

JCOPY 〈㈳出版者著作権管理機構　委託出版物〉
本書の無断複写は著作権法上での例外を除き禁じられています。
複写される場合は、そのつど事前に、㈳出版者著作権管理機構
（電話 03-3513-6969、FAX 03-3513-6979、e-mail: info@jcopy.or.jp）
の許諾を得てください。

＊落丁本・乱丁本はお取替いたします。

http://www.keisoshobo.co.jp

宮下 紘
EU 一般データ保護規則
4,000 円

ダニエル・J・ソロブ　大島義則ほか 訳
プライバシーなんていらない!?
――情報社会における自由と安全
2,800 円

キャス・サンスティーン　伊達尚美 訳
選択しないという選択
――ビッグデータで変わる「自由」のかたち
2,700 円

ウゴ・パガロ　新保史生 監訳
ロボット法
4,500 円

シーラ・ジャサノフ　渡辺千原＝吉良貴之 監訳
法廷に立つ科学
――「法と科学」入門
3,500 円

マーティン・ラフリン　猪股弘貴 訳
公法の観念
7,000 円

リチャード・J・ピアース・Jr.　正木宏長 訳
アメリカ行政法
5,200 円

松尾剛行
最新判例にみるインターネット上の
プライバシー・個人情報保護の理論と実務
3,700 円

——————————————————— 勁草書房刊

＊表示価格は 2018 年 8 月現在。消費税は含まれておりません。